培养各级精益领导

（实用指南）

(美) 杰弗瑞·莱克博士

与

（加）乔治·查奇里斯

蔡明 博士译

版权所有 © 2014 杰弗瑞·莱克
保留所有权利

杰弗瑞·莱克拥有本书版权，保留所有权利。根据 1976 年所制定的美国版权法第 107 或 108 条，在未获得版权作者以及出版商明确书面许可的情况下，擅自通过机械或电子方式对本书进行复制均属非法行为。本书同时受到国际版权法保护。

ISBN: 978-0-9975603-7-4

出版商：精益领导力研究院出版社
出版副总裁：丹尼尔·斯坦利 美国出版商协会
出版于美利坚合众国
第一版原文-英文

目录

前言	xi
作者简介	xv

第一章
精益与精益领导力 — 1

精益领导力概述与学习方法推荐	1
精益领导力是什么？	7
丰田模式的历史	10
什么是真正的TPS？	12
什么是真正的丰田生产体系？	16
作为一个体系的精益流程	20
通过解决问题培养杰出人才	26
精益已被重新定义	29

第二章
解决问题，改进，与A3思维 — 31

丰田业务实操：一家公司，一个改进流程	35
丰田业务实操：实验与学习	40
丰田降低保修费用的业务实践	42
通过问五次为什么深究根本原因	48
对策措施与通过解决问题来培养人才	52
为什么PDCA甚少被采用？	56
为什么很多公司漏掉了PDCA循环中的PCA？	59
通过A3思维放慢解决问题的脚步	61
其它A3故事	66
改善套路，另一种方法	77
精益领导者要努力持续改进	82

第三章
标准，标准化作业和可视化管理 — 85

非周期性工作的标准化作业文件	88
图3-3 非周期性工作的标准化作业文件	88
标准与持续改进	90
精益的核心领导力模型	94
通过可视化管理看到差距：标准与实际对比	96
一个非传统精益案例：门罗创新	100

门罗公司的可视化管理和团队合作 104
可视化管理支持协作文化 107
我们从可视化管理中学到了什么? 109

第四章
致力于自我发展 111
你想致力于自我发展什么? 111
该如何做才能成为一名精益领导者? 116
领导力自我发展的学习循环 118
精益领导者该如何发展并获得晋升? 120
通过 *守—破—离* 三阶段取得专精知识 123
高级管理人员仍然需要自我发展吗? 126
在突出的企业中成为成功的领导者的重要因素 131

第五章
学习指导与培养他人 133
在自我发展的同时开始学习如何培养他人 133
开始指导和培养他人的步骤 137
如何在现场指导和培养他人 141
运用丰田套路每次指导一个人 143
如何在你的组织里运用这个新模型培养他人? 150

第六章
支持日常改善 155
把精益领导力带入工作小组 155
丰田公司的工作小组乃是持续改善的中心 157
可视化控制与安灯系统支持改善 161
造就一位能造就出相当数量精益思考者的老师 163
丰田公司 B 级劳动者的角色是对工作小组的补充 165
创造材料物流的革命（米诺米案例） 166
米诺米项目的结果 171
什么是领导者标准作业? 177
工具汇总 182
你的组织的当前状态是什么? 185

第七章
创建愿景并通过方针管理对准目标 187
创建愿景和能力 187
把方针管理融入精益领导力模型 187
方针管理把精力集中在与目标一致的学习周期 189

丰田的方针管理	190
自上而下一致的可视化指标以满足年度计划	192
使公司全体人员在横向及纵向保持对齐	195
方针管理和日常管理怎样结合	196
方针管理的理念	200
目标管理和方针管理的比较	201
激进的精益变革：达纳底盘零部件供应商	204
有了正确的理念一切水到渠成	218
最终反馈：刻意练习不是娱乐	221

第八章

一切改进由挑战开始	**225**
赛昂的市场营销方式	227
连接目的与结果	231
赛昂的战略创新与卓越运营的关系	232
丰田模式原则在行动	233

发展精益领导：进一步阅读   **235**

推荐序

自莱克教授和丰田汽车北美公司前总裁康维斯先生合著的《丰田模式（领导力篇）》于 2011 年面世以来，许多读者对书中呈现的丰田汽车公司内部鲜为人知的丰田如何发展和培养践行丰田核心价值的卓越领导者表现出浓厚的兴趣，希望能够有一种有效的途径学习和实践书中提出的精益领导力发展的钻石模型。为了帮助世界各地精益爱好者利用各种机会学习丰田精益领导力，莱克教授和加拿大资深的精益领导力培训导师乔治·查奇里斯（George Trachilis）于 2012 年创办了精益领导力研究院，汇集了一批具有丰富实践经验和国际影响力的资深精益领导力教练，提供各种形式的精益领导力培训，包括网上实时课程，导师与学生一对一的指导，以及在各类企业的现场辅导。在此基础上，莱克教授和查奇里斯先生总结了导师与学生，教练与企业管理人员在精益领导力的教学实践和相互学习过程中的经验和体会，形成了这本《发展各级精益领导（实用指南）》，并获得了 2016 年美国新乡卓越研究奖。

本书是在《丰田模式（领导力篇）》的基础上结合精益领导力研究院授课的实践总结出来的一套系统地学习应用精益领导力的指南，旨在帮助对精益领导力感兴趣的精益爱好者探索培养各自所在企业组织中各个层级领导者的方法。许多企业在推行精益的过程中，由于对精益的长期原则和核心价值观缺乏真正理解，实施精益的过程波澜起伏，内部意见各异，阻力很大，即使经过艰苦努力取得的效果也无法持续。许多经历过精益转型的读者在拜读了本书英文原著后，感到受益匪浅，了解到了丰田公司之所以在连续 80 多年持续发展的历程中，面对各种挑战和困境能够持续创造佳绩的核心之所在就是丰田特有的领导力。

本书结合丰田公司如何在其涉足的所有领域实践精益领导力原则和选拔培养精益领导者的实操，提出了循序渐进的学习步骤和应用性很强的实用套路，并配有许多成功的应用案例，全书图文并茂，语言流畅，通俗易懂。莱克教授在书中首次提出了学习应用精益领导力的先决条件，它们是可视化管理，PDCA 解决问题方法和标准化作业，只有彻底地理解和学会了这三项精益原则，才能有效地学习精益领导力的钻石模型四步骤。可视化暴露问题，PDCA 系统地解决问题，而标准化是为了持续改善，所有这些原则为培养精益领导者奠定了必要的基础。之后的四个步骤，自我发展，指导和培养他人，支持日常改善和方针管理则为企业组织造就大批优秀的精益领导者，从而帮助企业迈向卓越。

作为莱克教授领导的精益顾问团队的一员，我有幸参与了精益领导力研究院的创建和早期的培训活动，非常敬佩莱克教授毕生致力于丰田模式和精益思想在全球的传播，也感谢查奇里斯先生不遗余力在全球范围内整合优质资源，推广和培训精益领导力。基于过去十几年在中国及世界各地教授和学习丰田模式（The Toyota Way），丰田生产体系（TPS）和丰田精益领导力（Lean Leadership）的心得和体会，我深感非常有必要将本书翻译成中文，推荐给有志于学习和实践精益及精益领导力的广大中国读者。感谢刘亚琴，全峻对本书部分翻译和编辑工作的帮助，精益领导力研究院现已落户中国上海，www.leanleadership.cn，欢迎对精益和精益领导力以及丰田模式感兴趣的朋友们前往交流，切磋，与共勉。

蔡明博士 于美国奥古斯塔

2016 年 12 月

前言

我的名字叫乔治·查奇里斯(George Trachilis)，我是一名来自加拿大的专业工程师。多年来在多家本土和全球企业推广精益思想，工具及技能的经历让我清楚地体会到一个突出的共同议题："精益很少会像预期那样产生作用"。在你合上这本书，验证你对精益的看法之前，请继续往下读一小段，你不会感到失望的。

在此我觉得有必要交待清楚我在上一段落作出的注解，毋庸置疑，精益会产生作用。我曾亲眼目睹在最初实施或者说我还在场的时候精益所引发的惊人转变，这些转变通常是实实在在的，例如清理工作区域，把机器集中在一起，重新安排办公室布局让人与人之间的沟通更加畅顺等等，不胜枚举。所有这些行动让某个流程变得更加有效，在某些情况下甚至能让整个公司更高效地运作。通常一个公司会选择在危机来临时开始推行"精益"，危机可能包含：一我们必须降低成本，否则在一年内没法继续在市场上存活；二订单太多，在处理好短板流程之前我们没法接更多的业务。在这两种情况下，我都会尽力帮忙，而精益均能在第一年就产生效果。那问题到底在哪儿？当加拿大阿尔伯塔省政府委托我建立一个在线课程旨在教育公司精益思想时，我终于恍然大悟。他们让我仅仅专注于组织中的"领导层"—总裁，总监和高级经理等岗位，他们意识到阿尔伯塔省的企业必须大力推行可持续的变革，而不是单单靠运用精益工具来取得快速而短期的效益。

2012年6月，莱克博士来到我的家乡加拿大温尼伯，在我们的精益研讨会上发表了演讲。当天我从机场接到他，陪他去乘坐红河观光游船，再带他去会议现场，在那儿他发表了一个多小时的主题演讲，最后我再送他到机场。在这一整天我和他进行了几次很棒的交流，我对其中的两段印象尤深。第一段发生在观光游船上，我们讨论加拿大人权博物馆时（当时尚未完工），这个博物馆总共花费了三亿五千一百万加元，不但严重超支，而且还延误了两年，我们讨论了如何将精益思想应用到各行各业，包括建筑业。第二次交谈发生在他的演讲之后，很多经理人排着队等待莱克博士在他的新书《丰田模式（领导力篇）》上签名，这时一位经理人问道："莱克博士，到底是什么因素让精益思想在多数公司里没法持续贯彻下去？"杰夫（莱克博士）注视着这位经理人说："就一个词—领导力。"此番对话让我开始思考这个缺失的环节，我不知道你是否也是这样，在我的生活中当我接收到清晰的信息时，我就会牢牢地抓住这个新焦点，并且围绕它设置新的目标，这样我希望能沿着正确的方向逐步靠近这个目标。我的经验告诉我，精益领导力就是正确的方向。

在往后的几个月里,我和杰夫的友谊逐渐发展到我可以请他主讲一些网络研讨会。这些研讨会渐渐发展成为一个全新的关于精益领导力的网络课程,www.ToyotaWaytoLeanLeadership.com。我们渐渐觉得如果让这个课程的信息仅仅停留在视频格式上,只有那些有能力支付网络课程和导师的人们拥有访问权,实在是非常可惜,我们认为宣扬精益领导力的最有效方式是通过书籍,这本书现在就在你的手中—《培养各级精益领导》。

在莱克博士到我家乡发表演讲之前,我在过去 20 年来推动精益思想的历程中还从来没有对精益学界作出过如此大的贡献,我必须和大家分享这些心得。无论是对精益一无所知,还是拥有 25 年丰田经验的老手,你都能从这本书中学习到你需要的知识。一直以来我都知道精益是与人有关的,然而,那些能使精益生效的人到底有何独特之处?

杰夫深刻地描述了渴望获得长青基业的经理人/领导者所必须具备的核心技能、价值观、行为准则、经营模式,以及必须遵循的规章制度。他拿成功的经理人/领导者与运动员或者音乐家进行比较,要知道他们都是在教练的指导下,在实战中不断完善技能的。他描述了一位教练如何以系统的方式指出他们的弱点,让学员可以提升自己并加速成长以达到自己的目标或希望达到的状态。在工作场合之外,每个在乎自己的技艺水平的人都应该聘用一位教练,而在工作场合中这个道理同样适用。

这本书和杰夫对精益世界的其它贡献都是非常杰出的。如今我们生活在一个信息爆炸的时代,杰夫用他 32 年来对丰田公司内部运作的研究和认知,精确地指出重点所在。无论你在哪个行业服务,不管你是学员,教练,经理或 CEO,这本书都清楚地,重点突出地告诉你如何才能在工作岗位上取得成功。作为展现这种认知的巨大潜力的一个范例,我将过往亲自实施精益的方式转变成培养精益领导的模式。用从丰田那里学到的方式,我先从组织的核心价值开始,教导人们身体力行自己的核心价值,然后,我转入*精益领导力培养模式*的第一步—*致力于自身发展*。当组织中的领导开始伸手求援,并且意识到自身发展的重要性时,把他们组织到一起去征服高峰就变得简单多了,正所谓自助者天助。以下是培养精益领导力的四个步骤:

1. 致力于自我发展
2. 指导与培养他人
3. 支持日常改善(改进)
4. 建立愿景并对准目标

作为一名精益领导我从未停止学习，我对自己的理想状态的愿景就是生命不熄工作不止。从莱克博士过去的书里，以及最近与杰夫如朋友间的交流中，我认识到，当你一个个地清除那些阻挡你步入目标状态的障碍物时，蓦然回首，你会发现自己其实已经走出很远了。请加入莱克博士和我的学习团体，我们欢迎来自世界各地的学员和教练到访我们的在线社区 www.LeanLeadership.guru/Community.html。当你达到一个目标状态的时候，总会有下一个目标状态在等候你，这就是所谓的无止境的精益之旅，迄今为止我都很享受这个旅程。在你与这本书以及我们的在线精益实践者网络亲密接触后，我殷切期待你的故事。

我在前面说过："精益很少会像我们预期那样产生作用。"对于很多公司来说，如果缺乏领导力，缺失了领导者对自我能力的培养，以及栽培下属的过程，精益可能永远不会起作用。这就是这本书独一无二的贡献。它揭示了问题的核心-你！你能做些什么来培养自身能力？你能做些什么来培养他人？你该怎样去建立一个持续改进的文化氛围以实现突破性进展，进而保持竞争优势？所有这些问题都可以在本书中找到启示录般的答案，所有的答案都有实际案例来佐证。

感谢杰夫·莱克博士馈赠的这份礼物，感谢他让我加入其中共同宣扬精益领导力。

乔治·查奇里斯
精益领导力研究院总裁及首席执行官
www.leanleadership.guru
《精益思想的OEM原则》一书作者
加拿大温尼伯，2014

作者简介

杰弗瑞·莱克博士 是密歇根大学工业与运营工程专业的教授,莱克精益顾问公司总裁,精益领导力研究院的高级顾问与合伙人。他是2004年国际畅销书《_丰田模式:精益制造的14项管理原则_》的作者,并且与他人合著了另外七本关于丰田的书籍,其中包括《_丰田文化_》与《_丰田产品开发体系_》。他最新的作品是2011年的《_丰田模式持续改进_》和《_丰田模式(领导力篇)_》。他的文章与书籍曾经赢得11次新乡卓越研究奖。2012年莱克博士入选美国卓越制造协会名人堂。

领导者对一切事物都充满好奇心，希望竭尽所能地学习，勇于冒险与试验，尝试新鲜事物。他非但不担心失败，而且拥抱错误，因为他知道自己能够从中学习提高。

华伦·本尼斯，《领导者该做什么》，1989

第一章

精益与精益领导力

精益领导力概述与学习方法推荐

这本书总结了我在过去 30 多年来对精益领导力的理解，以及我与加里·康维斯（Gary Convis）—丰田北美制造公司的前负责人合著《丰田模式（领导力篇）》（The Toyota Way to Lean Leadership）的过程中所获得的经验，它建立在对精益领导力自发即兴的探讨的基础上。自从 2011 年秋天《丰田模式（领导力篇）》面世后，我和同事们一直在给一些有志于培养精益领导者的公司授课，并且和他们开展合作，从丰田身上学习到的经验让我更加了解该如何运用领导力培养模式。这本书反映了以上的学习经验，并且为那些专注于卓越成就，想培养拥有超强能力人才的领导们提供一些借鉴，希望这样培养起来的领导能够分享共同理念，并有志于创建具有凝聚力，基于持续改善和尊重人的企业文化。

这本书是由相关的在线课程发展而来，为了给在线课程提供补充材料或者为没有参加课程的人提供学习资料，我们决定出版这本书，作为培养精益领导力的实用指南。为了从本书充分获益，你需要找一个教练辅导你并且在通读全书时不断实践其中的领导理念，书中每一部分都有练习建议。

我们的目的是推广精益领导力，而且我们相信这是一套基于久经检验的，能在不同组织中应用的原则。精益领导者能利用更少的资源达到更高的目标，能实现极具挑战性貌似无法实现的目标，能积极培养团队与个人，能应对外部环境的变动有前瞻性地调适各个业务流程。我们衷心祝愿各位读者，有志者事竟成！

本书的背景

我想先向你介绍构筑本书的基础—我和加里·康维斯的合著。在过去30多年里我一直在密歇根大学工业与运营工程专业进行教学和科研。在那段时间里，我一直在研究美国和日本企业特别是丰田公司的管理制度之间的差异性，这也让我在2004年写下了《丰田模式》以及一系列相关书籍，这些书详细地介绍了丰田模式的各个具体方面。最近我和加里·康维斯合著了《丰田模式（领导力篇）》，在此书中我们探讨了丰田公司的领导力培养方式并将此总结为领导力的四阶段发展模型。在此基础上，我将在本书中再次构建并改良这个模型。

加里在通用汽车短暂的经历开启了他在汽车行业的职业生涯，后来他加入了福特汽车，并且在质量控制，工程技术和生产部门总共工作了大概20年。而在福特，他显示了一些不同于一般福特经理的习惯，和多数经理人相比，他花更多时间跑到车间现场，和员工交谈，并且总是努力地寻找问题的根源，在找出根本原因后，他会和职工们一起制定相应对策。加里做的一些事情在1980年代的福特是闻所未闻的—他居然因为一个质量问题停了整条生产线，这直接导致了运营经理跑到他的办公室一脚把一个垃圾桶踢到玻璃窗外，如此过激的反应是因为在福特从来没人敢把生产线停下来。虽然加里在福特得到快速的升迁，然而他总感到企业的运营应该有更好的途径，他那时的做法其实与丰田模式相当接近，然而这却让他在福特内部束手束脚，难以尽展才华。他在通用和福特的挫折经历让他决定到新联合汽车制造公司（NUMMI）找份新工作，新联合汽车制造公司是由丰田和通用合资的位于加州弗里蒙特的一家颇具风险的新创企业，加里非常了解其中的风险，然而他还是决定举家搬到了加州去迎接这个新的挑战。

在新联合汽车制造公司加里被培养成了一位丰田式领导，丰田公司用丰田生产方式来运营这间在加州的工厂。新联合汽车制造公司是丰田生产方式在没有美国汽车联合工会的美国汽车装配工厂的首次试验，加里在新联合汽车制造公司一路升迁，直到有一天他获得了肯塔基州乔治城的丰田工厂总裁岗位的提名，并成为了这家工厂的第一任美国人总裁。此后，他继续在丰田内部不断地获得提拔，在丰田北美运营总裁以及日本丰田高层管理人员的岗位上功成身退。

从丰田退下来后，加里感到自己还可以贡献余热，于是他接受了达纳(Dana)公司临时首席执行官（CEO），副董事长的岗位，最后成为了达纳的资深顾问。他帮助了达纳在经济衰退中走出破产保护，浴火重生。最终在加里和他的搭档董事长约翰·迪瓦恩（John Devine）的领导下，达纳公司的财务状况重新回到了健康发展的轨道上。作为精益领导力的另一种阐释，我们在《丰田模式（领导力篇）》这本书中把这个故事作为案例分享。在离开达纳公司后加里加盟布卢姆能源（Bloom Energy）公司——一家专注于环保节能的高科技初创公司担任首席运营官（COO），最终他在那儿作出了职业生涯的第三次退休。

我是在加里考虑从丰田退休时与他会面的，他表示想和我合著一本书，他希望能与在世界各地不同的行业人分享他在丰田获得的学习经验。我们不久发现领导力是丰田公司以及其他努力学习精益，精益六西格玛和丰田模式的企业的成功之钥。

本书与网络课程的学习模式

在我们启动这项工作之前,乔治和我设立了崇高的目标,我们的原动力是教授真正的精益领导力理念。通过不同的学习方式加里和我都意识到,精益理念和工具是有区别的,这个理念是你成为精益领导者的理由和必须遵循的原则。加里和我都见识过一些组织机构在建立持续改善的企业文化的努力中不断地挣扎,我们看到他们引入并运用了很多工具,但始终收效甚微,连这些微小的成就甚至都无法持久。我们总结出所缺的正是所谓的精益领导力,精益领导力必须从最高管理层向下延伸到中层管理再到初级管理层——在丰田初级管理人员被称为组(线)长,他们是被授予领导角色的车间工人。

我们想在全球范围内传递这个信息,而这在面对面的课程中是没法实现的。通过这本书和相关的在线课程,我们试图加速真正的精益变革,真正的精益变革意味着坚持理念,培养员工,发展企业文化。最终,我们努力地建设一个组织,让它在可持续的基础上,能够因应环境的变迁进行适当的调整,在实现业务目标的同时每天为客户提供更加优越的服务。

传授精益领导力是一个挑战,尤其是面向集体的授课,然而,我们相信结合本书或在线课程(最好是两者兼而有之)和你的日常工作,我们能够获得成功。在丰田模式的理念中,自我发展的最重要方式是从实践中由教练指点学习,而不只是听我在视频中的演讲,浏览幻灯片,或者阅读。为了模拟丰田的教学方法,我们要求学员在学习的过程中在教练的指导下执行一个项目,其关键在于练习,在现场(这个现场指的是你工作的现场或者是你的产品或服务使用的现场)主导一个真实的改善项目。这种练习必须在一位优秀教练的指导下完成,教练的素质和师徒间不断发展的关系是极其关键的。

一直以来乔治和我都在为我们的在线课程努力发展优质的精益教练网络,我们对他们的要求是10年以上相关工作经验,掌握相关技能,对本书有透彻理解,在他们自己教练的指点下,也许就在他们公司内部,已经成长为一位合格的精益领导者。他们或被称为黑带大师,他们的作用是为在线课程的学员们提供一对一的精心辅导。对于本书的读者,如你尚未学习过我们的在线课程,我们建议你寻找类似的教练来辅导你完成自我发展的每个阶段,你需要用心去寻找一位好教练。

学习体验正北价值:精益领导力的发展模型

1983年我刚开始研究丰田的时候,"丰田模式"这个词还不存在,直到2001年丰田的前任总裁张富士夫才提出这个说法。作为肯塔基州乔治城的丰田工厂的首任总裁,他在美国工作生活了很多年,这段经历让他感到有必要把丰田模式明确地表达出来。在日本,丰田的员工们能在工作中潜移默化地学习这套体系,而且几乎所有人都在丰田公司度过整个职业生涯。然而在日本以外,企业管理层没法对这一套体系获得如此深刻的理解,他们亟需采用更加明确的方式来进行学习。丰田模式看起来非常简单,只拥有两根支柱:持续改善和尊重他人。

丰田意识到让每个人在每个地方都不断地改进业务流程和完善自我只可能是一个梦想，他们称这个梦想为"正北"。"正北"为人们提供了一个不断追求，却永远无法完全实现的愿景，正如你永远无法变得十全十美，你却可以尽力追求完美。

张富士夫把丰田模式描述为"丰田为其全球所有组织机构的全体员工设定的理想，标准，和导航灯塔"。他提出了"一个丰田"的概念，其含义是每一位丰田的员工都拥有一个共同的正北愿景。丰田模式的基础由一系列价值所构成，这些价值形成了我们所提出的领导力培养模式的核心，稍后我们将对此进行详细介绍。我们认为任何形式的人才培养都必须从正确的价值观和明确的目的开始，例如，一个公司存在的目的也许是不断适应外部环境的变化，在行业内健康地发展，让顾客获得满足，惊喜和愉悦。

丰田的价值观始于**挑战精神**，丰田相信人们必须面对挑战，否则他们无法自我提升，达到其潜力的极限。此外，人们还需要加强技能和自信，充满热情和拼劲去迎接下一个挑战。

另一个价值观是培养**改善思维**，你能够很自然地思考如何对现状进行改进，你能够公开揭示任何的不完美，任何浪费，任何不理想的事物。丰田的一个相关的信仰是持续改善必须依靠经理人到**现场观察**以获取第一手信息，你必须到现场去了解事实真相，这些现场就是我们完成工作的场合，客户使用产品的场合，供应商给你制造产品的场合。通过系统性的观察，你需要勾勒出一幅关于现状的清晰图像。

丰田信仰**团队合作**，丰田对团队合作持有一个综合的观点，这包含团队中的每个个体在其中培养他人和与他人一起工作而被培养。毋庸置疑，团队要比个人强大，而当团队中每个人都在学习的时候，团队的力量就变得更加强大。因此，团队发展和个人发展必须并肩齐发。

最后，你必须对所做的每件事和所接触的每个人表示**尊重**。

以上五个基本价值观处于我们的精益领导力模型的核心，一个组织在成长过程中，这些基本价值观需要通过四个阶段发展起来，从而形成组织文化的基本脉络。

为了达到个人的完善，我们必须致力于自我发展，这是第一阶段。我们要一步一步地学习和体验正北价值观。没有人能在一夜之间从一名业余小提琴演奏者变成为艺术家。在有些组织，领导们会被送到大学上一两个礼拜的培训课程，会去参加一些远离现场的会议，会被要求到不同的部门工作并接受一系列挑战以达到在公司内部开拓视野的目的。以上的做法都不是特别围绕着培养他们持续改善和尊重他人的技能。

随着自我发展的深入，你可以开始第二阶段，这就是由你去指导和培养他人。成为领导者的关键是懂得培养别人，作为精益领导者你的目的不是强迫他人遵循你的做事方式，而是培养他们，让他们能够以正确的方式为你们的组织作贡献。他们能深刻地理解基本价值观，并且愿意致力于自我发展。

随着时间的推移，你不断努力达到每日*改善*和持续改进的程度，这就是我们的模型的第三阶段。随着主管（Group Leader）和组（线）长（Team Leader）的不断进步，团队也会变得更加独立。

在第四阶段，你可以设立自上而下贯穿整个组织的有一定难度的目标，在日本这种方式被称为*方针管理*。丰田并不是唯一一个使用方针管理的公司，这是全面质量管理的一部分，也是丰田年复一年用以设置公司目标的一种方法。除非你的组织里的人员拥有足够的技能，知识和动力，否则你无法有效地对准这些目标并且期待能获得好的结果。

至此，我已经为你提供了这个课程以及领导力培养模型的一些背景信息，后面我们将会详细地讲解领导力培养模型，而学员们也会被要求通过以上四个阶段来培养自己和他人。

通过导师实现自我发展

没有参加过我们的在线课程的读者可以想象一个模拟的过程。该课程的首要目的是让作为学员的你非常清楚地了解精益领导者的特点，你也要对怎样培养一个精益领导者和怎样把自己培养成为精益领导者拥有一个概念性的了解。然后，你得从自我发展阶段开始你的精益领导力之旅，这乃是本课程和本书的重点所在。此后，你才能开始培养他人，支持每日*改善*，最终运用*方针管理*来明确企业的目标。

为达到在实践中学习的目的，你要在现场工作中主导一个实际改善项目。我们不仅会要求你采用标准化的问题解决流程来进行你的改善项目以及关注所达成的目标，而且还会要求你反思自己的领导能力发展过程：你在日常的工作中如何处理事情？你怎样和别人互动？你如何收集信息？你会否给正确的人下达任务？你能确保团队本身在学习上不断进步的同时推动项目吗？我们要求你用日记的方式来回答以上的问题在。日记中你简短的反思每天自己的领导经验并与你的教练分享，而这份记录还可以帮助你随时诊断在蜕变成为精益领导者过程中的状态。

一个可以帮助你与你的教练分享项目进度的关键工具是 A3 报告。A3 就是一张 11x17 英寸大小的纸，重点其实并不是纸张的大小，而是你能否用这张纸的一面从头到尾描述一个故事。这个报告不是一次就完成的，它需要在教练的指点下一格一格地填写并且根据项目进度不断更新。在解决问题的过程中，我们需要计划—执行—检查—行动（PDCA）的完整流程。第一步乃是定义问题，这也许需要你的教练和你一起来审定，教练不仅会提出挑战性问题，而且还会建议你完成额外的作业来帮助你成长。教练会给你反馈，还会和你一起检视你所建立的新思路的成效，教练和学员之间的关系是非常重要的。

教练将引领你完成我们给你设计好的一个不断自我完善的流程，你会在一个高层次上运用解决问题的流程，掌握当前状况，然后和教练一起选择一个适合你的项目。这个项目必须能在几个月内完成，它必须是有意义的，能成为培养你的领导才能的载体。而这个项目的实际内容，甚至其结果都不如你学到的有关领导力的知识重要。

定义问题

定义问题的第一阶段是高度抽象的，接下来你要组织一个能与你一起执行项目的团队。这个团队需要获得高层经理的支持，以清除执行项目过程中可能出现的路障，他们还可以对你作为项目领导的表现提供额外的反馈。

闻名遐迩的丰田解决问题过程称之为丰田业务实操（TBP，Toyota Business Practices），这是整个丰田都在运用的一个八步流程。你不必全盘套用丰田的流程，但是你得引入丰田业务实操的关键元素，例如，你的问题解决方案必须能缜密地定义问题并且你要能够挖掘问题的根源。

最终，教练会把大部分的注意力投入到你的自我发展上，渐渐地你会开始其他三阶段的精益领导力培训，不过你的主要任务还是领导一个解决问题的流程，**这就是自我发展**，这就是你要投入大部分精力的地方。在开展此项目的过程中，你将会领导一组人，你得扮演好指导和培养这些人的角色。

当你自我发展到一定的程度，我们会要求你开发一个基本的可视化管理系统以及在例行会议上解决问题的方案以巩固你在走*现场（gemba）*时获得的成果。我们还会要求你能确定自己的关键绩效指标（KPI）和解决问题的下一步计划，这将成为一个迷你版的*方针管理*。

精益原则

在定义精益领导力之前，我们必须先定义精益以及其原则，我们不会深入描述具体的精益工具，而是将丰田理念作为模型来探讨。在精益领导力研究院（LLI），我们也提供*精益思想的 OEM 原则(OEM Principles of Lean Thinking)*的在线课程（www.Lean101.ca），这个课程覆盖了精益的基本工具，并且介绍了大量的相关书籍，包括一些最好的，精益企业研究院（LEI）出版的书籍。

在了解精益是什么以及它在丰田公司演化的历史之后，你就会明白其原则了。在第二章中我们将为你的项目提供一套工具，包括解决问题的方法和 A3 报告模板。一个好的精益项目还需要别的一些工具，例如标准化作业和可视化管理（第三章）。标准通过直观地表达能够清晰的指出你的业务是否在正轨上运行，当出现偏离标准的状况时，你就要注意有问题了。

然后，我们将引领你深入四阶段模式（第四到第七章）：致力于自我发展，培养他人，支持小组作业，对准目标指向共同愿景。

最后，在第八章里我们将通过丰田开发赛昂(Scion)品牌的成功范例把这些关键概念整合到一起，丰田通过设计赛昂这款车将美国的年轻人这个之前未受重视的群体成功地带入丰田大家庭中。丰田在战略层面上开发了这款日后被命名为赛昂的车型，他们花了不少时间去了解客户，他们确定了赛昂品牌的核心要求——必须满足美国年轻一代的需求。然后，他们开始确定其操作性能，精益系统，并通过它们来兑现对客户许下的承诺，我们将会看到从战略部署到卓越营运的整个过程。

这就是本书所涵盖的内容。对我们而言，你仍然处于成为精益领导者的起步阶段，我们希望能让你在正确的方向上获得一个良好的起步，就像私人健身教练无法强迫你在你的余生每天进行锻炼和注意饮食一样，我们也不能强迫你持续坚持向前迈进。我们衷心希望你能借此机会，动用你所有的资源认真地开启并继续培养领导力的旅程。这个世界需要更多这样的你，让整个世界都能不断进行改善。

我们期待能继续指导你，除了教学辅导和在线课程之外，我们还为你提供了大量其他资源，其中一个我们希望你能好好利用的资源就是我们在 www.LeanLeadership.guru/Community.html 上的精益顾问与从业者论坛。

我们还建议你阅读另一本书——《学习型管理》(Managing to Learn)，这是由我的同事，在丰田日本工作多年的约翰·舒克(John Shook)撰写的，他在传统丰田模式的指导下学习了 A3 解决问题的过程。另外，麦克·罗瑟(Mike Rother)所著的《丰田套路》(Toyota Kata)也提供了一种非常结构化的学习方式。我们还在 LinkedIn 上主持丰田模式的讨论群组以及在脸谱（Facebook）上开设了公开主页。在这些群组里我们都会发表专题讨论，也欢迎你发表评论，我们期待你能获得所有这些资源的全部好处。

精益领导力是什么？

图 1-1 丰田模式

图 1-2 从优秀到卓越

本书的中心问题是"什么是精益领导力？怎么样才能培养它？"作为背景知识，我首先对《丰田模式》和"4P 模型"作一个综述以帮助大家更好地理解丰田领导力的含义。

在《丰田模式》的结尾部分我引用了吉姆·柯林斯(Jim Collins)的著作《从优秀到卓越》(Good to Great)，在那简短的小结中我们所提到的就是他所定义的"第 5 级"领导力。我在撰写《丰田模式》（参见图 1-1）最后一章的时候，一位博士研究生打电话问我是否读过《从优秀到卓越》（参见图 1-2），我的答案是没有，他说："你得读一读第 5 级领导力，因为它和丰田领导力简直就是不谋而合。"于是我读完了第 5 级领导力，并且在《丰田模式》的最后一章中加入了一小部分心得。后来我抽时间通读了整本书，对我而言，这是一个启示，我忍不住喊出来："噢，我的天哪，他所描述的不就是丰田吗！"

事实上吉姆·柯林斯没有研究丰田，甚至没有研究日本的公司，他描述的是具有卓越表现的美国公司，他分析了这些伟大的美国公司如何在数十年里不断取得明显优于其竞争者的财务表现。此外，他还提问："是什么让他们变得伟大？平庸公司和伟大公司的区别究竟在哪儿？"

他在这本书中总结出了伟大公司的一系列特点，我意识到这些特点和我试图表达的丰田模式原则非常匹配。丰田的出发点是以客户为中心，吉姆·柯林斯认为伟大的公司在起步时就是充满热情地为客户提供价值，他们不会从"本季度能挣多少钱"开始，不会从"我们下一个横扫市场的产品是什么"开始，他们从"谁是我们的客户，我们能做些什么来解决他们的问题，并且以他们意想不到的，超越竞争对手的方式来帮助他们增加价值"开始。客户永远是焦点所在！

在企业内部，伟大的公司建立了超越短期利润的核心价值观，理所当然，处于第一位的价值观就是满足客户——这也是企业存在的原因。第二位是"我们该为团队成员创造什么样的环境，以便他们快速成长并且拥有良好的生活质量？我们有义务让团队成员在离开公司的时候比刚加入时更优秀。"

伟大的公司从首席执行官（往往就是其创始人）开始，在起步阶段就拥有追求卓越的激情。例如，沃尔特·迪士尼(Walt Disney)——迪士尼公司的创始人就曾不断地问自己："我该如何建立一个伟大的事业，并让它基业长青，乃至超越我的生命长度，成为我对这个世界的重要遗产？"对沃尔特·迪士尼而言，把梦想转变成事实意味着要完成很多事情。"我梦想，我拿梦想和信仰进行比对，我勇于冒险，我追逐愿景，让梦想成真。"他所建立的不仅仅是一个业务领域，他为世界留下了一个遗产，一个远远超越他的生命长度的伟大企业。

为了让事业长远发展下去，他们培养出和他们一样对公司对客户对他们所建立的企业文化充满热情的接班人。如果仅因为某位首席执行官曾经让原来的公司股票在短期内飙升而把他招揽过来担任自己企业的接班人，希望他能像内部接班人那样对企业深入了解，热情投入乃至建立信仰，是相当困难的。

高层领导必须身先士卒地履行他们对公司业务的承诺，这并不代表他必须放弃业余生活，然而大家很可能会发现当他们在公司里不断获得提拔的同时，他们在办公室里呆得越来越久了，在业务上投入的时间更多了，相对而言留给家庭的时间就变少了。

他们执着地研究学习并适应环境，这是非常重要的。假设你在沃尔特·迪士尼公司工作，你的行业里有着其他竞争对手，譬如其他主题公园。因此，你知晓他们的一切，你知道他们在思考什么，如何进行思考，他们的下一步可能会做什么。你不会去关心汽车行业，半导体行业，或医疗行业，你关心的是你所在的特定行业，你并不是一位能到任何地方去做好任何事情的即插即用型CEO。

与"或(OR)"思维相反，柯林斯还采用了"和(AND)"思维这个词汇，这也是丰田模式里关于改善的一个关键概念。在丰田公司里如果你向上司报告说只能追求生产效率或者质量，你的上司同时也是教练会问道："为什么不能两者兼得？是什么让你认为必须牺牲质量来获取生产效率？"这位领导知道同时把两方面做好是可能实现的，因为他们就曾在自己的职业生涯中多次达成过。沃尔特·迪士尼最出名的格言就是："有梦想者事竟成。"

柯林斯所描述的伟大公司通过试验和学习进行创新的特点让我眼前一亮，因为传统创新的模式乃是发明家的独角戏。独立的发明家灵光一现地构思出卓越的创意，加工出产品的试样，并通过商业化流程将其推广到市场上，其出发点始终是有一个天才突然萌生出一个好主意。吉姆·柯林斯想表达的是，伟大的公司从实际工作中通过尝试和实验来学习和创新。沃尔特·迪士尼也曾说过："停止空谈开始实干就是成功之道。"在精益理论中我们认为大多数重大突破均来自于现场实践，通过快速试验更深刻地了解新方法中哪个部分可行哪个部分不可行。这个世界实在太复杂了，在大多数情况下，我们无法总是指望乍现的灵光来为我们取得伟大的创新。

伟大的公司对有能力有上进心的员工价值抱有坚定信念。丰田认为只有人才是不断增值的资产，换句话说，人是公司中唯一会增值而非贬值的部分，其他的部分，例如设备，甚至知识产权都会随着时间的流逝而贬值，我们必须对它们进行更新，而人却会变得更聪明，获得更高级的技能。一个十年经验的老兵通常比一个只有一年经验的新手拥有更熟练的技巧和更深的知识，这建议我们要长期地在人身上作出投资。要想拥有这些十年经验的资深员工，第一你要能留住他们，第二要投资不断地培养他们，他们无法自发地培养出强大的技能。

对员工的培养最终能让企业形成一个强有力，协调一致，有凝聚力的文化。强有力指的是企业文化、价值观和信仰能在公司的所有层级内获得广泛的认同。协调一致意味着清晰和能理解，例如你总能从不同的人那里得到相似的答案。凝聚力意味着即使互不相识的人也能像一个团队一样共同行动——因为我们大家都在为这个伟大企业工作,都在为相同的客户服务。J·威拉德·万豪(J.Willard Marriott),柯林斯所描述的另一家伟大公司的创办人,说过:"伟大企业是由不停思考如何改善业务的人所建立的。"他还表示:"把你的员工照顾好,他们会照顾好你的顾客。"

丰田模式的历史

当我研究美国的伟大企业时,我发现它们的领导人的思想和丰田的企业文化具有惊人的相似度,这表明了伟大的领导力是普世适用的。让我们先回顾一下丰田成为伟大企业的发展史。

图 1-3 早期的自动织布机与它的发明者丰田佐吉

丰田模式这种关于企业,关于如何改善流程,关于领导者角色的独特思维是如何发展起来的?这一切都是从丰田佐吉这位丰田自动织布机制作所的创始人开始的(参见图1-3)。

某些读者也许知晓丰田佐吉发明木质自动织布机的故事和背后的动机。佐吉是一个偏僻的日本农村里的一位贫穷的木匠的儿子,他观察到妇女们整天辛勤地为家庭生计用手指编织布料,他立志帮助她们减轻织布时的体力消耗。

他之所以能发明木结构自动织布机是因为他是一个木匠,对木头相当了解,他拥有深厚的工艺知识和丰富的想象力,能够找出聪明的解决方案,并且亲手将它转化为现实。他发明的第一台织布机利用重力来驱动,结构非常简单。他观察到妇女们来回不断地牵引导线梭子,然后她们用双手推动一块木头来收紧布线,来回地牵引丝线,再把布料收紧,这就是手动织布的全套动作。他感到来回牵引导线梭子的动作或许能用重力来实现,于是他发明了一个木溜槽和一个带脚踏板的系统。通过脚踏板,梭子可以来回地在溜槽里滑动,这种设计至少可以节省一半的体力。事实证明妇女们运用这个系统取得了三倍的生产效率。

这是一个有效的改善,值得注意的是,它来自真实的需求。这个改善来自一位在木工技能方面大力投入,潜心研究织布机,拥有工艺知识并能亲自实现设计结果的能工巧匠。此后，他孜孜不倦地改良设计，萌发了制作一台多功能全自动织布机的愿景。38年之后"G型"织布机—全球第一款自动织布机，卖给了英格兰的普拉特兄弟(Platt Brothers)。在那个年代从日本出口创新技术是相当罕见的，"G型"织布机在当年乃是跨越时代的存在。（关于"G型"织布机的视频请点击http://v.youku.com/v_show/id_XNzEwNzkyMzM2.html。）

丰田佐吉的每一项发明都是针对某个特定问题的解决方案，它们都通过了快速实验的验证，今天我们称它为 PDCA。此外，他从无到有地通过反复试验开发出世界首台全自动织布机，这并不是所谓的远见卓识，而是通过团队合作解决无数问题后所获得的成果。他当时并不知晓如何在解决一个问题后便创造出全自动织布机，但是他知道另一个问题正在等待他去解决，然后又一个问题，随着时间的推移，逐步向愿景靠近。

最著名的一项创新来自于这些问题中的一个。由于织布机半自动运行，人起到的作用不断在降低，多数情况下只是监视丝线是否脱落或者在织布机出故障时排除问题。当经线方向上一根丝线发生断裂，所有位于断裂处后面织出的布料都只能报废，当操作员发现这个问题时，她们会关掉机器，撕掉报废的布料，然后重新调整机器。人们需要站在机器附近，如照顾婴儿般照看它们，丰田佐吉觉得这种状况简直就是在浪费人们的宝贵时间。

他的应对策略就是现在我们称为自働化(Jidoka)的思路，当单根丝线断裂时，一个重物会自动落下并关闭机器。这种解决方案让操作工获得更大的自由度，可以同时照看多台机器，并且在机器自动停机的时候迅速作出反应。操作工进化为问题解决者而不只是机器看管者，这种新思路成为了著名的丰田安灯(Andon)系统的基础。安灯系统让员工在生产线出现异常时通过拉动联结系统的绳索让生产停顿下来，然后思考为什么会发生问题以及如何解决问题。

丰田佐吉身体力行的核心价值—服务于社会，客户第一，公司第二，尊重人，彻底了解业务，亲自动手，辛勤工作，内建质量，纪律性，团队合作和不断朝着愿景进发的创新，至今仍然是丰田的基础。

丰田佐吉要求他的儿子在织布机以外的领域为社会做出一些贡献，丰田喜一郎选择了汽车。这是一个巨大的挑战，因为他们几乎是从零开始，而此时美国的汽车业，例如福特公司已经统治了世界。在一个影响深远的演讲中丰田喜一郎说：

"我计划缩短我们工作流程中的松散时间……我主张准时化生产方式作为实现这个计划的基本原则。"

如果他是在今天说这番话，他可以雇佣一队顾问，也可以阅读我的或者 LEI(精益企业研究院)的著作，而且每个人都能理解他所提出的准时化生产概念。然而，在 1939 年这个概念还没有被发明，他第一个提出这个理念。这是一个愿景，丰田喜一郎并不知道如何去实现它，就如他父亲当年发明自动织布机的历程一样，而把这个愿景转变成现实的是一位生产方面的天才—大野耐一（参见图1-4）。

大野耐一和他的团队接受了丰田喜一郎下达的挑战。他们废寝忘餐地工作，通过自适应的解决问题方式开发出丰田生产系统，正如丰田佐吉曾经达成的一样。

图 1-4 大野耐一的照片

大野耐一和他的团队接受了丰田喜一郎下达的建立准时化生产方式的任务以及另一个"延伸目标"—在三年内赶上福特公司。那时福特公司正以九倍于丰田的生产效率年产超过一百万辆汽车，而丰田要生产更多类型的汽车但年产量只有几千辆。

什么是真正的 TPS？

大野耐一的一个早期的实验是在机械加工车间创建 U 型工作单元，他的目标是可以因应客户需求灵活地调整生产批量并保持相同的生产效率。他学习如何在由不同种类机器组成的工作单元里根据市场需求的变动实现单人，双人，或者六人操作。但是，他碰壁了，他要求组员们学习多个工种，例如操控车床，用钻孔机，等等，但员工们并不想这样，他们更乐于成为单一工种的专家。

这种状况让大野耐一进一步思索如何影响与激励员工。他意识到自己必须到现场去，和大家待住一起，看着他们挣扎，对他们提问，对他们提出挑战，并且学习成为一位教练，这就是丰田生产体系（TPS）的起步（参见图 1-5）。稍后他意识到，要建立一个可靠的生产单元，标准化作业必不可缺。他也需要一种有效的员工培养方式，于是他研究并采纳了从美国舶来的工业内部培训体系（TWI）。

之后，这个已经稳定下来的生产单元逐渐和其他远端的流程连接起来，在流程之间设置了少量库存和一个拉动式物流系统，而稳定的生产单元和拉动式系统的基础保证了均衡化生产计划（*平准化 Hi junka*）的稳定运营。年复一年，随着时间的推移丰田生产体系的各部分拼图纷纷到位，最终它在大野耐一的反对下被丰田公司白纸黑字地记录下来。

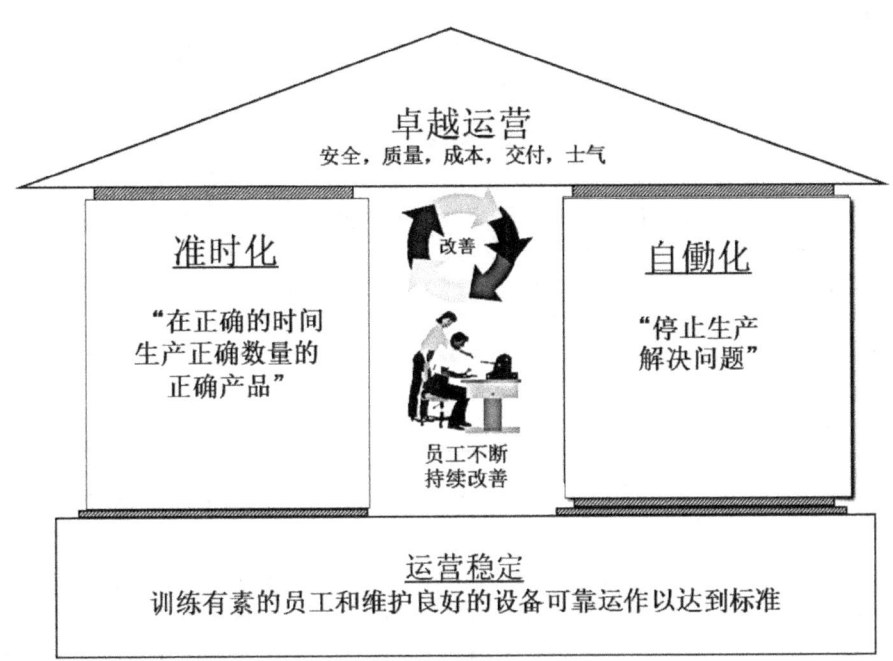

图 1-5 丰田生产体系（TPS）的视觉表达

为什么他要反对一个简单的图表？大野耐一认为，丰田生产体系是鲜活的，会呼吸的，不断发展的知识实体，其实质是当人们在现场行动中发现弱点，开始学习如何通过流程改善来克服它们的同时增进了自身的能力。他担心当这个活着的系统被白纸黑字地记录下来后就会变成一张静止的图片，改善也因此终结。当他看见有人画图表达丰田生产体系时，他会一把抢过来撕掉，并大叫："如果你将它记录下来，你会毁灭它的！"

在他的职业生涯后期，大野耐一逐渐放松并允许人们将丰田生产体系用一个房屋结构图表达出来，而房子本事就是一个系统。如果将支撑屋顶的结构拿掉，屋顶就会倒塌，如果屋顶比较脆弱，房子就会漏水，如果地基不稳，整个房子都会倒塌。为了系统能正常运行，每一部分都是必需，在系统的中心是人们持续不断地进行改善活动。

你可能注意到两根支柱分别由丰田佐吉和丰田喜一郎所贡献。丰田佐吉引入了自働化的概念，当今把它翻译成"停止工作并解决问题"或者"让问题浮出水面并解决它们"。当纺织过程中出现问题时，丰田佐吉利用人工智能来让织布机停下。丰田喜一郎引入了"准时化(JIT)"的概念：正确的部件在正确的时间以最少的浪费交付客户正确的数量，最理想的状况是拥有完美质量的产品通过单件流的方式送达客户，如果你仔细想想这是个在现实生活中不可能实现的梦想。想象一下，无论任何时候你所要求的每一项服务都能让你百分百满意，这会是什么光景？

丰田的目标并不是实现准时化，他们的目标是把准时化设定为愿景和理想状态，而自働化本身也是一个愿景，一个零缺陷的愿景。每一件任务都圆满地完成，改善由愿景所驱动，持续改善就是追求完美，它永远不会结束，因为任何人都无法永远达到完美。

丰田生产体系架构屋的基础是运营的稳定性，为达到这种稳定性员工必须遵守纪律并执行标准化作业，机器需要良好的维护，这也要求严守纪律的员工对设备进行预防性维护，在每次停机时学习解决问题之道。生产控制努力地建立一个均衡化的生产进度，按照产量和产品组合实现生产计划平准化。平准化是另一个愿景，它要求人们不断地减少生产计划中的变动，包括人员变动和流程变动。随着以上任务变得更具挑战性，系统的标准也变得越来越严格。

所以你看到了为什么人要被放在中心，员工必须拥有动力和纪律通过持续改善和新标准的实施去实现生产体系的各个方面。当员工停止思考而仅仅执行专家的建议，那么整个系统就会因为环境条件的改变而失效，在工作场合员工乃是唯一能持续地适应流程的创造性力量。

举个例子，假如一位飞行员在起飞前被告知无论发生什么情况都必须执行飞行计划上的规定，不能做任何调整，若当他飞进雷电风暴区时仍执行原飞行计划，那飞机就会坠毁！飞行员需要在大部分场合遵守标准，但也需要在非标准情况下做相应的调整。

员工是丰田生产体系的中心，他们需要领导的鼓励去执行并提高标准，只有极少数人能够自觉地要求自己变得越来越好。

今天精益已经成为了一个全球性的行动，人们谈论精益，六西格玛和精益六西格玛，然而不幸的是，我们在大多数情况下所看到的只是丰田模式或者丰田生产体系的影子。例如，当我们走进工厂，办公室，或者医院时，我们会看见很多墙报，图表，拉动式补货系统等用语，然而这些都只是仿制品而已，这就像我们找到了一个公元一世纪的花瓶，于是试图解读这个花瓶的含义。如果我们深入挖掘这些仿制品和行为背后的意义时，我们发现了其中的规范和价值观。

其规范和价值观通常被翻译成"遵守规则，达成目标。"它们由主导项目的拥有黑带认证的专家所创造和强制推行，这就是我们说的官僚主义，僵化的官僚主义就是弗雷德里克·泰勒(Frederick Taylor)所建立的科学管理理论。他清楚地提出工业工程师是唯一的思考者，而管理层应该告诉工人去遵守由工业工程师设置的标准。由于工人不作思考，这个系统无法自我调整，大家只好等工业工程师提出所有的主意，而工业工程师人数相当有限，通常会被分配到各个工厂中去持续提高各项业务。

一个潜在假定导致了大家对丰田生产体系的误读，这就是大家误认为对人的尊重的最重要部分是尊重股东，股东是企业的所有者，他们每个季度都应该获得回报，这表示你必须推高股价，对员工和流程改善的投资必须有清晰的投资回报率(ROI)。

如果你不能获得预计的投资回报率,你就不该投资,这样你只能挑选那些有清晰的直接因果关系的项目。花钱就得有收益,收益要以现金的方式向股东汇报,如最直截了当的节省成本的方式就是裁员,这种方式与增强自身实力并力争完美的愿景相去甚远。丰田认为如果一家企业努力追求完美,它就会不断地改进产品和服务,以更实惠的价格提供更丰富的产品,持续地让顾客感到满意,这样利润就会随之而来。一方面客户感到满意,而你的营业额得到提升,另一方面运用同样的改善思想你还能降低成本,当然,安全,质量和人力资源发展都应该有目标,消除安全隐患,消除缺陷就是消除浪费,成本就可以降低。然而,假如你一开始就决定不见兔子不撒鹰,除非改善活动能直接地优化成本,否则一律不予批准,你就永远不会在员工,流程和产品上作投资,这样你就不会有满意的客户,而你的企业就会慢慢落伍并最终走向消亡。

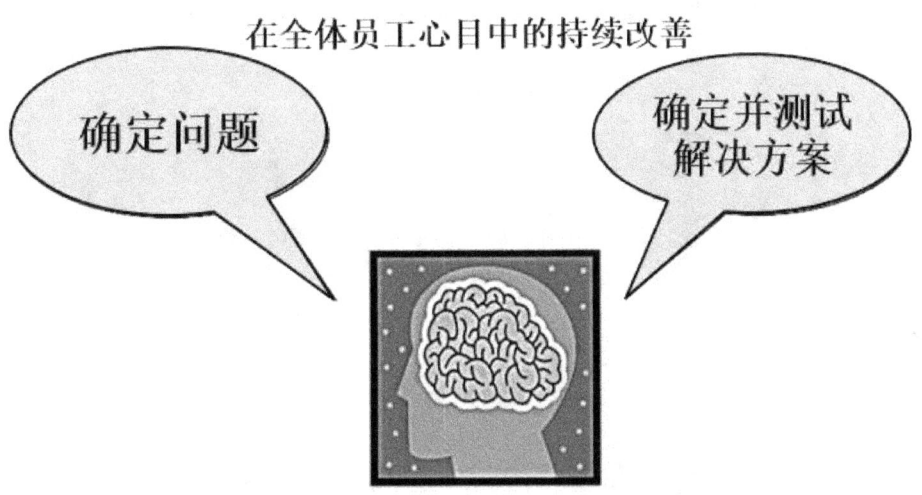

资料来源:迈克尔·巴勒(Michael Balle)

图 1-6 思考生产体系(Thinking Production System, TPS)

那么到底真正的丰田生产体系(TPS)是什么?当我们想到 TPS 我们也许立刻会想到生产,工具和机器,事实上这些词汇从来都不是丰田生产体系的真实表达。大野耐一的一位学生说:"作为丰田我们犯了一个错误,我们实在不应该把这个系统命名为丰田生产体系(TPS),我应该称之为思考生产体系(Thinking Production System,TPS),因为这个系统中所有的要素都是引导人们去思考。"即使是一个简单的看板(Kanban)——当我们准备好接收更多产品或者信息时所发出的一个视觉信号,也包含着一个潜在的思维过程。每个容器上都附有一个看板,如果我们看到有一个容器没有附带看板,我们就应该提问为什么这个容器在没有看板的情况下还能移动?如果我们一共有十箱库存,拿走了一个看板后库存就只剩下九箱了,如果此时出现一个问题,我们的流程就会更快地停下来。这迫使人们动脑筋思考，丰田生产体系的真正本质一方面在于发现问题，另一方面在于确定并测试解决方案，这样人们就可以学习并持续地提高（参见图1-6）。

什么是真正的丰田生产体系？

丰田模式2001

吉姆·柯林斯抽取了一些公司的样本，并将伟大公司与其他公司进行比较，这和我的研究方法有所不同，我深入地研究一家公司并从观察和学习运用精益概念的过程中建立了一个模型。到底是什么让丰田运转起来并迈向卓越？其出发点就是公司经营理念，它有许多与吉姆·柯林斯描述的伟大的美国公司们拥有相同的特征：热情地为客户提供服务，渴望建立一个伟大的企业，重视自己的员工，并从长远的角度培养他们，所有这些都围绕着同一个核心价值：你必须考虑公司长远业务。

图 1-7 《丰田模式2001》（丰田汽车公司）

丰田公司在2001年就定下了这个运营模式，而我的书在2004年才问世。如前所述，《丰田模式 2001》（参见图 1-7）拥有两根支柱，分别是**持续改善**

（Continuous Improvement）和**尊重他人**（Respect for People）。他们认为这两根支柱是共生的，你不可能只拥有一个而缺少另一个。持续改善的字面意思是，我们在任何时候都对我们所做的一切进行改善，如果我们的工作是包装零部件，我们就得想如何包装的更好。如果我们在开发下一代凯美瑞（Camry）轿车，我们就要改进其整个开发的流程，这包括通过获取客户反馈对各个流程进行改善，将客户反馈转化成设计特性以及如何将产品设计得比较容易组装生产。

公司中的每一个职能部门——会计部，财务部，销售部，信息技术部等等，都会不断地被要求接受挑战，进行改善。该理念要求我们不断地反思，我们做得怎么样。我们是否变得更好？谁必须努力思考让大家都可以改进？我们既没有超级计算机也没有机器人来帮忙完成这个任务，只有人能够承担这个责任。要做到持续改善我们需要整个团队共同分享价值观并对公司产生认同感，要做到这点，尊重他人是必需的。

如今丰田对尊重的定义比"我们会友好地对待你，我们不会对你大吼大叫，我们不会攻击你，你会有良好的工作环境等等"要更深层一些。尊重在这里意味着"我们会挑战你，让你不断地提高自己，只有这样你才会对公司越来越有价值，而你也会变得更优秀"。作为回报，公司提供丰厚的薪资和稳定的工作岗位。

前面已提到丰田模式的基础是五个核心价值观，下面我将对每一个价值观详加解释。

第一个核心价值观是**挑战**(Challenge)。公司的每个层级，从高管到车间工人都常常被挑战以持续地提高自我并改进流程，挑战来自于特定的目标或目的，它来自对目标和目前所处的状况之间的对比的清楚认知。每天每时甚至每分钟，我们需要一种态度：无论面临的挑战是什么，我们都会找到某种方式去战胜它。

2011 年的宫城大地震是日本有史以来破坏力最大的地震，在丰田内部，500 种不同的部件出现短缺，许多供应商的工厂都被埋在瓦砾中。丰田公司必须直面这个挑战，分析整个流程以找出问题所在，然后想办法帮助供应商们解决问题。一个接着一个，他们帮助供应商的工厂恢复零部件生产，同时，他们调动了全球分布的供应链以减缓短缺的状况。在此之后，他们开始思考如何从本次灾难中吸取经验教训以改善供应链，例如，他们意识到，这些都是供应商的供应商，在某些情况下，只有一个地方在制造关键部件。他们意识到，他们必须更深入地管理供应链，并要求这些供应商在不同的地区开设第二生产基地。

改善(Kaizen)具有一种独特的流程，丰田称之为解决问题。丰田对问题的看法并不限于某天某个地方发生了错误，而是当前状态和理想状态之间的差距，人们渴望解决问题——让业绩更上一层楼。我们将在第二章讲述丰田业务实操，一个八步问题解决过程，有趣的是，此解决问题的过程已经被丰田公司提升为公司的核心业务实践，这是因为整个组织的每一部分在实施改进，适应环境的变化，提升客户满意度，以及与社区更紧密地合作的时候，都必须按照丰田业务实操的思维方式进行实施。

在高层次上，丰田业务实操以戴明的计划—执行—检查—行动（PDCA）为蓝本，在丰田你到处能听到PDCA。PDCA的结构预防了人们匆忙地作出结论—下一步怎么走，下一个要面对的问题是什么，哪一个应对措施应采用，它迫使你反思当前的事实与期望之间的不同以及你从实验中学到了什么。在《丰田套路》这本书中，迈克·罗瑟指出，一般的解决问题过程隐含了敷衍了事的意思，而不是通过改进过程努力地朝着理想目标迈进。在丰田公司，解决问题更多意味着朝一个明确的愿景实施改善。

现地现物（Genchi Genbutsu）与持续改善是紧密相关的，现地现物的含义是我们要到事情发生的现场去了解问题，这也许是工程设计的场合，也许是客户使用汽车的场合，也许是进行车辆测试的试车场。无论事情发生在哪儿，我们就去到那儿，研究当前的状况并尽量了解优势和劣势，这就是改进的起步点。只有起点还是不够的，我们需要一个愿景来引导我们前行，而这个愿景要基于现实，这样我们就能够看清楚我们目前的状态与我们希望达到的状态之间的差距。现地现物的字面意思是现实的事物，现实的场合，这个概念很多时候也被称为现场（gemba）。

尊重（Respect）强调的是对人的尊重，这包括对股东的尊重，互信与责任，和真诚的问责制。问责的含义是："我们接受独立工作的责任，尽我们的最大能力和努力，始终恪守我们的业绩承诺。"

团队合作（Teamwork）就是团队协作，唯一有点不同寻常的的是，当丰田谈论团队合作的时候，他们不会将个人发展从团队合作中剥离。他们认为，最好的团队是由不断受到挑战的个体所组成，他们不断成长，成为更好的团队成员，然后他们共同努力，朝着一个共同的团队目标前进。如果你想组建一个常胜团队，你就得经历一个遴选的过程，你希望你的团队成员经历很多的训练和操演，你希望获得最优秀的成员，也希望这些最好的成员们能紧密合作，个人的发展和团队的发展息息相关。《丰田模式2001》提到："我们鼓励个人成长和职业发展，共享发展的机遇，并最大限度地提升个人和团队的表现。"

对于丰田而言这个架构屋意味着什么？它是一个可实施的配方吗？有一套相互关联的工具并有一套标准来衡量你在每一种工具的应用上是否做得足够好吗？答案是他们的确在公司的某些部门拥有针对五个基本价值观的衡量系统，他们也用它来评估员工，但是，这个架构最重要的作用是为大家提供一个正北愿景，一个理想状态，一个标准和一盏指路明灯。

丰田的员工们完全明白持续改善是一个不可能完成的梦想，每一天里总会有某些时候公司的某一部分没有得到改进，他们也意识到尊重人是一个不可能完成的梦想，总是会有某些人，特别是在一个成百上千人的组织中，在某些时候做出一些不敬的事情。要完全消除这些偏差是不可能的，我们的目标是减少偏差并向正北愿景逐步靠近。

当我们谈及精益，我们想达到什么目标？不幸的是，人们对精益的认知通常是非常狭窄和具体的。对某些人来说，这可能是通过降低劳动力成本改善成本结构，对另一些人来说，这可能是降低库存改善现金流，还有一些人认为迟交付是个必须解决的大问题。如果你在医院里观察，你会看到病人穿梭往来，你或许会问，从病人来到医院到离开需要多长的时间，如果我们能缩短这个时间，我们就会拥有更多满意的客户，我们也就拥有更高效的系统，而这些流程所需时间通常都与精益紧密相连。

上述这些挑战都是合理的挑战，当精益改善流程被正确地运用时，这些目标都能够实现。然而，我们认为精益适用于更广阔的范围，我们真正希望精益能够通过各种方式让客户完全满意，使成本降低，为团队成员提供更高质量的生活。图1-8的范例和一般的思维略有不同，设计产品以解决客户使用过程中出现的问题是一个合理的精益目标，这既不是交货时间问题，也不是成本问题，而是关于创新和创造力的问题。如果你可以设计和制造无质量缺陷的产品（可以称之为内建质量），这将有助于满足客户的需求。下面列举了一些更加广泛，通过员工参与能够持续改善的工作目标。

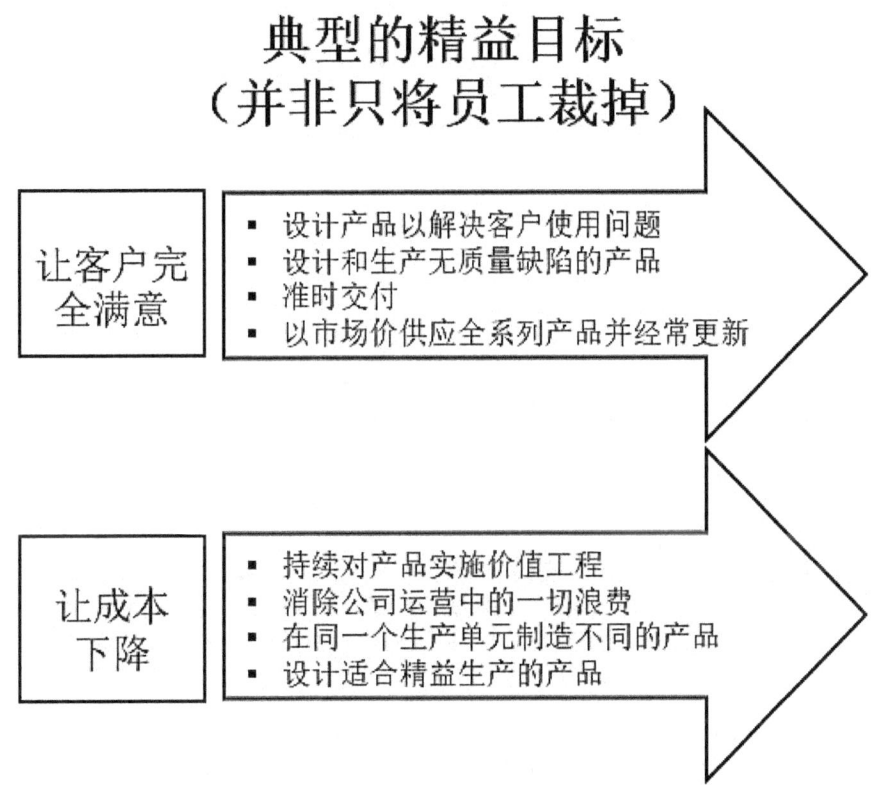

图 1-8 典型的精益目标—满足客户和降低成本

当你看到这些范例的时候，你就能理解我为什么会认同吉姆·柯林斯关于伟大公司的研究结果，精益的真正含义要比简单地通过消除浪费来缩短流程时间广阔得多，它触及到公司的每一部分以及公司为客户增加价值的内在能力。

不幸的是，精益大多时候被降级为一个消除浪费的工具包，这会导致思维停滞于只是消除事物的眼光，消除多余的步骤，消除浪费活动，然后再去对付下一个浪费。这是丰田佐吉所做的事情吗？丰田佐吉是靠在工作现场发现并消除浪费来发明当时世界上最好的织布机吗？答案明显是否定的，事实上，他是创造性地朝着愿景开拓创新。

连接理念，流程，人和解决问题的 4P 模型

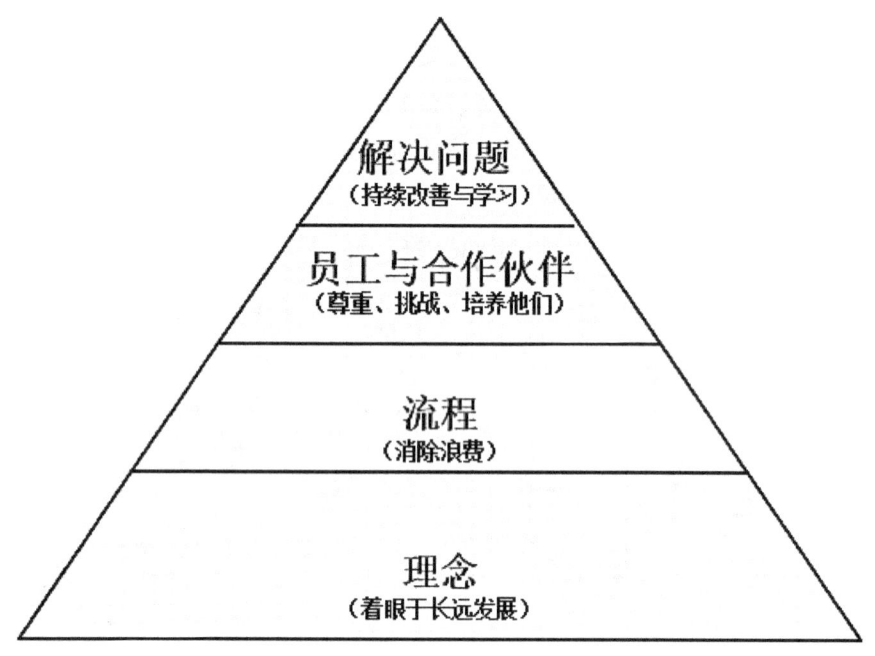

图 1-9 莱克的丰田模式金字塔（4P）

丰田通过架构屋来表达丰田模式，我则开发了一个金字塔模型（参见图 1-9）。这个金字塔的基座就是公司的思想—理念，着眼于长远发展。我们希望建立一个伟大的企业，伟大的企业需要卓越的跨部门流程并将焦点放在客户需求上。丰田模式 2001 整体而言就是丰田公司的理念。

流程并不能靠自己就能运行，这和某些常见的认为不同。即使你拥有一套高度自动化的流程，你还是需要不断地监控，检查和调整，并改进其运行方式，这就需要人们的创造力，这也是人和解决问题的切入点。

作为一个体系的精益流程

4P 模型的基本理念是一个非常广阔的画面，它包含了让我们的公司超越我们的生命长度基业长青的思维。我们拥有满足客户的想法，现在我们需要一种方式来实现这个想法，我们需要一种交付机制，而这个交付机制就是你的组织中的所有流程，无论你处于何种行业，无论你的客户有何需求。

在医疗行业很多不同的流程都会直接影响到客户，为客户增值，举个例子，当遇到病情较重的病人时医院会迅速地进行验血，将结果快速用于诊断，然后医生会根据问题的严重性决定是否需要进行外科手术，而其他的病人则在普通病房看全科医生。此外，还有许多辅助流程，有医务人员会准备手术室，运送血样到实验室，操作复杂的诊断设备，清洗医生和护士的制服，按药方开药，等等。所有这些增值流程或者支持流程都可以被改进，它们可以通过缩短流程时间来改进，可以通过消除变动性以及提供可预测度更高的产品和服务来改进。在精益工具箱里有一套流程和相应的工具可以帮助我们改进整个流程，更好地为客户提供价值。

垂直流程与水平流程

企业内部许多流程通常都比较复杂，会跨越不同的部门。在垂直结构的组织中日子很好过，我是老板，我知道自己想从下属那里获得什么。例如，我是采购部门的头，你是采购员，我想要低成本同时拥有高质量和准时交付的零部件，这就是既定的目标——供应商既要表现良好又要成本低廉。绩效评估非常简单，作为上司，我只要评判你能否兑现这个承诺。作为下属，你明确知晓评估的方式，你只需要将事情控制好，你要获得一个更低的报价，你很清楚如何和供应商谈判。

垂直方向	水平方向
• 关注点-生产	• 关注点-流程
• 预算，标准操作流程	• 目的
• 捏造数字	• 让问题浮现
• 领导者与实际工作分离	• 领导者专注于实际工作
• 员工的创造力用于"打败系统"	• 员工的创造力用于提高系统
• 监管者"管理"员工	• 监管者和员工一起工作，共同解决问题

图 1-10 垂直组织与水平组织的对比

主管们只需要将员工和具体的业务目标匹配起来。由于他们只需要衡量几件简单的事情，所有他们感到一切尽在自己掌握中，员工当然也很清楚这种游戏，他们只需要做出好看的数字指标（参见图 1-10）。现在，这其实已经形成了一种文化，一种弄虚作假的文化，一种在层级结构中的升迁之道，或者成为买卖文化。然而坦率地说，客户并不在乎，客户不太关心你是如何压榨供应商的，客户关心的是你交付给他们产品的成本，质量和具有创新设计，以及当他们遇到问题时会得到何种对待，还有整体服务。他们关心的是影响到他们的部分。

对客户造成影响的并不只是一个部门，部门之间的协作基本上都会对客户造成影响。例如，采购部门总想获得供应商的最低报价，而工程部门想的是如何解决客户特定的问题，譬如他们需要选用公差极小，全球只有少数几个供应商才能稳定提供的昂贵的零部件，采购部门和工程部门会因此产生矛盾因为采购部门想要低成本供应商，而工程部门想要有能力制造特定零部件的高质量供应商。你开始注意到了在水平方向上跨越整个价值流的不同衡量目标之间的矛盾会负面地影响交付给客户的价值。

水平方向上应该有一个焦点穿越不同的部门，着力于一个共同目的—满足客户，它代表了整体质量，成本和交付，当然安全也是不可或缺的。现在你必须管理更多的变量，你必须和其他并不向你汇报的人合作，你的生活突然间变得不那么有趣和容易了。你必须进行思考，而思考并不有趣，需要下苦功，你必须和其他人进行沟通和合作，这可能是痛苦的，特别是当为客户做正确的事情与衡量和奖励你的方式发生矛盾的时候。

如今你想让这些多年来熟稔垂直系统的数字游戏的人们在水平方向上进行合作，这是一个非常大的文化转变。你希望能引导人们的创造力，他们曾运用这种创造力在流程一塌糊涂的状况下让各种指标仍然亮丽，现在这种创造力要被用作塑造卓越的流程，主管们要和员工一起工作共同解决问题，而不只是通过数字指标控制员工。

显而易见，这是一个心态上的巨大转变，我们在改变整个组织的行为导向和人们的思考方式，改变人们的所作所为，互动的方式，以及他们所认同的自己在公司里的角色，这可不是一件无足轻重的事。如果能够正确地运用，价值流图等工具能帮助人们了解当前状况，了解原来的跨部门合作有多么糟糕，明确浪费产生在哪儿，然后绘制未来状态图，找出需要努力改进的方向来更好地满足客户需求。当然，除非在价值流中的所有节点都行动起来，否则未来状态图只会是一个图片。

脱节的流程隐藏问题

下面是关于精益的一种思考方式，我们首先提问，什么是流程？我们输入某些东西，然后得到另一些东西，这就是输入和输出。在一个传统的流程里，输入是批量的，这可能是物理库存，也可能是批量信息，收件箱里的大量电子邮件或者从工程部门收到的一批报告或者从实验室获得的一批测试结果都是批量信息的范例。我们根据自己的逻辑判断我们有什么，我们觉得优先要做的是什么，然后我们将这些东西—信息，产品，服务—不停的产出，等待别人接收及使用。这就是一个批量进，批量出的流程（参见图1-11）。

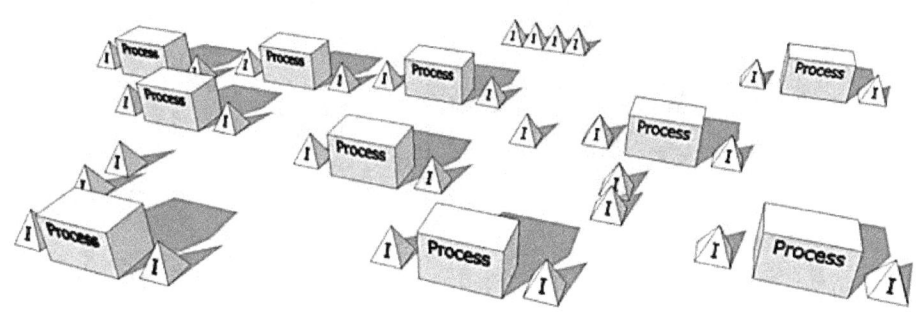

I = 库存, Process = 流程

来源：《丰田模式持续改善》
图 1-11 脱节的流程和库存隐藏了问题

在一个公司里会有很多流程，他们都或多或少地根据自己的指标以及工作内容独立地运行着。采购部门负责采购，冲压部门将钢板压制成具有一定的形状的部件，喷漆部门将油漆喷涂到这些部件上，会计部门负责生成报告，这些流程都是脱节的，他们都依赖库存来运作，同时也生成库存。

我们从大野耐一那儿学习到库存隐藏问题，他说："当你拥有越多的库存时，你找到真正需要的东西的可能性越低。" 只要我总是很忙，我不需要直接联系我的客户，我就可以开心了，也可以放松，我不必知道自己并没有以一种有意义的形式向客户呈现信息，他们得花功夫在报告中找到并理解我要表达的内容。而我只要保持忙碌和让自己的工作效率达标，我就可以忽略自己造成的浪费并认为自己工作得很棒。

我其实是在救火。我是在工作，而且因为我做了很多工作，所以我是一个好人。库存与这些脱节的过程让人们舒适地呆在自己的小天地里，缓冲区越大——无论是时间缓冲，物理缓冲，或者由许多报告或分析结果组成的信息缓冲——你就拥有越多的喘息空间来解决问题，进度虽然落后，却不会对你的直接客户产生负面影响。

联结的流程让问题显露出来

从字面上看，当你达到单件流的境界时，你能在下一道工序需要的时候产出他们所需的数量。作为内部客户，你得到正是你所需要的，当过程中有人停顿下来，一切都会停顿下来。这是立竿见影的，因为你让流程停顿下来，突然间每个人都会盯着你看。在图 1-12 中，我们没有展示单件流，而是由拉动系统控制的少量缓冲库存。我用掉一个，你就再做一个来补充。缓冲库存越少，问题就浮现得越快。

来源：《丰田模式持续改善》
图 1-12 联结的流程让问题浮现

因为问题太多，我们必须聚焦

问题可大可小，大到我们该如何安排整个生产运营的基本问题，小到在流程层面上零部件的摆设方式不对导致人们以错误的方式对部件进行组装。问题总是层出不穷，我们要做的是设定优先级别，作为优先次序的一部分，我们不应该仅仅着眼于大问题，而忽略一些小问题，这其实是一个分配过程。

我们给问题设定优先级别的同时也要确定谁来把握每个改善的机会，小问题可以由现场工作小组解决，更大的问题可能要动用到高层管理人员和专业机构，如企业规划和生产调度。你要做的是排优先次序和分配任务，然后人们必须承担相应的责任，并利用解决问题的过程来改善（参见图1-13）。

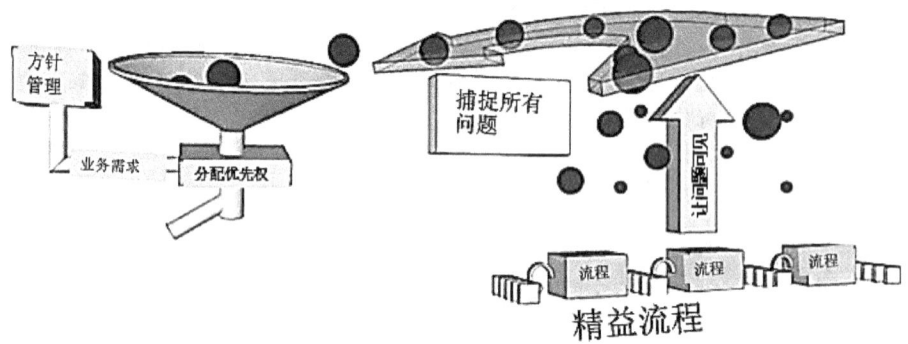

来源：《丰田模式持续改善》
图 1-13 捕捉问题并分类，然后确定优先等级

在精益达到比较高的成熟程度时,我们就可以使用方针管理(我们将在第七章中谈及)来给问题确定优先级别,以支持我们的整体经营战略。它提供给各级组织一年的目标,这个年度计划可以帮助我决定需要专注的方向,让我知道什么更重要,当我们开始着手一个优先项目时,我们将它放入计划—执行—检查—行动的PDCA循环中(参见图1-14)。我们先搁置那些优先级别较低的问题,除非它们与交付质量或者内部或外部安全相关,我们有意忽略这些问题以便集中力量处理优先事项。

来源:《丰田模式持续改善》
图 1-14 优先处理事项(PDCA)与次等优先处理事项

计划—执行—检查—行动是持续改善的发动机

之后的下一步就是计划—执行—检查—行动。PDCA做两件事,首先,我们改进流程本身,让它们变得更精益,更稳定,更高质量,更准时,其次,我们培养人才。解决问题靠的是人,在可视化管理的例子中(参见图1-15),相同的信息根据绩效清晰地分成红色(落后于目标),黄色(落后于目标,但是应对措施已经在落实)或者绿色(达标),当人们看到这些信息时,问题出在哪儿一目了然。相关人员在其领导带领下可以运用系统的解决问题过程来了解当前状况,计划并测试应对措施,总结经验教训,决定我们该分享哪些经验教训,努力维持改善的成果。

当系统发展到一定阶段,它会变得相对稳定,冒出来的问题也就变少了。这时候,我们需要通过减少库存来对系统施压,使流程更紧密地连接在一起,这样做会让更多的问题浮现出来。

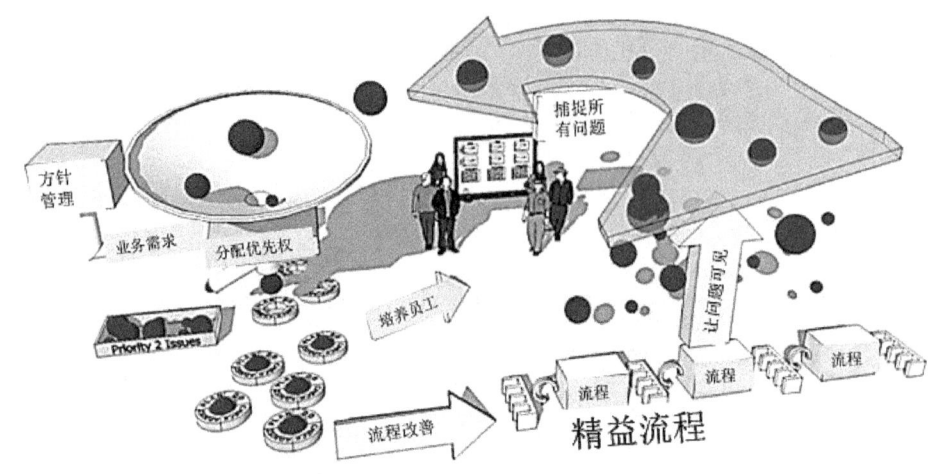

来源：《从丰田模式到持续改善》
图 1-15 完整的精益体系

现在你的交付时间从一周缩短成了一天，当你能游刃有余地达到这个水平的时候，交付时间就又会缩短成半天，这样发展下去，你将会达到一小时的交付时间。当你压缩流程的时候，各个步骤越来越紧密地连接在一起，各种问题，甚至是很小的问题都会快速地涌现。我们最常看到状况的是，精益项目都聚焦于大问题和低挂的果实，而较小的问题则被忽略。你必须坚持持续改进这条道路，当你解决了那些比较大的问题后，你要关注更小一些的问题，例如，标准化作业可以被分解到非常细致的程度，这种细致的标准化作业处理的是非常细微的问题，而计划调度处理的则是一个非常大的问题，但最终我们需要静下心来对付那些细微的问题，只有这样我们才能真正达到精益企业所力争的精度。

通过解决问题培养杰出人才

本来我只把员工放在 4P 模型的第三层，然而一位丰田公司的高管看了后问我："我们的合作伙伴在哪里呢？"

我说："他们也属于人的范畴。"

他说："我们特别注重和外部合作伙伴的关系，不管他们是零部件供应商还是设备销售商还是律师或者是经销商，他们虽然是独立的商业体，但是对于我们的成功所作的贡献而言，他们和我们自己的员工同样重要。"

他建议我将合作伙伴和员工分开，对两者我们都要尊重，这表示我们不单是友善地对待他们，还必须挑战与培养他们，我们必须帮助外部的合作伙伴变得更好。

我在《丰田模式》一书中列举了一位律师的范例，当我采访他时，他刚刚当选为凤凰城年度风云人物，他的事务所业绩也十分辉煌并且快速地成长着。他当选年度风云人物是因为他还努力地建立了一个不以营利为目的基金会以研究癌症治疗的新方法，他把功劳都归因于丰田公司，因为他从丰田公司的领导者身上学到了该如何重塑自己。他表示，直到他和丰田公司展开合作，他才真正理解该怎样成为一名律师，丰田提出了很多其他人根本不会提出的问题，这让他感到自己好像又重新开始法学院的学习一样。即使是一名律师也能从与丰田的互动中学习，因此你必须在员工和合作伙伴身上进行大力投资，然而这在大多数公司里并不常见。

在员工和合作伙伴身上进行投资

乔治问："你说对于大多数公司来说要像丰田那样对人进行大力投资是不常见的。这到底有什么不寻常？"

莱克回应道："这是个好问题，每一家公司难道不都希望拥有能为公司做贡献的伟大而杰出的人才吗？答案是肯定的，我不认为你能够在一家公司的使命或者价值观描述上找不到这一条，然后，你得看公司内部实际上是怎么做的。《丰田模式（领导力篇）》的部分内容就是描述丰田如何真正地在人才方面进行投资的。"

一个典型的公司的做法：送员工参加培训，然后用培训的课时来衡量对人才的投资，假如你参加了40小时的培训，你就会比只参加10小时培训好四倍。我还记得福特的工会曾经和管理者就提高员工培训的课时争斗过。

在丰田他们不相信这一套，一直以来他们坚信真正有意义的不是课堂培训的时间，而是员工学以致用的能力。他们需要学习的是严谨的思维方式和技能，我们知道，在课堂里学习并不会让你学会真正的技能，也不会从根本上改变你的思维方式，培养技能的最差环境是在教室里，最佳环境是工作现场。如果你想学打高尔夫球，你不能老呆在设有空调的宾馆里看着教练挥杆，你必须到练习场或者真正的球场——现场，你得打很多个球。

丰田认为几乎所有重要的学习都发生在工作现场，他们采用在岗培训（OJD）这个概念。他们先在课堂上作少量的培训以便让学员们获得一个框架结构知识，然后立即就会被派往现场，在那儿他们会获得某种强化学习。当然，如果你做的不对，那你的现场实习就不会有用，培养技能的关键是你必须被监控和指导，直到你完全掌握需要培训的所有技能的每个部分。你得一直练习直到你掌握了整节课程，然后再进入下一节课程，下一个技能，学习本身变成了一个连续的过程。

当我访问其他公司组织的时候，我常听到以下的说法："我们成立了一个精益部门，我们雇佣了一些专家，"或者"我们从别的公司挖来了这些专家，他们都曾经在大学或者别的机构接受过一些精益培训，他们都拥有黑带头衔。"我对这种说法的反应是，几乎所有重要的学习都来自于在岗培训。他们必须扎扎实实地做项目，项目范围越大，例如涵盖整个价值流的项目，所需要的技能就越多。从小项目开始，例如为一个单独的流程实施标准化作业，学习的效果也许会更好，即使为一个单独的流程实施标准化作业也有很大的技巧。你对标准工作理解会越来越深,你必须学习各种各样的技能,还要学习如何将一组人凝聚起来,让他们互相合作,并指导团队的领导,让他们有能力领导跨职能的合作流程。有这么多的技术和社交技能需要掌握,这就是为什么我们要提倡终身学习。

以下是现实中的一个典型场景。我提问:"让我们先做一些培训,与其在五天内完成40小时的培训,不如我们每周只培训两小时,并将整个培训计划分配到一整年里?"

行政主管:"不,这种做法不可行。"

"为什么不可行?"

行政主管:"因为每次把人们集中在一起只培训那么短的时间不是一个具有成本效益的方式。"

"那么,如果我们直接到他们工作的场合做指导呢?我们可以和各个小组在他们的区域一起工作,然后让他们继续执行项目,而我们还会回来检查指导。"

行政主管:"这样做太昂贵了,因为我们还要支付你的工作时间和差旅费。"

"那我们应该怎么做?"

行政主管:"你们可以提供一个五天的课程吗?"

"假如我们先上两天半课程,然后他们自己在现场做事,两周后我们再来上两天半的课程呢?"

行政主管:"没问题,我们可以这样安排。"

虽然我们对正确的方式心知肚明,但是我们仍是妥协了。我们在短时间内给他们灌输了大量的信息,这种做法无法形成长期的记忆,更别说实际技能的养成了。这样的做法缺乏持续的教导,实践,尝试,反思和学习。

解决问题是丰田模式中的动力学

最后的一个 P 代表解决问题。前面讨论过,丰田公司认为解决问题就是努力地朝着一个明确的目标迈进,目标可以定义为所期待的状态与现状之间的差距,你目前的状态称为现状,你想要达到所期待的状态。对公司中的每位员工,一个突出的焦点问题是我们该如何运用流程改进来达成具有挑战性的目标,不管是设计下一代低油耗汽车,还是试图提高制造氢燃料电池的成本效益,或者试图消除一些多余的动作。

我将解决问题称为"丰田模式中的动力学",因为你从当前状态到达更好状态的方式就是解决问题。解决问题的基本理念就是大家经常提及的戴明方法,计划—执行—检查—行动或者计划—执行—检查—调整或者计划—执行—学习—行动。

在日本这个模式被称为戴明环——这意味着它是不停旋转和运动的。其要领是，在行动之前要先做好规划，了解当前的状况，确定目标，查明原因，制定对策并进行测试，执行对策，然后检查流程，反思你从中学到什么以及下一步该怎么做，你得与其他人分享可能对他们有用的学习收获——横転(yoketen)。一个 PDCA 循环的完成自然会让你识别出下一个问题并再度进行规划，无论你想达成最小的还是最大的目标，你必须通过多个 PDCA 循环来解决一系列问题。我在第二章里会阐述这个持续改善的关键核心。

精益已被重新定义

那么我们应该怎样重新定义精益呢？我已经讨论了《从优秀到卓越》，杰出的公司，解决问题，理念，人才和先进流程。假如说精益就是减少浪费，那就太简单了，我们只需寻找并消除浪费，但是只是这样就能够让企业迈向卓越吗？

我们都接触过组织混乱的公司，在这样的公司里，员工们不能很好地彼此交流，没有一个清晰的关于客户需求的愿景，员工们争相击败系统制造绩效数字。他们会做一些具体项目，以消除浪费——填些表格，重新定义过程，写入新的标准作业程序。哪他们有没有真正从根本上改变了公司，让它以优惠的价格更好地向客户传递价值，同时赢得合理的利润呢？答案是否定的。你无法只通过消除浪费来让公司变得伟大。

— 精益是 —

一个基于具有清晰定义的，鼓舞人们持续改善安全，士气，质量，成本和生产效率的价值观的卓越运营策略。

我认为，精益的愿景应该是基于具有清晰定义的价值系统而实现卓越运营，同时也应该是一种激励人们积极参与持续改善的方法。精益的目标大致可以归纳为安全，士气，质量，成本和生产效率。如果你做到这些，你的企业就会变得更成功，更能满足客户，也会赢得更多的业务。

你必须在以上所有方面全面发展，不能简单地说，精益只将重点放在成本方面，安全方面我们有针对安全的程序。隐藏在所有这些目标之下的共同的基本核心概念是解决问题，挑战假设，提出创造性对策并不断尝试，是学习作为一个组织如何提高安全性，如何减少质量问题，如何降低成本，如何更好地满足客户需求。PDCA 是你学着以自己的方式实现伟大的核心理念的根本动力。

第二章

解决问题，改进，与 A3 思维

通过解决问题迈向理想状态

欢迎来到也许是本书最重要的一个章节。我在本章会谈及解决问题以及通常被称作 A3 报告或是 A3 故事板的解决问题的可视展示方法，我将它称为 A3 思维，这表示它更多是一套完善的科学思维，而不只是在一张纸上记录信息的一种方式。我也总结了最近开发出的一种面向挑战的改进方法—丰田套路。

本章是全书最重要的章节的理由是：在《丰田模式》中解决问题乃是持续改善和尊重人才的驱动力，在所有的核心价值中解决问题都有所体现，最直接的是在挑战，改善以及现地现物中，这正是精益领导者的核心技能所在，而多数领导者在这方面并不突出。当我们逐步展开讨论，你会发现丰田模式中的解决问题和我们通常所认知的解决一个问题是截然不同的。

如果你通过头脑风暴来寻找描述解决问题的词汇，你或许会说那是灭火行动，也许会说我们出现了危机，或说某些东西损坏了急需修理。然而在丰田，当他们听到解决问题是，他们的理解是**在所期望的状态和当前状态之间我们有差距**。我们希望成为世界上质量最好和最安全的汽车制造商，然而其他汽车制造商与我们的竞争差距正在缩小，我们必须变得更好让差距拉开。对于他们来说，解决问题是积极的，它就是改善，而不是简单地通过灭火行动对每天遇到的问题作出反应。所以在迈克·罗瑟的《丰田套路》中，他选择了采用改进套路来代替解决问题这个词汇。

通过解决问题来达到理想状态正是丰田实施持续改善的途径，这可以小到对运送零部件到装配线的推车进行重新整理以减少一些浪费，一些运输时间，一些走动时间，也可以大到创立一个新的品牌，例如赛昂品牌（在第八章有详细分析）。也或许是我们需要进行创新，需要将设计和制造车体冲压模具的时间降低一半。因此，小的改进—称为改善（Kaizen）和突破性的改进—称为大变革(Kaikaku)需要结合到一起。

我们可以将解决问题分解成一系列步骤—这就是我们所说的持续改善—朝着一个目标迈向理想状态，而你必须先确定这个理想状态。丰田公司作为一个整体，在

《丰田模式 2001》表达了自己的想法，对于一个具体的问题，如开发赛昂品牌，它可能是如何吸引最年轻的购车者进入丰田车族。

我将要构建一个模型，描述你该如何从当前状态出发去实现宗旨，宗旨应该包含**业务宗旨**和**人文宗旨**。换句话说，获取最好的经济回报以确保财务稳定和股东回报是企业的宗旨，当丰田说，我们要为客户提高质量和安全性，这的确会让团队成员更振奋一点，但它仍然是一个业务宗旨。

他们还拥有一个公司内部更加关注的人文宗旨，旨在培养各层级的员工成为更优秀的问题解决者，更好地实施持续改善，变得更加自信，挑战他们还不知晓该如何实现的目标，促进他们的个人成长和福祉，为他们的家庭作贡献，丰田还有一个对外的人文宗旨，是贡献社会和社区，包括慈善活动等等。**业务宗旨和人文宗旨是非常广泛的**，包含企业的总体业务，公司内部人员，外部合作伙伴和社会等方面。

然后你要定义理想状态，就是如果我们做到了极致，那将会是怎样的光景？我们知道尽善尽美是不可能做到的，我们必须设定具有挑战性但可实现的目标，逐步走向理想状态。理想状态可能是一个工作单元的布局或者是一个新品牌的创立又或者是整个公司要达到的正北（True North）愿景。有趣的是，对于一些事物而言，它们的正北目标就是让自己不再被需要，例如，看板是运用拉动原理来管理缓冲库存的一种方式，而正北方向是取消缓冲库存和取消看板。

当前状况与理想状况之间的差距必须被分解成一个更具体的和可实现的挑战，后面，我将谈论一个例子——加里·康维斯被要求领导一个项目将丰田在美国的保修成本降低 60%。那时，丰田已经是行业里保修费用最低的了，这看起来就像是一个不可能完成的挑战。但是加里说："好，我接受这个挑战。"然后他就开始启动解决问题的流程。

一个具体目标既是结果，也可以被定义为目标状态（Target Condition），正如麦克罗瑟在《丰田套路》中所定义的一样。例如，作为一个结果，我们可能想推出一个全新的高度灵活的工厂，它能按时按预算达到特定的质量和生产效率目标；而作为一个条件，我们或许会希望建立一个能够根据客户需求也就是节奏进行调整的，不影响生产效率的混线装配单元，这是你能衡量的能观察到的可见事物，也给予了你一个过程条件来争取实现你想达到的而且理论上也可能取得的成果。有人谈到用方法管理而不是目标管理，他们所指的是，必须思考达成所期望结果的流程特性，而不是只管结果。为了更好地运作，越抽象的理想状态越要被分解成具体的挑战，而这些挑战还得继续细分成众多更独立的可以通过快速实验实现的短期目标状态。

计划—执行—检查—行动就是解决问题的流程

一旦你知道了前进的方向，你首先得了解自己的出发点，也就是当前状况。在精益界我们强调现地现物或者走到现场去，我们强调亲自观察并了解当前状况，这包括了查看并收集一些你不曾拥有的数据，这包括直接对现实的观察，这包括和所观察区域内的人员进行交流并花时间观察流程，而不是蜻蜓点水般快速通过观察区域。

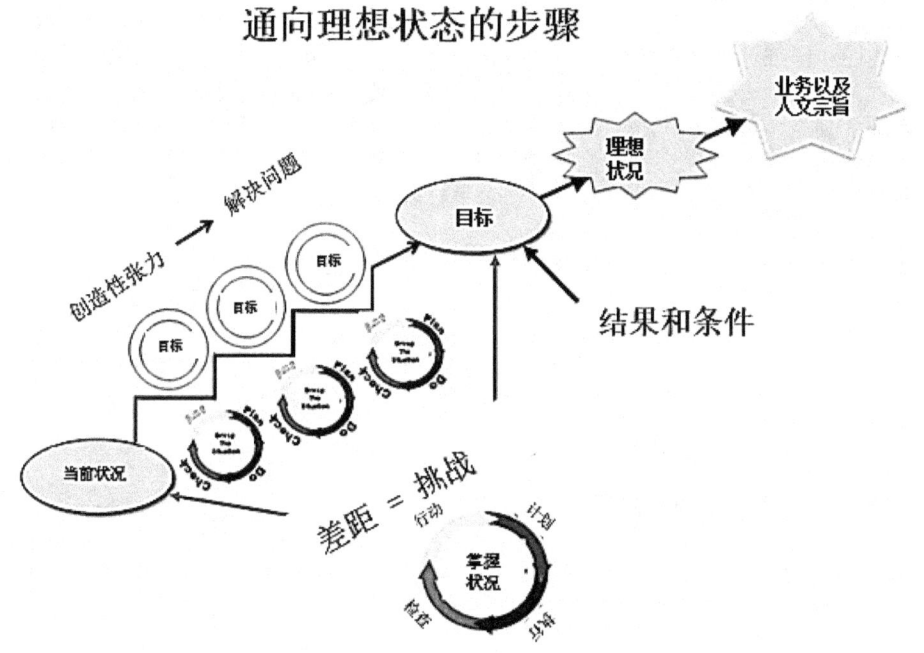

来源：《丰田模式持续改善》
图 2-1 通过解决问题的方式达到理想状况

当你了解自己的目标，并将它与目前状况相比较，你就可以确定差距了，而这个差距也就成为了你的挑战（参见图 2-1）。战胜挑战的方式就是计划—执行—检查—行动（PDCA），我们将在本章节深入讨论。计划—执行—检查—行动是一种创新和学习的科学方法，它是一种思考方式，是一种理念，它提倡我们需要从做计划开始，最终逐步导出对策。丰田用"对策（Countermeasures）"这个词不用"解决方案（Solutions）"，因为他们并不知道在执行并检验其基于的假设以前，这些对策是否会奏效。基于检查和从过程中吸取的经验教训，他们再决定如何进一步采取措施。

我们将运用 PDCA 的方式从当前状态迈向目标，要做到这一点，我们必须设置中间目标状态，那整个流程应该成什么样才能取得我们所期待的结果呢？如果我在装配线工作，我可能有一个目标—年底前将质量缺陷减半，我会将这个目标分解并分配到整年里。我每次完成一项工作，先将质量缺陷降低 25%，然后降低 50%，然后降低 75%，这样我就能达到甚至超越目标了。改善*套路*教你走得更远，首先研究当前工作模式，再通过设定所期待的新工作模式的目标状态以降低缺陷率，然后，再转移到下一项工作。我将解决问题的过程随着时间的推移分解成多个步骤，正如我要实现一个雄心勃勃的减肥目标一样。

应用 PDCA，学习用自己的方式一步一步迈向目标，和由专家们构建出一个 14 步路线图和详细计划并要求员工严格执行，两者有巨大的区别，这是丰田模式的思维和理念，与西方传统思维，也就是盲目遵循"比我们懂得更多"的专家所建立的详细计划之间的差异。在《丰田模式》中我们需要在现场工作的最懂流程的人，运用他们自身的领导力外加高层领导和相关专家们的一些指导，每天进行试验，渐渐向目标状态靠近，然后再向下一个目标状态进发，最终征服整个挑战。

这可能就是为什么有些人对改善感到迷惑的原因，迷惑的是：持续改进或改善意味着许多小改变，有人问："那什么才是大改变呢？" 有时它会被称为大变革（Kaikaku），而不是改善（Kaizen）。我强烈的信念和经验告诉我，能够一步到位的大改革是非常少见的，将丰田北美的保修成本降低 60%就是加里·康维斯实施的大改革，然而他实现这个大改革的方式就是组织大量的改善活动—通过许多小的步骤，在每一步中不断地执行 PDCA。

学习用自己的方式实现目标

PDCA 既是宏观过程也是一系列微观过程—从当前状态到达目标需要有一个整体的 PDCA 循环，在此过程中也需要很多小的 PDCA 循环来实现。 当我们设定了一个看似遥不可及的相对当前状况而言过高的目标时，就会产生一种压力，我们称它为创造性张力(Creative Tension)，这种压力会引领出创新，但前提是接受挑战的人必须拥有一个成熟的改进流程，有信心，有动力，和一个好教练。

想一想当年约翰·肯尼迪(John Kennedy)要让美国人在苏联人之前登上月球的目标，这个宏愿带来了巨大的创造性张力。美国航天总署(NASA)不仅克服了这个挑战，他们还发明了很多我们至今仍在使用的物品，包括无绳工具，更耐久的轮胎，轻盈的能抵抗气温变化的面料，用上紫外线固化涂料的眼镜，等等。所有这些发明或者说所有的创造性能量均来自于我们清晰明白的，渴望达成的挑战与我们目前状态之间的压力。

乔治问道："杰夫，你认为大的 PDCA 循环和三个小的 PDCA 循环可以被称为一个母 A3 和三个子 A3 吗？"

杰夫："不错，你可以这样认为，这是一个有趣的比喻。"

作为一个范例，让我们假设，丰田公司已经开始开发新一代凯美瑞(Camry)的过程，开发凯美瑞的整个过程就是一个规模庞大的母 PDCA。这里面要定义客户需要什么，问题是什么，我们对这款车的愿景，以及一些必须在车子里实现的功能—对策—让顾客对凯美瑞感到惊喜和愉悦，从而领先于竞争对手，然后，执行，检查，并吸取经验教训—反思—以便我们能够更好地开发下一款车。

在这个层面上，它是一个巨大的耗时多年的 PDCA 循环，然而它要被分解。如果我是负责保险杠设计的工程师，我将要通过很多 PDCA 循环来开发保险杠—重申一下，一个从开始到结束的大 PDCA，然后运用多个小 PDCA 来设计出保险杠的功能以提高强度和碰撞保护。

丰田业务实操：一家公司，一个改进流程

PDCA 解决问题的四个阶段

PDCA 的四个阶段从计划开始（参见图 2-2），从定义问题开始。再次强调，问题应该是基于你期待达到的状况与你的当前状况之间的差距，然后你开始挖掘造成差距的根本原因，下一步你需要制定对策。对策应该不止一个，这样我们就可以从中选择运用，这时候，你应该勇于创新，获取大量的信息。

现在你知道你想做什么，这就是可能的对策，然后你必须实实在在地去做，要做到这一点，你需要制定并实施一项计划以启动整个实验的过程，这包括确定谁在什么时候做什么事。你需要沟通并执行这个计划，你需要监督计划的实施进度，这乃是检查的第一步。当你在检查的时候，事实上，你也在行动，也就是说你在检查计划的同时，你也在进行调整。当你在执行，检查和调整时，你需要实施多个 PDCA 循环，直到你认为目标已经达到了。

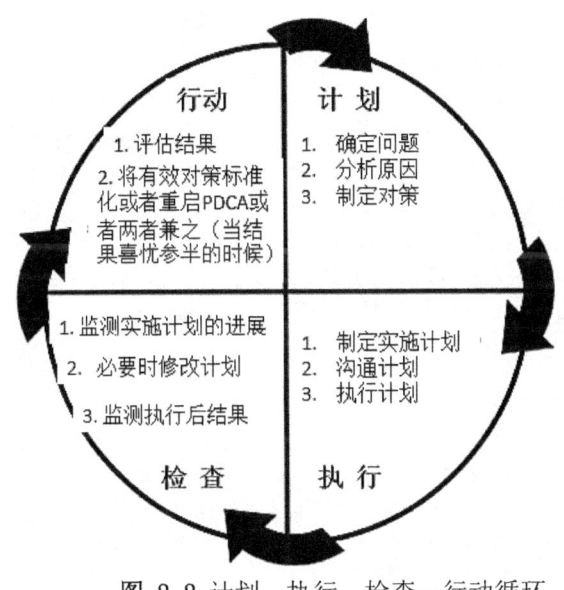

图 2-2 计划—执行—检查—行动循环

在行动阶段你要评估执行行动计划后的结果，对于有效的措施，你要对其进行标准化，稳定它，并在团队中传授，不断练习，使它变成常规行为。在某些情况下，

你得承认失败并重新开始,在另一些情况下,你两者都要做,也就是你得标准化一部分成果,放弃不成功的部分,重新开始。在行动这一步,你还应该传达你已经掌握的,他人应该知道的,而且团队成员可能会使用到的知识,并且你应该规划下一个 PDCA 循环来面对下一个挑战性的问题。

乔治问道:"丰田公司的员工们真的会谈及 PDCA 吗?他们会使用这个术语吗?他们会遵循每一个步骤吗?他们会刻意地按照你在每一步下面的注解逐一执行吗?还是自然而然地完成整个循环?"

杰夫:"丰田的确按照我所描述的那样运用 PDCA,对于解决问题的高手而言这是一个自然而然的过程,他们不会刻意提及这个过程,而是真正地运用它。稍后,我将向大家说明,丰田业务实操本身就是一系列按照计划—执行—检查—行动运作的步骤,它和我在上面描述的一般情况稍有不同,它很正式地用于较大规模的改进上。举个例子,你不会见到,当生产线因意外状况停下来的时候,组长会刻意考虑什么是计划,该怎么执行,如何检查发生了什么以及我从中学到了什么。"他们会解决许多日常问题,很自然地将系统恢复到标准状态,当你足够多次地遵循 PDCA,它就会变成一种自然的思维方式。"

另一方面,丰田会刻意推行项目,并用 A3 对其做记录,这样做的一个理由是为了加深对做项目的理解。因为人很容易重新陷入以前的坏习惯中,所以有必要不断更新知识和加强实践,就像学习任何别的技能一样,想要维持高水平你必须回归基本功并加以练习。

大包大揽的陷阱

一个常犯的错误是对组织的需求和它与下一步改进之间的逻辑关系缺乏清晰的了解。许多公司在流程层面上尚未建立起竞争力或稳定性之前,就直接跳入到企业层面上端到端的改进行动中。

我曾经和一家为发电厂提供原材料的俄罗斯大公司合作。他们曾经和丰田公司的精益教练一起工作过,丰田免费为他们提供了一位精益教练——丰田内部最优秀的人才之一,这可是两家公司总裁之间的协议。

这位丰田的精益教练在一次访问中和这家公司的 CEO 会晤了。这位 CEO 向他展示了公司从采矿到物料供应到发电厂的一个宏观价值流图,这个图非常巨大,非常复杂。这位 CEO 和公司里的一组人完成了这个杰作,他为公司的领导团队能够对精益身体力行感到非常自豪。然而,丰田精益教练的回应有点令人惊讶,他有点挖苦地说:"我的天啊!问题也太多了吧,你该从哪里开始呢?"

不言而喻,这位 CEO 和他的手下都生气了:"这个家伙怎么能批评我们?他可是一个精益专家,而我们做的就是精益,这有什么不对?"这位精益教练担心的是,他们仅仅在宏观层面上泛泛而谈而并不了解问题的细节方面,他们没有任何手段对问题设定优先级别,他们可以研究最长的交付时间,但这可能不是企业最该关注的问题。你常常会从丰田精益教练那儿听到："你怎么知道那是你最大的问题？你怎么知道，如果你解决了这个问题，你的组织在业务和人员培养方面会得益？"在合作的第一年里那位精益教练选择到其中一家加工厂为一条产品线建立一个精益样板，以便他们从中系统性地学习丰田生产体系，在公司的领导层真正有了这种认识之前，他不相信他们采用的任何项目会是有效的。

丰田业务实操（TBP）：计划阶段

丰田业务实操（TBP）是一个正规的改进流程，要再次说明的是，你不需要运用它来对付每天都会遇到的小问题，你应该潜意识地运用 PDCA，然而，如果你要推动一个正规的项目，例如一个 3 到 6 个月的项目，或者一个将质量缺陷减半的项目，这样你也许需要准备几个 A3 文档，也许每个季度一个，在这种情况下 TBP 就该被严格地执行了。

我要再次强调，丰田标准化的乃是改进的流程，而不是具体的解决方案或者常见的所谓"最佳实践（Best Practice）"。丰田对过度标准化，过分具体化非常小心，这两者可能会扼杀改善，他们乐意进行具体化的是改进的流程。在公司内部具体的改进内容因部门而异，没人会在不经过改进流程和确定可行对策之前就盲目地拷贝最佳实践。

丰田业务实操是一个分成八步的流程（参见图 2-3），你也许会问为什么一个八步的改进流程会被称为丰田业务实操？为什么不简单地将它称作为解决问题的流程，就像大家在研讨会上所学到的那样？

在张富士夫引入《丰田模式 2001》后不久，他引入了丰田业务实操，作为将丰田模式付诸行动的具体方法。丰田模式是一系列的原则，无法具体操作，丰田业务实操让丰田模式和包括基本价值观在内的丰田文化得到真正地履行。

持续改善是丰田模式的一根支柱，它需要和另一根支柱——对人的尊重相结合。这体现了公司的一个强大而基本的假设，这就是只有采用 PDCA，通过不断的调整和改进公司的每个部分，我们才可能适应一个非常具有挑战性，而且总是在不断变化，总是对我们抛出新挑战的外部环境。丰田业务实操就是能够做到这样的一种改进模式。这种改进模式能够处理各种大小不同的问题，从日本史上最强烈的地震所引起的零部件短缺到提高一个工作单元的生产效率。

| 计划 | 第一步: 理清问题与理想状态
[理清问题与正北愿景] |
| 计划 | 第二步: 掌握现状，正视差距
[正视现实问题并进一步澄清] |
| 计划 | 第三步: 分解问题和设定目标
[就问题分解成可管理的焦点并设定目标和衡量指标] |
| 计划 | 第四步: 分析潜在的原因
[查明根本原因] |
| 计划 | 第五步: 制定对策
[确定是什么，在何时和谁来做] |
| 执行 | 第六步: 彻底贯彻执行对策
[按计划行事并记录偏差] |
| 检查 | 第七步: 同时监控结果和流程
[检查结果与目标的差距] |
| 行动 | 第八步: 标准化和推广
[采取行动以维持效果并推广经验教训到其它领域] |

图 2-3 丰田业务实操(TBP)的八个步骤

在上面的图中计划—执行—检查—行动被列在八个步骤旁边，这是丰田的定义，PDCA不断地出现在丰田的图表和模型中。

| 计划 | 第一步: 理清问题与理想状态
[理清问题与正北愿景] |

图 2-4 计划的第一步

第一步（参见图 2-4）就是理清问题与理想状态。我们前面已经讨论过，你必须拥有一个自己定义的正北愿景，作为公司，例如丰田，他们的正北愿景是成为世界上为客户提供移动解决方案最优秀制造商，这就是他们的理想状态。

你还需要为自己的特定流程定义一个理想的状态，也许是一个工作站，它的理想状态是每次都以零浪费生产完美的品质。此外，正北是无法实现的，你永远无法在100%的时间里都能达到完美水平，但至少你已经可以开始定义改进的方向了。

计划 第二步: 掌握现状，正视差距
[正视现实问题并进一步澄清]

图 2-5 计划的第二步

在第二步（参见图 2-5）你需要掌握当前状况并正视差距，现在，我们要脚踏实地地面对现实问题。我们有远大的理想状态，然而我们正视现实，当前状态和理想状态之间的差距会像一个峡谷那么宽，这不是一个我们可以成功地跳过的小缝隙。对丰田而言也是这样，当他们定义完美时，他们总是认真的，带着非常清晰的头脑，并且敢说真话，现实与理想状态的差距始终是巨大的，这让他们谦虚并推动改善。

计划 第三步: 分解问题和设定目标
[就问题分解成可管理的焦点并设定目标和衡量指标]

图 2-6 计划的第三步

直到我们迈出第三步（参见图 2-6），我们才可能知道该从哪儿开始去消除与理想状况之间的差距，才可以将峡谷分解成更小的，可操作的，有确定目标的改进领域。和理想状态相比这些目标或许只是中度的，但在现实中它们仍然是激进的和具有挑战性的目标。这也许就是你会被问到的地方：" 为什么你选择这个问题？我了解你的理想状态，你对自己的当前状况很了解，但你与理想状况之间有那么大的差距，为什么你单单选择这个问题？你是怎么设定优先级的？"在丰田，当你被问到类似的问题是，你需要有一个理由。

计划 第四步: 分析潜在的原因
[查明根本原因]

图 2-7 计划的第四步

在第四步中（参见图 2-7）我们已经知道需要聚焦的领域和奋斗的目标，例如一名主管在自己管辖的范围内将质量缺陷降低一半，然后我们就可以开始探索造成差距的根本原因。我们无需找到所有差距的所有可能原因，我们先在一个接下来要改进的领域寻找差距的原因，我们通过运用指标和问五个为什么来做，其实五个为什么不一定就是正好问五次，但我们意识到我们对原因的第一印象，例如某人装错了组件，可能只是个表象，它通常隐藏着更深刻的原因，例如，零部件的设计并不便于组装。

计划 第五步：制定对策
[确定是什么，在何时和谁来做]

图 2-8 计划的第五步

第五步（参见图2-8）是制定对策，你会制定一系列的对策并且选择其中那些具有优先级的，即具有最大的成功可能性的，或者相对不昂贵的并易于试验的措施。在可能的情况下，你要避免对机器或软件大规模的资金投入和购置的长周期。如果这些对策无法让你达成目标，你也许要重新审视其他对策或者推出新的想法。之后，你要制定一个计划确定谁要在什么时候做什么和该怎么做，这部分内容既可以划分在执行下面，也可以划分在计划下面，计划活动渗透到丰田业务实操的方方面面中。

丰田业务实操：实验与学习

执行，检查，行动

现在我们进入"执行"阶段，这就是我们听到"去做就对了（Just do it）"的时候。通常我们认为"去做就对了"指的是忽略计划随便去做，但在某些场合下你会希望这样做，也许是当你看见团队停顿下来，人们害怕改变任何事物的时候；也许是人们钻牛角尖分析数据到小数点后两位的时候，你希望让他们行动起来。你可以组织一个短期的改善活动，让精益教练提出一个挑战作为行动的方向并让团队"去做就对了。"

当丰田和别的公司合作时，由精益教练提出一个大的挑战并要求快速完成是很正常的。一个范例就是格兰哈芬（Grand Haven）冲压产品公司，一家在美国密歇根州的汽车供应商，在第一次访问时，教练走进生产车间看到他们有不连续的流程，他决定立刻给他们分派一个艰巨的任务，他要求他们建立一个工作单元，这包括将焊接机器人从工厂的一侧移动到另一侧，他对大家说明天下班前他会回来看这个工作单元的运作状况，这就是一个"去做就对了。"这是一个大的行动，整个管理团队包括总裁在内，都下到工厂里把这台机器推到指定位置。精益教练并不希望他们以后就通过这种方式进行改进，然而这也算是一个让他们迅速行动起来的方法。

在执行阶段我们既要遵循计划也要在必要时偏离计划，值得注意的是要把这种偏离看成是学习的一部分。每一个步骤都是一个计划—执行—检查—行动循环，这些步骤都包含在更大的计划—执行—检查—行动循环中。在执行阶段你也会做计划，实施计划，检查实施效果，作出调整，然后继续运用 PDCA 直到达到目标为止。

在格兰哈芬冲压产品公司的案例中，那个工作单元刚开始时无法正常工作。那台机器人无故障运行时间不足，导致工作单元不断地停顿，加上工作单元内的任务分配不平衡，他们不能应对具有不同周期时间的多种产品，标准化作业也没有，这个工作单元在最初的阶段过后经历了多个 PDCA 循环才真正高水平地运行。这位教练本来可以让他们在建立这个工作单元前先生产一些库存，因为他知道他们一定会遇到问题的，但是他故意制造一个挑战逼他们解决那些问题使生产跟上来。最终的结果是产量和质量都得到了大幅提升，他们学到了从实践中学习和管理层必须身先士卒的真理。

在检查阶段我们必须了解自己已经完成了什么和还有什么没有完成。在《丰田模式》中我提到反思（Hansei）或反省，在这个流程中反思要持续进行，一个大反思出现在检查阶段，从结果和流程两方面来反省到底发生了什么，也许我们已经达到目标并很幸运地有了一个行得通的好主意，然而这是某个人的主意，这个人就是经理。没别人参与，没人被培养，尽管结果看起来不错，但整个流程却失败了。

在行动阶段我们要对整个流程再反思一次，然后我们要将可行的部分进行标准化，再将该传播的部分传播出去。丰田称传播为"横転（Yokoten）"，"横転"（日语）原本的意思是将一棵珍贵的植物从一个环境移植到另一个环境中。你必须准备好新的环境，了解能让这棵植物茁壮成长的条件，并调整新环境以达到这些合适的条件。这里整个景观美化的细节会有所不同，即使你带来的是在另一个环境中看起来不错的植物。

你不能简单地盲目地实施最佳实践(Best Practice)，你必须深入思考自己的条件。假如"最佳实践"看起来是对你的问题有效的对策时，你应该从这个最佳实践中学习。然而，在其它地方起作用的做法在未经调整和进一步改进之前并不一定适用于你。也许你能创造出一些主意，最佳实践的原始提供者也能从中学习，这成为了一个相互学习的过程。

乔治问："杰夫，横転包含了把环境准备好的意思，而传播则没有这个意思。因为有些日语词汇不只表达一个意思，这是不是一个学习日语术语的好理由？"

杰夫："横転的本意是"到处传播"，但是丰田公司内部并不这样诠释这个词，而其他日本公司可能会这样诠释。因此，真正的问题是你是否需要深入了解日语以便更好地从字面上翻译它？如果你和语言学家谈论，他们也许会说到处传播，但这并不是丰田对这个词的解释。在这里更重要的是要去理解潜在的思维和原则而不是这个词的字面意思，我不建议为了这个理由去背诵一大串日语单词。"

丰田降低保修费用的业务实践

上文提及加里接受了在北美市场大幅降低保修费用的挑战,这个问题是一位董事会成员提出的。那时加里是代表北美生产部门的驻日高级管理人员,同时也是整个北美运营部门的主管。全球质量总负责人建议加里把保修费用降低 60%。当一位董事会成员提出建议,你就采取行动,这个建议并不仅仅是一个好主意,而是一件必须非常严肃对待的事情,加里将它看成是一个期望而不是一个友好的建议。

在从日本回家的飞机上,加里内心非常挣扎,他非常焦虑。"我怎样才能将保修费用降低 60%呢?我们已经是行业里的最佳,我们在过去几十年里已经不断地降低保修费用了,我怎样才能再降低 60%呢?"

然而,好消息是他不必在一年内完成这个任务,他可以将任务分配到六七年里,这样,10%一年比 60%看起来好办多了。他暂时不必担心 60%,他要担心的是怎么达成第一个 10%(首年),他甚至可以将目标分配到每一个月里,这样就更好管理了。我们常常在体育比赛中听到:"我们不关心赢得冠军,我们关心的是下一场比赛。"加里需要担心的就是下一场比赛。

如果你是加里,作为生产部门的主管,你会怎么做?你也许会把任务分配给你手下最好的工程师,然而在丰田你**不能**这样做。加里要亲自负责,他接受了挑战,并亲自领导整个行动,这个行动规格极高,需要他这样的执行副总裁和北美生产主管这个层次的人物来主导。加里知道他不能只靠生产部门来达到目标,不深入产品开发和采购环节(很多设计来自于供应商),你是不可能完成任务的,你还得深入到销售部门,因为他们不但拥有保修问题的数据,而且主导保修问题。他得平级领导一个由丰田最高级别的领导人员组成的团队,这种时候你无法运用权力,通过奖励和惩罚来领导行动。

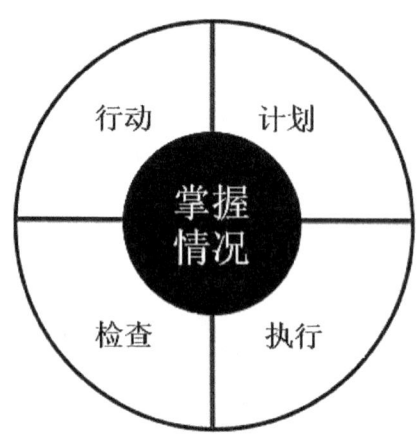

图 2-9 掌握情况是 PDCA 的核心

那加里是怎么开展第一步的呢？很明显，他需要运用丰田业务实操的术语来定义问题。在此之前，他还有一件事要做——掌握当前情况（参见图 2-9），为了了解实际情况，你要做足功课，这样至少在你定义问题时不致于偏离。掌握实际情况意味着加里必须走访所有对保修产生影响的主要部门，和它们的领导人会晤。他拜会了丰田汽车的销售负责人，丰田在密歇根州的技术中心负责人，和其他生产相关部门的领导，例如质量团队等。他专程飞去日本，会见丰田日本公司的质量负责人和设计负责人。

基于这些会晤，他不仅收集了信息，还建立了共识（Nemawashi），我们会在后面的章节介绍如何建立*共识*。他开始建立起了一个支持联盟，让那些与他会晤过的人加入他的专案组，成为团队的一员，这些人在丰田公司里的等级至少和他并列，甚至更高。他无法对他们发号施令，然而他却有办法让他们一致承认这个专案的重要性和严肃性，大家同坐一条船，大家都为实现目标而努力。

这个团队开始会面并通过丰田业务实操展开工作，理想的状况当然是客户感到完全满意，根本不需要把他们的车开回来进行保修。另外，产品召回属于另一种保修问题，这是一种对安全隐患进行处理的保修。把车开到维修部是一件麻烦事（参见图 2-10），即使保修是免费，时间还是白白浪费掉了，你可能一整天不能用车，或者你要坐在那里干等，这也意味着你对丰田汽车的印象变差并有点担心。如果在短时间内你连续经历三四次保修，你就会问："我可以相信这辆车吗？我可以信任这个公司吗？"

> **理想的情况是客户满意，当前某些客户因为汽车出现的问题感到不方便。**

图 2-10 计划的第一步：通过与理想状态的对比来澄清问题

当时的情况（参见图 2-11）是丰田比行业内其他汽车公司都要好，但还是不够好，还是有太多客户把他们的车开回来进行保修，这让丰田的成本大幅增加。

> **有太多的客户把他们的丰田车送回来保修，这既浪费了他们的时间，又降低了他们对丰田的满意度，同时还造成了丰田的财务损失。**

图 2-11 计划的第二步：掌握情况并正视差距

将问题细分后（参见图 2-12）专案组确定了两个保修问题的来源，一个是生产制造，另一个是产品设计。产品设计时，他们可能将产品设计得不便于制造，例如，他们需要设计出防错装置来避免左后视镜和右后视镜发生混淆。

> 保修问题源于产品设计（例如，防错设计不佳），部分出自于制造过程中（例如，出错），在使用时才被发现。当前的工作重点放在从制造到客户反馈的整个过程。目标是降低60%的保修费用。

图 2-12 计划的第三步：细分问题并设定目标

如果设计时考虑不周全，就会导致生产可能出问题，当然生产过程本身也会带来问题，即使出厂前最终检查也可能让一些次品成为漏网之鱼。

当他们定义问题的范围时没有把新车的设计作为当前的工作重点，因为这可能要等好几年才能得到结果，他们把研究重点放在目前正在生产的汽车上，他们观察从生产到客户问题反馈的整个流程，观察反馈如何传达到正确的地方，无论这是质量部门，制造部门，或者是工程部门，还观察了相关的单位采取了什么措施。大目标是60%，他们将这个目标细分成每年10%。

要确定最大的保修问题是一件容易的事情，然而要分析潜在的原因就不是那么容易了。随着他们增加中层经理和工程师去完成具体的工作，整个团队扩充到几百个人。他们不断检测，试图找出哪里出了问题，他们发现最大的问题出在工程设计方面，而不是制造生产方面。工程部门是项目团队的一部分，然而，在制造方面的问题是有一些缺陷品逃过了质量检测，每个工厂都需要继续努力，找出问题的根本原因（参见图 2-13）。一个有趣的例子发生在终检站，所有的车子都会从这里驶过，因为周围有大量噪音，有些时候质检员会听不见轻微的抖动声。解决方案相当直接，建隔音间在里面进行噪音和震动测试。他们在肯塔基的乔治城工厂测试了这个方案，效果立竿见影，缺陷品漏网率马上减少了。

对于工程部门，这就没有那么容易了。有太多的问题，而要确定其中任何一个特定问题的根本原因就已相当困难。标准的流程大家都知道，这就是当你的车子出了问题或者遭到召回时，你就要把车子开回维修中心，你要耐心等候一段时间，然后把修好的车开走，你可能会看见被换下来的问题部件。

> 生产制造-对整个生产过程中可能发生的潜在错误缺乏了解，在终检时漏掉了缺陷品。
>
> 反馈和响应-在使用中的问题没有得到良好的诊断和沟通，变更请求散漫和无效。

图 2-13 计划的第四步：分析潜在原因

经销商在丰田的计算机系统中输入信息，工作就算完成了，不幸的是，他们对问题的描述通常是非常模糊的。在电脑里有很多可选类别，他们可以简单地选择一个，这可能告诉你电子系统出现了故障和具体故障位置，声音系统出现了短路状况，但是你并不知道为什么会发生短路，你并不知道根本原因，你只知道某个部件出了故障。

这种信息对工程设计部门没有太大用处，当一个普通问题出现的时候，在时间允许的前提下他们会对它进行调查。此外，专案组观察到丰田北美对每个单位都提出过设计变更的要求，这包括整个北美洲的每个工厂，销售组织，现场人员，现场保修团队以及质量部门。他们的要求没有优先级排序，让工程设计部门疲于奔命。他们进一步梳理问题后提问："我们怎样才能诊断出那些比较常见的保修问题的根本原因？我们该怎样给质量缺陷定义优先级，好让工程设计部门知道最优先的项目。"

为生产部分制定的对策是丰田所说的"内建质量（Built-in Quality）责任制"，通过这种方式他们希望回到丰田佐吉决不让问题从最初发生的地方传播出去的基本原则（参见图 2-14）。绝不让缺陷品离开自己的工作站传递到别处。责任制的意思是当我发现一个缺陷品时我就成为了它的拥有者并对它负责，我不能让它溜出去，让质检去操心。我要考虑自己流程的输入，特性，以及手工操作的各种方法。"内建质量"的理念在几十年前丰田公司诞生的时候就有了，然而现在这是一个全新的更高层次的倡议。再次强调，要提高认识，你必须**回归到基础**知识，温故而知新，现在是该拿出一些新的工具来分析质量问题原因的时候了。

设立隔音间的对策就是那六年间在不同工厂里千千万万个防止缺陷品从工厂中流出的改善的一部分。

生产制造-在每个流程中建立内建质量责任制并改进检查过程。

反馈和响应-确定回厂保修的根本原因和将信息归纳传送到对口工程设计部门的系统。

图 2-14 计划的第五步：制定对策

在工程方面，他们可以做些什么来找出保修问题的根本原因？他们可以去找经销商，询问他们能否查看客户的零部件，然后将它们运回丰田汽车销售公司(Toyota Motor Sales)以制定一个更精确的清单以便让维修人员检查接近根本原因的问题。但他们想出了一个更好的主意，他们意识到，在公司内部就有一个固定的客户群。丰田的员工获得优惠的汽车租赁合同，既然他们为丰田工作，公司可以要求他们把出问题的汽车送回来，并通过这种方式，把有缺陷的部件收回，使问题的根本原因能够获得诊断。

他们是怎么做到这一点的？他们选择了拥有几千员工的丰田销售公司并要求大家参与这个项目。这些员工可以把问题车辆带回丰田销售公司，汽车在那儿进行维修时，他们在上班做自己的工作。他们在丰田销售公司里设立了一个客户满意中心，一个接一个地诊断了每个实际问题的根本原因。

> 通过公司遍布全球的领导者负责人网络进行部署。

图 2-15 第六步——执行：把对策贯彻到底

他们也和丰田的其他部分进行沟通，团队中有丰田各个部门的领导，他们规定任何设计变更的诉求都必须由客户满意中心来处理（参见图 2-15）。在这里他们过滤各种变更诉求并设定优先级，然后才把信息传回丰田技术中心或者在日本的工程部门或者供应商。根本原因的分析尽量在美国进行，问题优先级先设定好然后再传回工程部门。

> 在七年里严密地监控保修费用发展趋势并持续进行调整。

图 2-16 第七步——检查：既监控结果也监控流程

这是一个持续的过程，不断地完善和改进（参见图 2-16）。这也是为什么他们花了七年时间才最终达成保修成本减低 60%的目标。他们一直跟进这个项目，持续地调整流程，在第四年的时候加里从公司退休了，那时候丰田公司已经在生产，工程，销售新流程的标准化方面取得了进展，他们在根本原因分析方面也更进步了。再次强调，这是一个持续的过程，但这种新流程需要变成新的规范，变成在北美开展业务的新方式（见图 2-17）。

> 在生产制造，工程设计和销售部门实施标准化作业。进一步分析根本原因：更好地培训和培养工程师，在生产制造中内建质量责任制，并改进销售部门的保修汇报系统。

图 2-17 第八步——行动：标准化和传播经验教训

北美工厂整体保修费用变化趋势

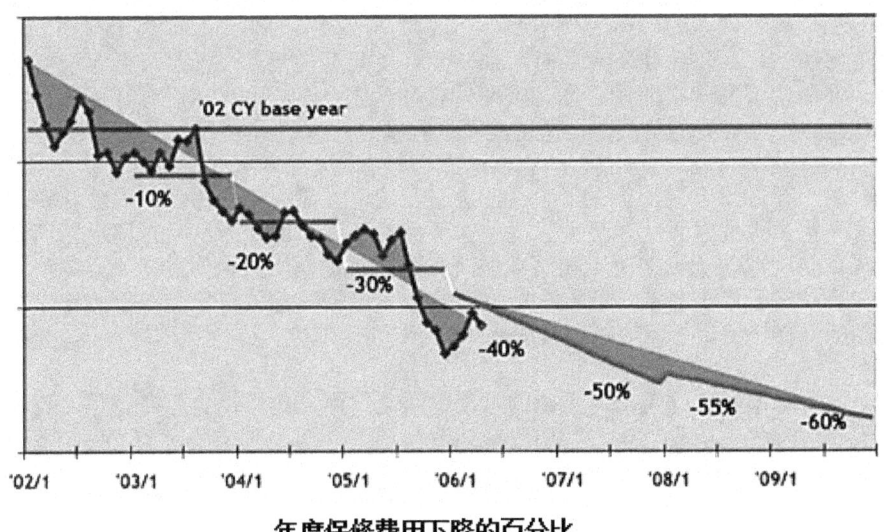

年度保修费用下降的百分比

来源：丰田美洲工程设计与制造有限公司（TEMA）

图 2-18　北美工厂 3 个月保修费用变化趋势

现在，你或许想知道这个项目的进展。如上图所示（图 2-18），项目运行得很顺利，图中的各个水平线就是阶段目标，以 2002 年为基线开始每年降低 10%，那些黑点记录了在加里领导项目期间的真实保修状况，他们在四年后达到 40%，而他离开后，我们继续跟踪这个过程，他们确实在第七年的时候将保修成本下降了 60%。

当然，实际的保修成本没有以直线形式百分百吻合每年 10%的速度下降，有时低于目标，有时又高于目标，最好把这想象成多个 PDCA 循环——当我们尝试改善时，有些措施有效，有些可能有效，这时我们就会超出进度。当汽车的某部分出了大问题的时候，我们就会落后于进度，这时我们就要把这个问题解决掉。

在这个过程中加里并没有给每个人下命令要求把保修成本降低 10%，有些公司是会这样做的。作为公司高管的加里积极地领导着一个高管团队，几百个人围绕着这个团队奋斗，通过 PDCA，他们最终获得了令人振奋的结果，这种通过无数改善达成的突破被称为大改革。

通过问五次为什么深究根本原因

深究根本原因可能是解决问题中最容易被误解的部分,然而理所当然非常重要。谈到根本原因听起来很有科学性——一定会有一个根本原因,你必须利用一切可能的方法来找到问题的确切的根本原因。现实是,如果你想每时每刻无论哪里都在解决问题,你可以花光所有的时间来试图寻找问题的根源,没法再做任何其他事情。你需要运用一些捷径,你必须接受有时候你能够击中目标,有时候却不能,总之,给出你最好的猜测,再通过实验来测试。

大野耐一通过问五次为什么来教授解决问题的根本原因,他相信深入地观察流程,思考和不断挑战自我才能最大程度地保证成功。我真的知道这就是根本原因吗?为什么会这样?一般来说连续这样提问五次似乎是合适的。你需要观察数据,但是却不一定要用上复杂的回归分析方法或实验设计,你的目标是获得一连串看似合理的解释,然后你就可以测试这些解释了。

常见的问题不是在深究根本原因的过程中缺乏严谨,比较常见的问题是,我们甚至没有进行尝试就立刻认为我们已经知道问题是什么,原因是什么,我们就立刻从提问阶段直接跳到解决方案。

图 2-19 跳入装满水的池子(左)和没水的池子(右)

上图展示了有一个人要跳进装满水的池子(参见图 2-19)。设想一下如果池子里没有水,这个人看都没看就直接跳下去会是什么结果?这可是真实会发生的情况:当你看到问题,你就开始头脑风暴,然后实施这些想法,这就像在盲目飞行。有时候,你需要这样做去解决一些小问题。例如,你可能有一块显示每小时工作进度的展示板,每隔一小时你让做事的人把进度记录下来,看看有没有达标。如果他们没有达到预期目标,就得问为什么,然后你可能会列出对策,他们所做的就是直接从问题跳到解决方案,但他们这样做为的是解决那些每小时都会发生的小问题,有时原因是显而易见的(零部件不符合规格,被卡在机器中)。当你收集这些问题,并从中找到最大的几个,你就要做根本原因分析,而不是妄下结论。

五个为什么不是五个是谁

大野耐一说过:"要清空头脑不带偏见地在生产车间里进行观察,对每件事物都要问五次为什么。"他创造的大野圈(Ohno Circle)是非常出名的,站在一个圈子里看实际发生的情况,并不断地问为什么,努力了解问题和根本原因。这样开始后两小时,他会过来问你看到了什么,再过两个小时他会再过来问同样的问题。通常,他会要求你在圈子里站足一天,你可以休息一下,但其他时候只能呆在那个圈子里,重复地观察同样的事情。每一次回来,他都期望你能提供更深入的分析,能注意到更多的问题并更深入地思考为什么。要注意的是他不是在问你五个谁,通常当你问为什么时,第一个为什么的答案会是那个犯错误的人,但是当你问为什么那个人会犯错误时,通常会引出一个系统原因。

收窄与聚焦过程

通常的情况下,解决问题的过程是从你遇上一个描述非常含糊的大问题或甚至是问题的症状开始的(参见图 2-20)。例如我们遇到了质量问题,我们想要解决这些问题。有许多原因会导致质量问题,我们甚至不知道该从哪儿着手,因此你需要更专注于清晰的问题表述。例如,如果你的目标是:我们希望在两年内在一个特定的客户满意度指标上成为第一;或者在你关注的生产线上到年底将质量缺陷降低百分之八十,一旦你从一个泛泛的问题陈述开始着手其中的某一部分时,比如开始着手改善产生大部分质量缺陷的那个流程时,你就可以从最有可能的原因开始探究,然后你继续深入地问哪里才是问题的真正起源,你就会找到直接原因(Direct Cause)。在你开始问五个为什么之前,你必须找出问题的起源和流程中的直接原因点(POC)。

大野耐一有一个出名的故事,他要求他最好的学生之一南八林,去观察装配生产线,直到他发现问题为止。林发现了一个严重的质量问题,于是迫不及待地想去解决它,这时大野问他:"问题发生在哪里?"问题是零部件装不上去,当林开始思考这个问题时,他意识到这可能发生在上游的零部件加工阶段。大野质问他既然问题出在别的地方,他为什么还呆在这里。

林正要跑去上游生产部门,大野把他叫住了并严厉的问他要去哪儿。"去问题可能起源的生产流程那儿继续观察。"林回答道,大野接着问:"那装配线这里的问题怎样处理?你要继续装配不合格品吗?"他指出林需要深入思考问题,但他必须在去上游零部件生产线上寻找根本原因之前,先将装配线的问题给遏制住。大野并非一个风趣的导师,虽然跟他学习会非常有效。

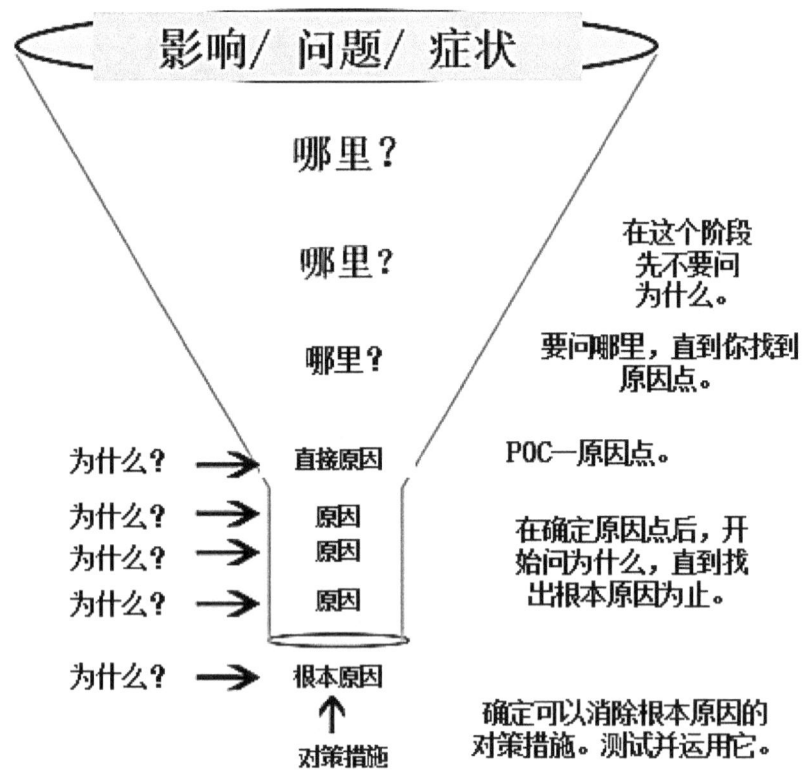

图 2-20 收窄聚焦点

问五个为什么时会犯的常见错误：指责他人

我说过你要去找原因点—问题发生的地方—但是有一个警告，你得聚焦于自己能控制的部分。大卫•迈尔（David Meier）和我在《丰田模式现场手册》（The Toyota Way Fieldbook）中描述了一个合理的五个为什么分析过程。那个例子的问题是质量缺陷率太高了，没有达到我们的目标，理由是我们生产出太多有缺陷的零部件，为什么？因为组装线没有正确地把零部件组装起来，我们通常会在这里停下来并指责操作工，为什么？因为操作工犯了错误，为什么操作工会犯错误？因为零部件没有对齐，为什么没有对齐？因为零部件设计不合理，这表示我们现在要去找设计工程师，他可能在别的地方，甚至别的国家工作，我们得告诉他们把零部件设计好。

图 2-21 问题的第一个答案：为什么零部件没有正确地对齐？

实用指南

一旦你开始将矛头指向你无法直接影响的另一方（参见图 2-21），那么你很可能需要很长的时间来解决这个问题——你也许在未来几个月甚至几年内都看不到新设计。你必须要问自己，对这些为什么有没有不一样的答案，让问题重新回到我们能够控制的范围内？

有效的根本原因分析

图 2-22　问题的答案：为什么缺陷率过高？

我们这里要讲的是有效的根本原因分析。我们仍然有操作员的错误（参见图 2-22），我们仍然知道，零部件没有正确对齐，但现在我们要问自己："我们可以做些什么让零部件在装配的时候能够正确对齐？"那么，为什么零部件没有对齐？

图 2-23　问题的第二个答案：为什么零部件没有正确地对齐？

我们没有一个可以防止有缺陷的零部件流通到下一个工作站的防错装置（参见图 2-23）。防错装置也许是一个简单的夹具，我们就是要找到一种方法来将不完美配合的零部件装配起来，让客户感到满意。我们仍然要和工程设计部门沟通，以便他们能做到某种程度的防错设计使得零部件在不用夹具的情况下更容易地组装到一起。然而，我们必须马上想办法把质量问题在装配线上先遏制住，一味指责另一方事实上就是在找借口偷懒，什么都不用做。

一旦我们确定了根本原因，也就是我们认为的根本原因，我们需要想出根除它的方法。前面提到，丰田把这些方法称为对策措施，因为他们不知道它们会不会奏效，是不是最优方案。今天一个伟大的解决方案可能明天就要被更好的方案所取代。我们觉得一个良好的对策需要通过科学实验来进行验证，这样，这个对策就变成了一个假设。如果我实施了这个对策，我相信它可以缩小差距。

一个常见的错误是，我们总认为自己知道的比我们实际知道的要多。我找到了答案，然后我们就全面推广这个答案，也许它在短时间内会起作用，也许它可以帮上一点忙，但是这真的是最好的答案吗？也许团队里有人想出了更好的答案，更好的措施。过度自信是解决问题的最大障碍之一，如果你认为自己已经知道如何解决问题，那么你就最多只是在表面上遵循解决问题的过程。

对策措施与通过解决问题来培养人才

"根回"

在解决问题的每一步里经常出现的另一个日语词是根回（Nemawashi）。你可能在几十年前已经在有关日本管理的书籍上见过根回，这并不是丰田特有的。这个词的本意可以翻译为在种植一棵树之前要先准备土壤。这里，准备土壤的意思是在你正式作出提案之前，所有受到决定影响的方面，所有的参与方都得有所准备。你要面对面把文件传递给对方，在网上通过 Skype 沟通也许还可以，但面对面沟通效果更好。通常你要和每位团队成员进行交流，和他们进行讨论，主动地听取他们的主意，当你聆听的时候，当你告诉他们为什么一些主意会被考虑并采纳的时候，你在运用自己全部的社交技巧去建立共识。当你最终提出一个正式的议案时，每个人都已经表示接受了。

确定和选择改进的选项（计划）

当我们确定并选择改进的选项时，我们的对策措施仍然是计划过程的一部分，我们运用根回产生出很多方案，然后我们基于效益，成本，便捷，以及能否快速实现将这些方案进行筛选。你可以使用一套完整的标准方法对上述每个参数设定 1-3 分进行评分，这样对于每个方案你就可以快速地得出一个数，同时你还要通过自己的判断来得出少量真正需要实际测试的方案。在你测试它们的过程中，你要汇报结果，持续建立共识，运用根回来寻找更多的方案。再次强调，在这个过程中的每一步中你都要持续做根回。在本章后面的部分我们会讨论为什么 A3 是进行根回的一个强有力的工具。A3 可以成为建立共识的一个过程，但只有当我们正确地运用时，也就是说我们不能自己把整个 A3 都填好，自己提出了所有的主意。

计划和实施改善（执行）

在执行阶段你不能一直等待并允许缺陷或者浪费持续产生，直到你找到根本原因，然后通过非常有系统的八步法来解决问题。之前提到，你得先把问题遏制住。例如，在丰田工厂，当有人拉动了安灯线，警示灯就会亮起，组长就会跑过来查看。组长的首要工作是将问题限制住以便生产线能够继续运转，如果问题遏制住了，团队就可以在之后的时间，开始寻找更长期的应对措施。第一个执行实际上是在 PDCA 之前先把问题遏制住，然后你就可以通过计划—执行—检查—行动来集中力量对付最大的问题。

我曾经去过金爵曼邮购（Zingerman Mail Order）的仓库，在那儿他们建了一个新的货架用来放置不同大小的用于装运不同产品的盒子。选择大小合适的盒子是操作工最具挑战性的技能。他们不停地试验这个架子，让一位操作工用上一段时间后，给出反馈，再让另一些操作工使用它，把一些盒子重新排列再放置到货架上。他们通过连续几周的执行—检查—调整流程终于得出了一个满意的结果，之后他们把这个方案推广到所有的工作站上。执行是一个进行实验，反馈和调整的连续过程。

解决问题是培养人才的方式

丰田模式就是持续改善和尊重他人，这两根支柱应该是完全交织在一起的。当人们在解决问题的时候他们同时在学习多种技能，这些技能包括根回，激发创意，拓宽思维，深入观察思考和问为什么，只有这样人们才能培养出一整套技能和习惯。与此同时，他们还在解决实际问题，让自己变得越来越好，解决问题的结果是人才培养。

当加里主持那个将保修成本降低 60%的项目时，他和丰田内部最优秀的人合作，没人质疑他们能否达到降低 60%的指标或者降低 57%能否被接受。目标就是 60%，必须实现。他们知道他们能够实现，他们知道怎样运用解决问题的流程，但是他们不知道具体可行的解决方案。当他们落实了整个流程，他们所有人，尤其是加里，都掌握了更高层次的改进技能。

丰田业务实操：通过解决问题来培养人才

丰田在丰田业务实操中同时实行了两项举措。第一项举措回应了我们该采取何种具体的行动和流程—步骤—逐步解决问题，第二项举措回应了我们在员工执行解决问题的流程时该给他们加强灌输何种价值观和技能，他们把这称为驱动力（Drive）和奉献精神（Dedication）（参见图 2-24）。他们通过八步法来建立驱动力，奉献精神以及真正的技能，例如，当你澄清一个问题的时候，你必须时刻把客户放在第一位，首先要问谁是客户？我需要怎么做才能满足他们的需求，解决他们的问题？当你制定对策措施的时候，基于事实设定问题的优先级，不断进行微调。你要考虑到所有利益相关者，学习如何和他们讨论问题，如何听取他们的意见，如何说服他们，但只有认真聆听并重视他们的意见,才能真正说服他们。

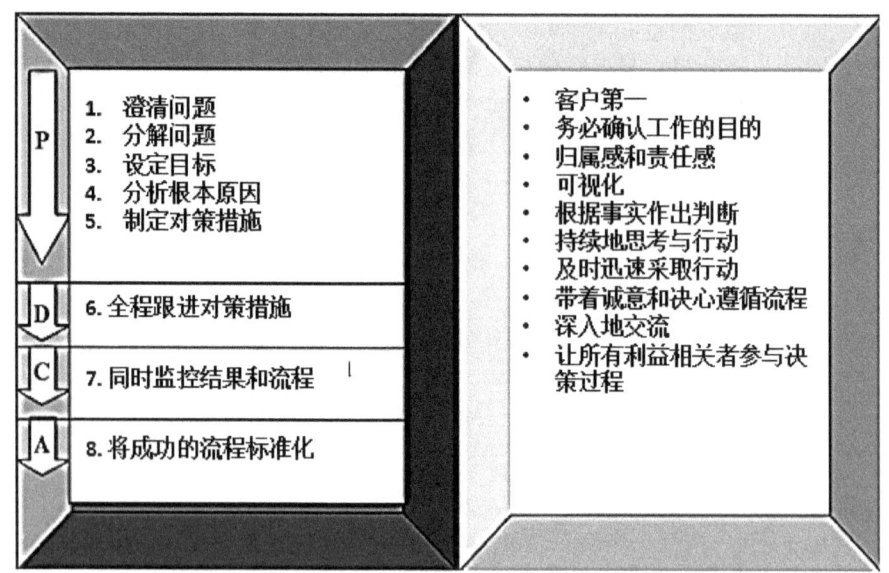

来源：丰田公司

图 2-24　丰田业务实操—以解决问题的流程为中心

行动计划是一种问责制

在制定用于测试对策措施的行动计划的时候，我们要做一个可视化程度非常高的进度表，并把它张贴到容易被注意到的地方。通常情况下，你会在现场建一些墙板，上面展示一些跟踪解决问题过程的信息，这包括做什么，谁来做以及到什么时候完成。

你必须将负责执行的个人的名字记下来，不是团队。这不是由团队来完成的，每一步都要有一个人负责。检查过程的一部分就是负责执行的这个人在会议上做报告，在这个时候，他们到底有没有仔细进行思考是显而易见的。每一次你见到一个负责人，每一次此人要作报告的时候，也就是这个人获取反馈和提高自己解决问题技能的时候。因此，行动计划实际上是一种问责制，它是另一种用于培养人的工具。

检查是一种学习

我们继续讨论计划—执行—检查—行动的检查阶段，这又是一个培养人的机会。在你观察情况的时候，你会受到指导，如果你兴奋地说："来看看我的伟大成果"，然后只是展示一些数字的时候，精益教练会问你："你去观察流程了吗？你观察了多久？你和员工交谈了吗？"他会让你重新返回现场。

你需要随时做好调整的准备,我们经常过早地宣布胜利。你要把检查当成检查与行动一体化的阶段,因为你要从观察中学习,所以这两个阶段自然而然就融合在一起了,这种融合会产生新的需要验证的对策措施。

你取得了一定进步,但仍然没有达到目标,你需要做得更多,然后再次检查并作出更大的调整。这整个流程旨在培养人才和让组织进行学习,这也是为什么你要随着时间的推移将学到的学问传播出去。你真的不是像某些人认为那样,在传播最佳实践,你在传播学问,将它输入到那个与你交流的人的思考过程中了。

未来的行动是深刻反思

PDCA 中最后一步——行动实际上是深刻地反思,这一步得一直进行下去,直到你确信流程已经稳定下来为止。我们常常都听到改善成果没法长久保持,几个月后当你再回去时会发现流程不再以你当时所设定的模式在运作。人们并不遵守你设计的标准方法,而问题常常是你没有坚持用足够的时间继续检查,指导,和支持,直到新流程变成常规——我们做事情的新方式。作为问题的所有者,你要对可持续的解决方案和持续改善负责。

我们经常见到有的公司会把一个区域设立为精益示范区(有时候称为"灯塔(Lighthouse)"项目)。一旦他们把示范区设立起来并获得显著成果,他们的管理层就会要求将成功的经验简单的拷贝到公司的各个角落,而他们不再重新回到示范区。示范区的价值体现在它是一条具有学习作用的生产线,你可以继续学习,继续领着企业的其他部分前进,但是通常的情况是学习过早地停止了,因为你忙着传播经验,导致了示范区的退步。同时,拷贝了先进经验的区域可能不如原来的示范区那么好,因为,第一,精确的解决方案在不同的情况下会不太适用,第二,在你传播"最佳实践"的区域的人们没有经历过从实践中学习的过程,没法完全理解示范模式进而没法遵守所有内在规范以持续进行改善。

为什么 PDCA 甚少被采用？

来源：《丰田模式持续改善》

图 2-25　PDCA（计划—执行—检查—行动）循环或者称为戴明（Deming）循环

我之前所描述的 PDCA 会经常被采用吗？它是人们进行改进的常用方式吗？现在的大部分公司都经历过 20 世纪 80 到 90 年代的质量革命，我们现在理应都是质量专家，我们都应在某个质量课程里学到了计划—执行—检查—行动（参见图 2-25）以及基本的解决问题工具，也学习了如何制定一个因果关系图。那我们现在再谈 PDCA 是陈腔滥调吗？答案是：理论上是的，我不会说任何和精益有一定接触的人们从来没有听过这东西，但是在现实中，真正发生的情况却如图 2-26 所示。

来源：《丰田模式持续改善》
图 2-26　只剩下执行的 PDCA 循环——实现它！

当我们一味只顾着埋头救火的时候，我们只关注执行，执行，执行——计划，检查和后续的行动或者调整都会被遗忘。我们知道正确的做事方式是 PDCA，但是实际上当你去检查流程并观察人们的工作时，你会发现他们把大部分的时间都花在"执行"上面了，为什么会这样呢？

救火模式是一个恶性循环，你甚至可以把这个结论归纳到系统理论中，这是一个不断螺旋下降的闭合系统。当系统出问题时，你就开始整顿它，头痛医头脚痛医脚，一直这样延续。在此期间，你从来没有真正解决的上一个问题会重新来袭，问题就像滚雪球一样变得越来越大，而你会一直处于战斗模式以对付每天层出不穷的问题。该系统实际上变得更糟，而不是更好。一旦你陷入了这个恶性循环中，你会觉得自己掉进了陷阱，因为你不会有时间去计划，检查或调整，每天你只有灭火的时间。

一旦你成功切换到 PDCA 的良性循环中时，事情开始越来越流畅地运行，流程变得更加稳定。这样你就有更多的时间去进行计划，检查和调整了，特别是当你宽裕到可以拥有一位不在生产一线工作的线长的时候，你就拥有了额外的解决问题的资源。当你开始以正确的方式解决问题时，情况会变得越来越好，而不是越来越糟，这样你就拥有更多的时间和空间去进行改善了。我们可以选择拥有一个自我完善的良性循环或自我毁灭的恶性循环，许多公司都陷入了自我毁灭的恶性循环中。

乔治问："对那些陷入恶性循环的许许多多公司来说，杰夫，你有什么对策吗？怎样才能让他们的思维重新回到戴明循环上来，作为一个咨询顾问怎样才能启发他们？"

杰夫说："最简单的答案就是**领导力**。总要有人站出来停止救火行为，开始积极主动地解决问题。必须要有人担当领导的角色，这也许是一位经理或者是一个区域的主管。他会抱怨道："我刚刚又去灭火了，晚上回到家后就渐渐失去理智，感到越来越沮丧，对家人的态度也很糟糕，我觉得很悲惨，我受够了，我必须做不一样的事情，利用所有机会了解精益，改变我的领导方式。"

我曾经收到读者的来信，上面说："我阅读了你的著作，于是开始在我负责的区域履行精益原则。我们停下来观察，问到底是什么问题，并连续问五次。我们开始解决问题和运用一些精益工具，情况开始好转，这样我们就有更多的时间去解决真正的问题。现在我的上司问我到底有什么不同？为什么你管的区域表现得比别的区域更好？ 我的同僚主管们窃笑和恶意攻击我，因为他们认为我在故意讨好高层管理人员，我该怎么办呢？我的上司不理解我做的事情，我的同僚都在疯狂嫉妒我的成就，他们并不想从我身上学习。"

这的确是一个问题，但我建议他们坚持下去，做他们认为是正确的事情，最终其他人可能也会跟着做。一种更佳的情况是当某位更高层的人士感到受不了了，表态道："我无法再容忍了，我要改变。"在《丰田模式持续改善》中，主管亨利·福特健康系统（Henry Ford Health System）测试实验室的理查德·查博（Richard Zarbo）博士撰写了一个章节。他在数十年前就接受过戴明的培训，最终他看着镜中对自己说："我们根本没有遵循戴明博士教导我们的任何原则，我要回实验室改变这种状况。" 结果发生了巨大变化，而这起始于理查德·查博首先改变了自己。正如我们在领导力模型中所见，成为精益领导的第一步是自我发展，你必须想要改变。在企业内部，你可以改变的部分只能是你可以控制的部分。

很多人问我："我该怎么办？我既得不到领导的支持，也得不到同僚的帮助。"我的回答是接着做你正在做的正确事情，因为这样你在回到家的时候可能感到更快乐，你可能变成了一位更好的父亲或者丈夫或者妻子，更好的社区成员，而你的生活也将会变得更好，为什么要走回头路呢？

同时，你这样做的时间越长，得到的成果越多，上头的人越可能觉得，他们应该从你身上学习一些东西。这种情况常常会发生，你需要从某个地方开始，这个地方也许是底层，也许是中层，也许是高层。最有效的就是高层拥有改变的热情，通常这种改变是外部作用力的结果。例如，我们拥有专利，我们赚取 100%的利润，当专利过期的时候，竞争者就冒头了。他们只赚取 15%的利润，我们必须改变，否则我们就要完蛋。一场危机，就像我们将在第七章看到的达纳公司的案例一样，能够让高层领导开启学习之门。

为什么很多公司漏掉了 PDCA 循环中的 PCA？

我们再问：为什么人们会忽略计划，检查和调整直接就跳到执行上呢？为什么他们，特别是高级经理们，在看问题的时候会认为自己需要立刻拿出解决方案呢？现实是当我遇到了问题，我觉得有人在挑战我，要我立即找到解决方案，而且我必须确保我的是最好的解决方案，这样每个人都会对我说："你是英雄，你竟然解决了这个问题。"那么人们为什么要这么做呢？

其实有很多新的研究，可以帮助我们理解这一点，有的研究甚至深入到分析大脑化学物质的水平。有一本畅销书叫《思考，快与慢》(Thinking, Fast and Slow)，由认知心理学家丹尼尔·卡尼曼(Daniel Kahneman)撰写，他花了毕生的精力研究人们思考和做决定的方式，他和他的合作者因为他们杰出的工作获得了诺贝尔奖。

在这本新书中他举了个最简单的例子："把你的大脑想象成两个独立的部分。"这当然不是事实，只是作为一个简化的观点。你的大脑拥有两个信息处理器，其中一个喜欢从问题直接跳到解决方案，它想快速地思考并作出反应。刻板的定型来自于快速思维，譬如，我看到你，于是马上做出假设，这个人看起来很聪明，这个人看起来很懒惰，这个家伙是个低级工人，这个人是个非常成功的经理人。我将对你的第一印象—例如你的头衔或者仅仅是你的外表—和自己过去获得的经验联系到一起，这就是你大脑里的快速思维部分，它总想尽快得出结论。让大脑的这一部分缓下来是痛苦与迷茫的。

你的大脑的另一部分却说："等一下，杰夫，你怎么会知道？你才刚看到那个人，在你开始问问题并找出他的相关资料之前，你怎么会知道他的情况？放慢一些。"现在大脑的两部分开始互相争斗，因为快速思维部分希望立刻得出正确答案，然后继续前行，而慢速思维部分希望能停下来做反思，检查和收集数据。快速思维部分说："你这个傻冒，我们没有时间这样折腾，我们得解决问题，把你的头从云雾中伸出来。"慢速思维部分说："慢着，慢着，在你让我们陷入麻烦前，我们要仔细想清楚。"

卡尼曼通过他的实验展现的一个情况是，当你缺乏信息时，系统一，即快速思维部分，就会象一台机器一样直接跳到结论。在信息不足的情况下，快速思维部分会胜出。它会这样说："既然我们能确定事情的不多，那么我就干自己认为是对的部分。"当越多的信息是可用的，可访问的，可见的，慢速思维部分可以赢得争论，时不时可以跳出来，让快速思维部分放慢脚步。

精益中的一项工作是可视化管理，过程到底是受控的还是失控的一目了然，这绝对是快速思维部分不能轻易赢得争论的关键信息。我们知道流程有问题了，我们将生产线停下来，快速思维部分将问题先遏制住，然后它得让位给慢速思维部分，让它开始思考，为什么会出现这种情况？

乔治说:"这真是非常有趣,这本书仅仅是一个好的读物,还是我们得从中学习我们该知道的一切?"

杰夫:"我认为你已经学到了很多,但它是一个比较长的读物,有好几百页呢。这是由一位学者写的,而这位学者刚好也是一位杰出的沟通者,他把这本重得可以用来压纸的四五百页厚的书变成纽约时报(New York Times)年度十大畅销书之一。该书销量已超百万本,很多人应该已经读过,但我个人认为多数人没有通读全书,我也没有通读。这本书是一个非常引人入胜的读物因为他运用了丰富多彩的方式来描述令人着迷的实验。"

乔治说:"你对可视化系统的观点很独特,我从来没这样想过,也从来没想到过这样去解释,然而这的确是一个解释它到底有多关键的好办法,因为我们现在要做的就是和在缺乏信息的前提下想直接跳到结论的人性作斗争。"

杰夫:"对的,它有助于当一位经理人走过来视察你在干什么,并通过提问题的方式让你把进度放慢一点,同时也把他自己的进度放慢一点,这是一个很好的工具。这是卡尼曼的另一个结论,一个脑科学家总结的结论—我们都是视觉动物。如果数据在计算机中被埋藏在三层目录以下,它是没有价值的;如果数据太多的话,也是没有价值的。"

你必须有非常清晰的集中的信息,以展示差距,指出这里有一个问题,需要你花时间去解决这个问题。我们会在第三章中详细谈及可视化管理。

脑科学方面展现的另一层隐含意义是多数人自然而然地喜欢上快速思维。这样的感觉不错,它会产生内啡肽,它就像一个高潮让你感觉很好,我在一个问题刚发生的时候就把它给解决了。当你放慢脚步并开始提出具体的疑问,例如,刚发生的那个问题是正确的问题吗?人们的目光开始呆滞下来。让他们激活自己的工作记忆是痛苦的,学习新的东西是痛苦的,深入思考是痛苦的。卡尼曼把前面描述的现象称为"最少脑力定律(The Law of Least Mental Effort)",而快速思维就是运用最少的脑力。

卡尼曼展示的和脑科学家已经了解到的一个正面的事实是,当你越频繁地运用大脑中慢速思维的部分,它会变得越强大,正如运动锻炼会让你的身体变得强壮一样。连续做 5 个俯卧撑是不容易的,如果你一直坚持练习,突然有一天你就可以完成 25 个俯卧撑了。大脑中慢速思维的部分具有学习能力,是可以被训练的,实现之后当你真正找到问题的根本原因并加以解决的时候,你获得的愉悦要比你过去获得的快速小胜利更多。好消息是,当你完成了这个艰难的训练过程,让你的脑子学会更慢更深入更系统性地思考之后,你将会获得很多好处。

来源：丰田乔治城工厂
图 2-27 可视化管理展示板

把可视化管理视为一项鼓励慢速思维的工具是非常重要的。图 2-27 展示了丰田肯塔基工厂里某个主管的可视会议区，它看起来很复杂，似乎涵括了整座工厂，但事实上这只是为一位主管设立的。丰田的主管通常管理大概 25 名组员，而肯德基州乔治城的丰田工厂总共有 6000 名员工。他们拥有很多展示板，尽管图表数据都是从计算机里调出来的，他们还是把它们打印出来并张贴到告示板上。他们用简单的红 X 来表示问题所在，这样做你的目光自然就会被吸引过去，问题意指没有在正轨上运。例如，这是本周我们应该做到的，要完成质量改进，安全改进以及成本压缩的目标。在安全方面我们的早班没有达标，这就是出现的问题，这是我们需要培训指导的地方。高层管理人员走下来看到这个问题会一起讨论，他们到工厂四处走动，和团队在展示板前面开会，多数情况下会通过向团队提出具有挑战性的问题的方式来帮助他们。我们将在第六章讨论高效工作组时重新回到这个展示板。

通过 A3 思维放慢解决问题的脚步

A3 报告已经成为了精益工具箱的一个标准工具，虽然人们很少会按照原先设定好的方式来使用它，而 A3 流程的一个作用是可以帮助我们头脑的慢速思维部分。报告的本身是一张 A3 大小的纸，你在其中一面的每个空格里填上内容来表达一个正在运作的流程，例如，解决问题的流程。编写 A3 报告的正确方式是你在教练的指导下随着流程的进展一格一格地填充报告，举例来说，在解决问题的过程中你也许要花几周的时间来填充第一格——定义问题，直到教练同意你进入下一步。

A3 的历史，从某种意义上说，是令人失望的。你会认为当时这是一件惊人的突破性事件，有人突然喊："尤里卡！我发现了 A3，这可是丰田模式的一个重要工具。"但事实上这样的情况并没有发生，真实发生的倒是一连串的认可。

认可之一是在我们推动流程的同时要把流程记录下来，这是根回的一部分。你要向人们展示一些东西，这时候你有责任要用一种清晰而简单的方式进行展示，越短越好。一个带有图表和大量文字的冗长报告几乎注定是要失败的，你期待他们会读完这个 40 页厚的报告，而事实上他们只会在会议前快速扫一遍，不一定能抓住最关键的要点，这也是为什么我们需要执行摘要的原因。

A3 是将最重要的思路浓缩到一张纸上然后向人们展示和进行交流的一种方式，这样我们的教练也就可以一目了然了，很快就明白其中的关键点，跟进我们的思维过程，并给我们反馈。为什么是 A3？A3 大概是 11x17 英寸，是当时传真机能发送的最大尺寸，发送传真是当时你和外部世界联络的一种主要方式，没人提出过一个模型来优化纸张大小，就用他们能用机器发出去的最大尺寸。

在丰田 A3 指的是一个故事，因为故事是需要展开的。而一份报告，通常情况下，是在故事结束的时候完成的，可是到那时也许为时已晚了，因为这个故事可能由于考虑不周而失败。

四种类型的 A3 故事

你所听到的多数关于丰田的正式的 A3 报告实际上是由美国人发展出来的。例如，在 1990 年代在安娜堡（Ann Arbor）的丰田技术中心(Toyota Technical Center)发现他们的美国经理们没有正式地接受过解决问题的训练。当然这只是假定，他们最早期的员工都有一对一的日本教练告诉他们怎样做，"请在一张纸的一面做份报告，让它看起来像这个样子，我会帮你做到这一点的。"美国人在学习运用 A3，尽管他们可能不这么叫。

随着研发中心不断成长，很多新雇佣员工没机会从小部分仍然留任的日本员工身上学习，在这种情况下一个培训团队将许多知识正规地录入到课程中，这是他们在日本没有实施过的。他们开发了根回和解决问题流程的课程，他们也开发了 A3 课程，而解决问题和根回是这个课程的前提。他们归纳了从日本员工获悉的情况，正规地定义了不同种类的 A3 故事。图 2-28 按照从你最初意识到问题到当前状态的逻辑顺序展示了四种不同的 A3 故事。

实用指南

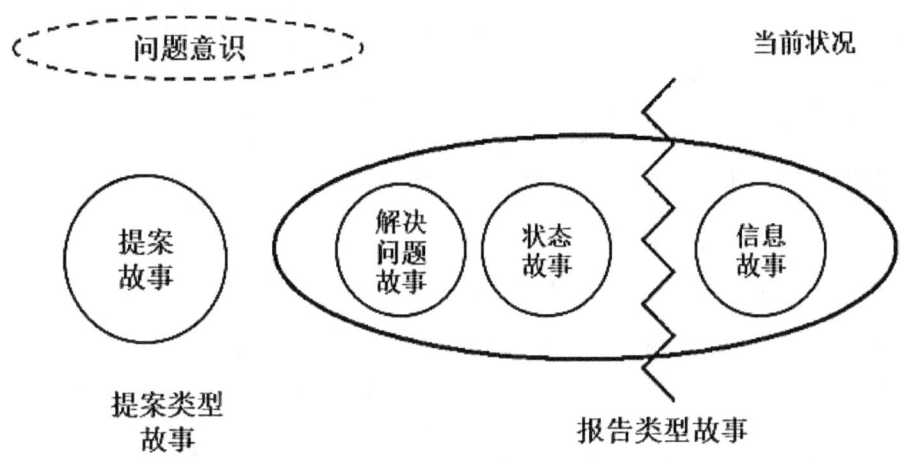

来源：丰田技术中心

图 2-28 四种类型的 A3 故事

当你意识到一个问题并需要获得批准去处理它的时候，提案故事就可以派上用场了。在提案获得批准后，你就可以开始准备解决问题的故事，然后按部就班地执行，比如运用丰田业务实操。在解决问题流程的各个不同的节点，或者在你每天的工作中，你需要汇报生产，质量，安全，或者别的方面的指标的状态，你会想到通过一个 A3 故事来沟通和展示关键数据，这就是状态故事 A3，它将当前状况和目标状况进行比较。

另一方面，你或许想分享信息，例如，你学习了一些关于车体工程的技术知识，希望和其他车体工程师共同分享这些知识，你可以运用 A3 信息故事。同样，用 A3 纸的一面记录你遇到的问题，你的对策并展示数据。

A3 有不同的种类，我们最熟悉的是解决问题故事，我会简短地介绍一下其他的 A3 故事，然后把重点放在解决问题故事上。

A3 报告：计划阶段的关键点

不管哪种类型的 A3 故事，都有一些通用的关键点。在启动 A3 之前，你需要花一点时间来掌握整体状况，这意味着你要在更大的范围内考虑信息来源，让更多的人参与，像加里那样和关键领导者取得联系并进行根回，这是形成你的团队的一种方式。你的团队将会执行和领导整个解决问题的流程，尽量去找事实，而不只是意见。当你听到一个意见的时候，你要像一个侦探那样验证它的真实性，还要考虑所采取的措施是否具有长期效应，或只是短期的补救行为。

你需要讲什么故事呢？用四种 A3 中的哪一种？谁是听众？什么信息对他们来说是有用的？这个特定的故事涉及到公司那些价值观和原则？在讲述故事时，你应该展示这些价值观的相互关系，例如针对客户第一这样的价值观。

在这里我要给出一个基于价值观的报告的简单例子。几年前有一个著名的声明，在丰田与通用汽车的合资企业新联合汽车制造公司（NUMMI）被关闭后，成片的厂房空了出来，丰田和特斯拉（Tesla）进行了协调，并帮助他们进驻工厂。特斯拉是一家相对较小的充满创新能力的电动车生产厂家，丰田对特斯拉进行了投资。丰田章男发表了一个声明："我们和特斯拉结成了合作伙伴关系，因为我们想向他学习。"他们希望获得一些刺激，动力，奉献创新，将丰田工程师们长期养成的官僚习气洗刷掉。

我见过一个有关 RAV4 车型的项目报告，这个项目是把特斯拉的动力总成放进 RAV4 里去，它必须和 RAV4 的变速器一同起作用。有很多问题需要解决，其中的一个挑战是，在丰田和特斯拉的计算机模块中都各自拥有自己的专有技术，他们不能分享代码，他们只好把这部分看成一个黑盒子，争取了解输入、输出以及可能的实验结果。他们有一个非常紧迫的完成期限——只有这种规模的项目的正常期限的一半时间，丰田团队在他们的 A3 中把目标定为通过与特斯拉的合作学习新层次的创新和新层次的团队合作。显然，他们需要把 RAV4 推出到市场上去，这是商务目的，但人文目的和价值被定义为跻身于世界最顶尖的创新者行列。这些价值观都是他们真正追求的，都是丰田章男和特斯拉开始合作的时候提及的。他们报告了他们如何按时完成具有挑战性的目标，也报告了他们学习创新的成果以及他们希望和其他人分享的内容。

A3 报告：执行阶段的关键点

让我们再考虑一些关键点。就像任何一个好故事一样，A3 故事应该是流畅的，但在这种特殊情况下，你不再像一个小说家那样作阐述。你只需要关键点，要点，而不是大段的文字，图表和图视都优于文字。每一个字都应该计算好，它应该是特定的，要尽量避免行话，不然别人可能会看不懂这个报告。尽量避免用自己熟悉但别人不一定知晓的一些首字母缩写，你要像艺术家那样斟酌报告中每一个方格的内容，使其深入到听众的心中。问自己：他们在看到这个方格的时候会获得什么印象？页面上的信息会进入他们心中吗？

A3 提案故事的目的

提案故事是各种 A3 故事的起始点，在公司的价值观需要被强调但还没有具体计划和目标的时候，或者我们想出了一些可以改善某些状况的主意的时候，A3 提案故事就可以排上用场了。这个提案可以是，我们该如何让客户在经销商处的体验变得更有趣和令人愉快，这里客户第一就是一种价值观。

计划或者目标或许已经存在，但是公司的价值，政策，或者商业环境也许已经改变，你需要一个计划来表明这个改变。你也许要找到一个全新的方向，制定全新的政策，你需要一个目标或者计划来实现这一点。

举一个例子——你需要提出一个预算。有一次我造访了丰田技术中心，对一位副总裁进行了采访，他气喘吁吁的，显得很疲劳。

实 用 指 南

他解释说："我刚刚完成了一个大报告。在过去的四周里我一直在忙这个报告。"

"是什么报告呢？"

"是丰田技术中心的整体预算，关系到几千员工。"

我不由自主的问："那是一个 A3 吗？"

他说："是的，当然是。"

想象一下整个丰田技术中心的预算，包括了预算的依据，通通都浓缩在一张纸的一面上。此时，这个预算是一个提案，包含了建立的所有共识和我的所有工作和提议，决定要等到该报告审核完成之后再作出。当然，有很多备份文件支持这个预算，但是这个 A3 包括了全部逻辑要点，它是通过与许多人员一起通过根回完成的。

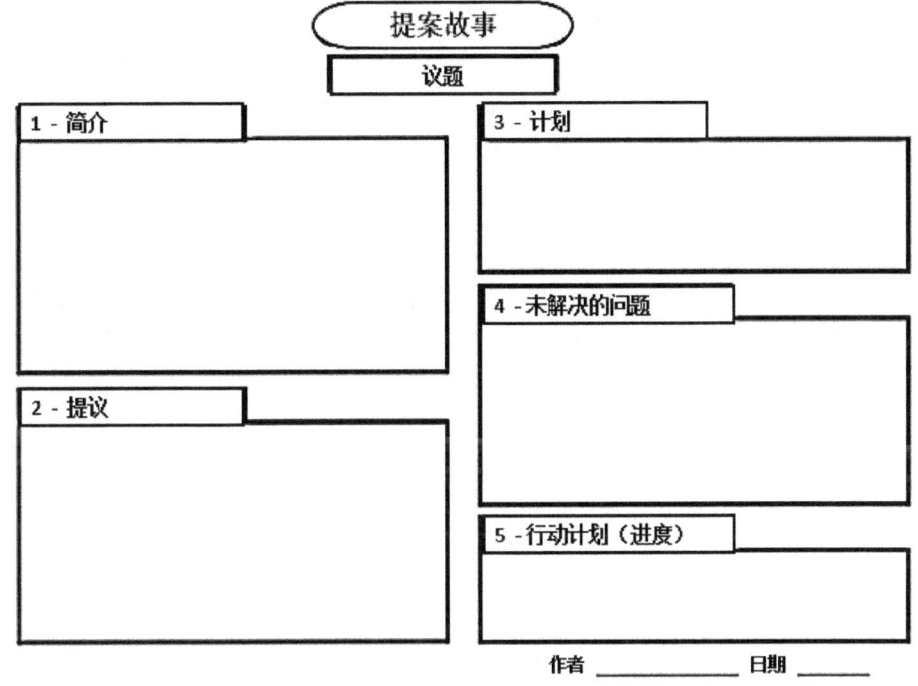

来源：丰田技术中心

图 2-29　提案类型 A3 故事

提案 A3 的格式可以参考图 2-29，其实我个人并不推崇标准化的报告格式——每一格的形状和大小都一样，尤其对于提案故事或者状况报告，你需要根据你所遇到的特定情况调整格式。在这种情况下,就像任何一本好书一样,你从介绍开始,接着有一个议案要提出,提议的阐述要流畅,然后做一个计划。在做报告的时候可能会有一些当时还无法解决的问题,你需要一个具体的进度时间表来监控计划的实现。

我前面讲述的制定预算的故事并不完全是这样。介绍部分不一定要非常长,这是一个年度的常规的预算计划循环,在标题里简单地说明这是丰田技术中心的年度预算对介绍部分来说也许就足够了。提案本身就是带有支持论据的预算,计划也许就是让预算获得批准的过程。假如还存在未解决的问题,提案要提及它们,也许有,也许没有,也许有一些条目他们需要推测,都必须阐述明确。然后要定一个进度表,结尾的时间点应该是预算被批准了。这个文档的大部分是关于预算本身的,对于一个复杂的预算来说其实并不多。

提案故事实际上发生在你做计划之前,也就是在 PDCA 之前。它从掌握情况开始,然后给该提案取名,给出一些背景信息,描述当前状况。行动计划就是提出的建议,如果提案包括了物品采购,你要列出成本和收益,然后你要提出该如何实现行动计划,也许说明一下你将如何跟进并确认成功与否。实际上你无需跟进到底,因为一旦你的计划被批准了,你就要推行一个真正的 PDCA 循环来实现被批准的方案。

其它 A3 故事

A3 状态故事的目的

第三种类型的故事——我们先跳过解决问题——是一种状态报告。在方针管理的情形下(参见第七章),年中和年底各有一次重要的审查,每个组都以 A3 状态报告的形式对审查结果进行报告。

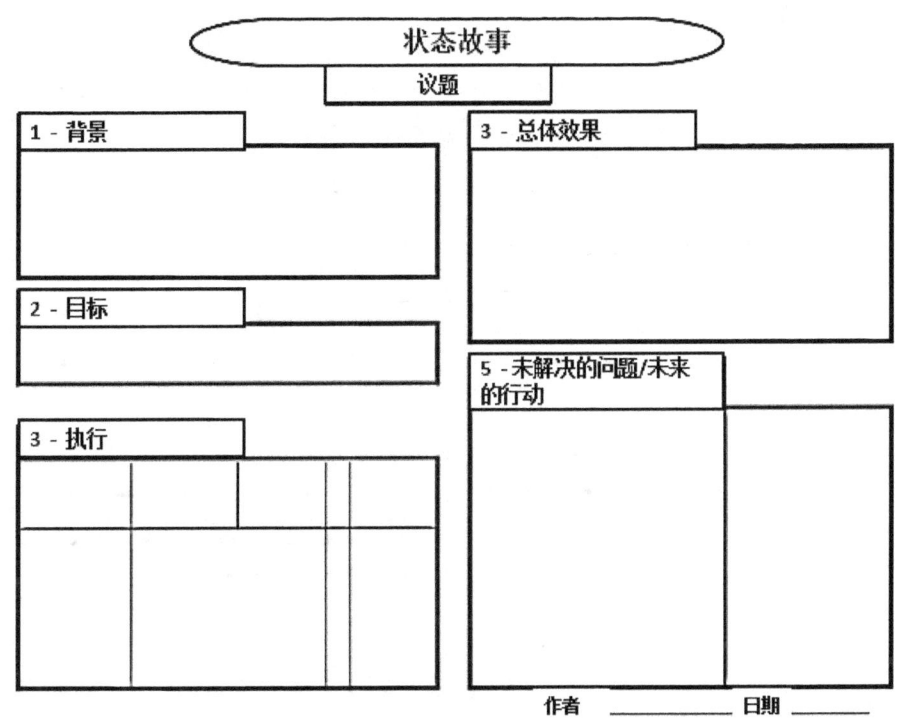

来源：丰田技术中心
图 2-30. 状态类型 A3 故事

状态类型的 A3 故事看起来也许会像图 2-30 表达的那样，你的状态报告的主题是什么？你需要描述故事背景和目标，然后将目前的行动和这些目标作对比。你的执行状况如何？这可以简单地用绿色来表示达标，黄色表示尽管还没有达标但已经制定出相应的行动计划，红色来表示我们仍然需要寻找一项对应措施来让状况重回正轨。之后还应该有一个以图形和表格来表达总效果的大摘要，描述迄今为止已经完成的行动，以及未解决的问题，仍然需要面对的障碍，和下一步的方向。

A3 信息故事的目的

信息故事通常会总结当前的状况或者一些信息，你不必去做评估。你尝试去关注一个问题，让其他人觉醒，并分享一些可能会对他们的工作很有用的东西。对于技术信息故事，你也许会把解决问题的过程包括进去——你从什么问题开始，哪些数据能显示对策的可行性，以及需要哪些条件和边界——在这种情况下，你实际上是在展现一些分析。再次强调，你必须自问谁是听众，我希望给听众传递何种信息，我怎样才能以最简单的方式来完成任务？

A3 解决问题故事

解决问题故事是最普遍的（参见图 2-31），如果我们定义解决问题作为持续改善和尊重他人的核心，解决问题 A3 就支持着这个核心。

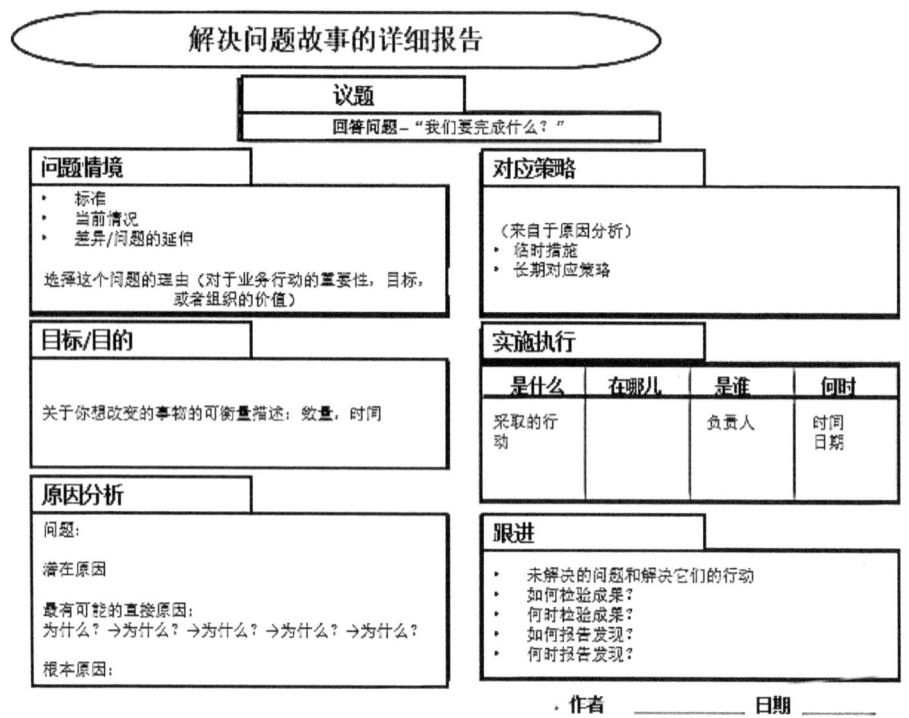

来源：丰田技术中心

图 2-31　详细的解决问题报告故事

A3 解决问题故事的目的

A3 解决问题故事的目的就是解决问题本身，因为我们目前没达到计划目标或者标准。另一方面，我们也许达到了目前的标准，但是我们被要求设定新的标准，例如将保修费用降低 60%。

这是一个解决问题的范例格式，我要强调一点，这是相当高水平的，你几乎可以将任何优秀的 PDCA 流程填充到这些空格中。例如，你可以将丰田业务实操的八个步骤填充到这六个空格中。

在运用解决问题的方法时，我们要保持灵活，如果你的公司拥有标准的方法，尽量去使用它，除非因为它在这个过程中缺少了某些东西导致一些固有的弱点。你需要定义问题和你希望达到的目标，你必须进行原因分析，并找出一个以上的对策措施。如果你要使用一些方法来优选，你应该在报告中明确指出，为什么你要选择这个或者这些对策措施来做试验？你需要一个实施计划并实时跟进，你要对整个实施计划跟进到底。实施计划就是执行，跟进就是检查和行动，这种特殊的报告格式假定你还没有完成检查，但报告则可以包括检查出来的结果。你也可以根据丰田业务实操来定义八个空格，空格的数目不如里面的内容重要，最重要的是，你是否真正遵循了计划—执行—检查—行动的整个过程？

每一个空格里都会提供一些细节，要再次说明的是，以上的格式并非每一个报告都必须采用，它只是给你提供一些导引。看完问题的主题说明和描述后，我应该明白你想做什么。看完问题情景，我应该知道当前的状况以及你想达到的标准，我应该了解差异或差距和你选择这个独特的问题的理由。

当你提及目标的时候，我应该知道什么时候将要改变什么，需要改变多少。在根本原因分析阶段，我应该了解原因点—原因产生的地方—以及你是如何深入挖掘的，用了什么方法，例如五个为什么等等，我应该看到五个为什么的分析和你认为的根本原因是什么。在对应策略方面，我应该了解有必要公布的临时遏制措施，然后，你要进行测试的长期对策是什么？接下来是行动计划，进度表，谁来负责，何种活动，何时何地，以及对以上几点的持续跟进—这就是检查和行动。再次说明，我并不是要强迫你追随这种格式，但是如果这些问题你都想过了一遍，还是觉得当前的方法没能明确地阐述差距或者确认根本原因，你可以把这些加入到你的 A3 报告中，你可以添加任何缺失的东西。

生产中的 A3 解决问题故事

图 2-32 展示了一个在《丰田模式现场手册》中进行过详细讨论的制造工厂的范例，这是我的合著者大卫•迈尔在一家汽车零部件供应商工作时解决过的一个问题。他们当时无法按时交货，总是不能全速生产，为了了解原因，他们运用了一个叫做工序平衡图（Work Balance Chart）的工具，通过观察各个工位和测量生产循环实际所需的时间，再通过和生产节拍（Takt）以及期望产量进行对比，他们立刻就找到瓶颈工序和低负荷工序。

在这种情况下，他们进行了更深一步的根本原因分析，着眼于方法，人员，机器和物料，他们运用了 4M 分析，有的人用的是 5M。这种方法可以扩展你的视野，你可能只专注于机器，忘记了还有人的参与或着忘记了材料的影响。如果材料不合规格，那么生产就会停下来。他们希望更广泛地考察各种各样的可能因素，然后再缩小范围对原因进行聚焦。之后将对策记录在行动计划中，上面记载着谁到什么时候该完成哪种试验。

然后，你看到了结果，问题陈述以及原因分析和显示的结果之间有直接的对应关系。我们之前都不能达成生产目标，现在我们经常都能达成生产目标了，过去工作负载是不平衡的，现在工作负荷已经重获平衡，瓶颈消失了，所有的人都能满负荷工作。

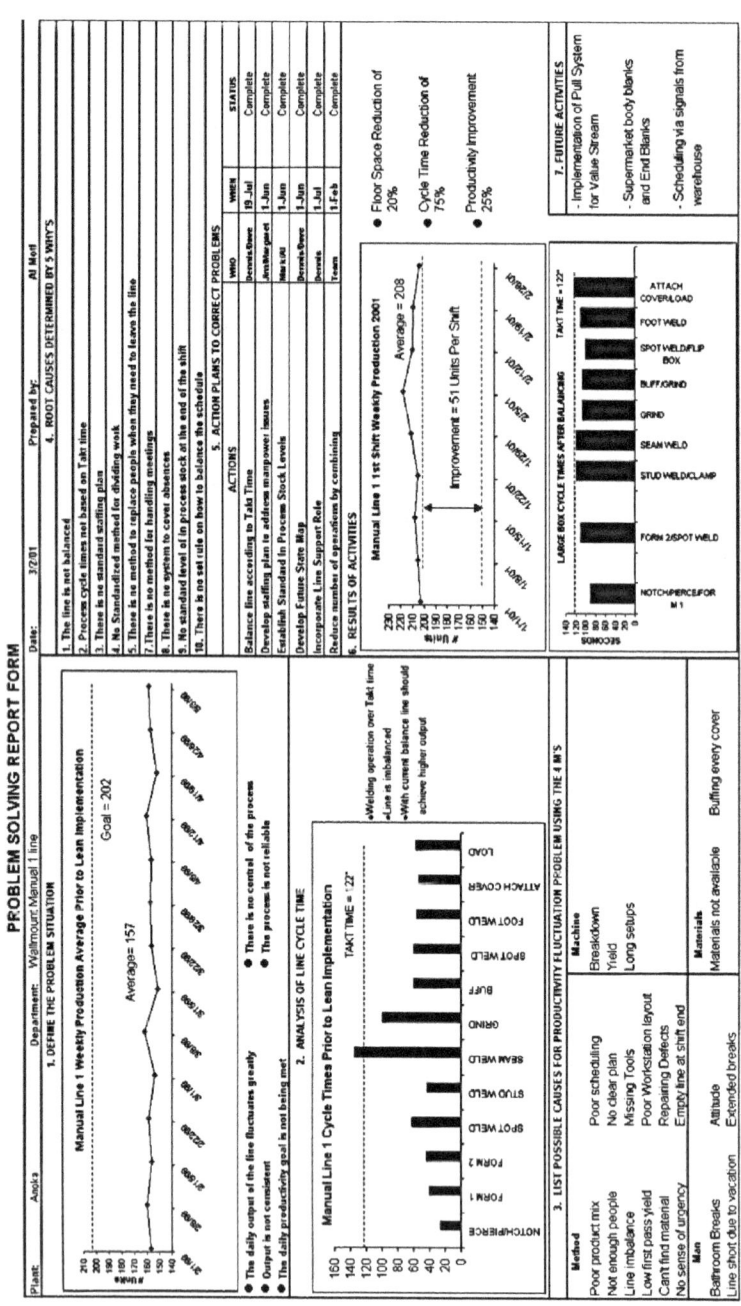

来源：大卫·迈尔

图2-32 A3解决问题故事——一个生产方面的故事

实用指南   **71** | 页

我们消除了大量的浪费，这个流程需要的人员越来越少，后面还有一系列后续活动，这是一个很棒的解决问题 A3。相对于比较缺乏常规性的工程设计流程，具有重复性的生产制造流程更容易被精确地测量。

你可能会注意到一件事是，这个特殊的 A3 是在电脑上完成的，它是在微软的 PPT (Power Point) 上做的，你可能听说过你应该使用纸和铅笔。为什么要用铅笔？因为这样，你可以随时删改，这是一个逐步展开的故事，而你实际上在写一个亲身经历的故事，在早期阶段这个 A3 是由纸和铅笔来完成的，为了共享它，他们决定把它放在 PPT 上。如果你注意到丰田的 A3 报告，往往采用 PPT 或 Excel™格式。但开始的时候他们都是先把东西写在纸上，可能有人会用笔将一些内容作删改，但整个故事是鲜活的，逐格逐格地展开的，也可以先在墙上勾画一个放大的版本，后来再将它缩小到 A3 大小。

综上所述，我们首先要定义要解决的问题，例如数据显示我们生产量不足，在这种情况下，我们很明显要做一些事情。而在其他情况下，这可能是一个通过新技术来提高工作效率的建议，你需要获得许可继续向前，进行分析和检查供应商，人们会对最前面的空格提出挑战：现在这个问题是不是一个真正的问题？这是一个需要 IT 支持的问题吗？到底是什么问题？如果这个问题是你希望提高生产效率，那么你陈述问题时要导出各种不同的提高生产效率的方式，而不仅仅是 IT。如果你的每一个空格都被人们仔细地推敲，这会是一个好的流程，如果你坐在电脑前面或者在家里用铅笔和纸把整个 A3 创建出来，你就不是真正地对这个故事身体力行，你不是真正地在解决问题，你只是在写报告而已。

A3 报告范例：为丰田技术中心的工作人员创建一个采购卡

图 2-33 描述了一个生产制造范畴以外关于采购工作的范例，这是一个真实的报告，它还被丰田技术中心采纳为培训材料，这个项目试图让丰田的雇员获准使用公司的信用卡购买 500 美元以内的物品。你可以想象一下当推出新车型时可能需要采购价值几百万美元的主要设备，而平时每个员工可能需要的订书机价值才几美元，但两者的采购流程是一样的。

尽管这看起来似乎不合理，但当时丰田的领导们希望非常严格地控制成本。他们小心翼翼地遵循预算，除非有很好的理由才能偏离预算，他们希望得到一个以定义问题作为起始的深思熟虑的计划。这个 A3 的问题描述运用了一个图表来显示大部分的采购要求的额度是非常小的，然而这些小额采购却占用了大部分的时间，员工的宝贵时间被这些采购要求占用了，这是一种浪费。如果需要一个订书机，你应该直接去外面买一个。他们斟酌着该怎样去实现更有效的小额采购，最终他们找到了一个具体方法来推动信用卡支付—特定的控制机制让你不能使用这个信用卡在外面吃饭或者逛酒吧。然后，他们建立了一个实施的时间表，并成功地推行了这种采购卡，大家都乐意接受它，它同时满足了预算监控者，经理人和员工的需求。

Purchasing Card Implementation

CURRENT SITUATION

Processing costs (labor and material)

	PO	Invoice
Purchasing dept.	$37	—
Finance dept.	$39	$27
Technical dept.	$27	$27
Total	$103	$54

2005 volumes

	≤$250	≤$500	≤$1,000
# Purchases	813	1200	1525
# Invoices	2316	2740	3026
Time req'd (hrs.)	5525	7148	8489

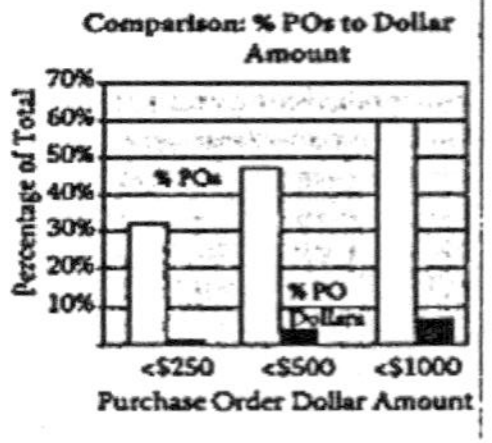

- Company anticipates growth through the next 5–10 years; administrative overhead will also increase without efficiency gains.
- Current paper-based system for processing purchase orders (POs) does not take advantage of new financial technologies.
- Emergency and spot transactions are currently burdensome and time consuming.
- All purchases are treated the same, regardless of dollar amount.

PROPOSAL

Implement use of purchasing credit cards for purchases =<$500 to incur the following savings, and increases in efficiency:
- Labor hours saved, Tech groups, Purchasing, APD
- Labor and Material Cost savings
- Reduced P.O., RFP, Expense Reports, Invoice paperwork
- Customer Service to T/A's through reduction of time spent on paperwork.
- Ease of performing spot transactions, Test Trips, Emergency transactions, Etc.
- Helps to maintain existing ADM & APD headcount while TTC grows over 5-10 yrs.
- Reallocated time used on higher ticket buys, priority projects, Etc.

LABOR COST & TIME ANALYSIS

	PO	Invoice
Labor and material cost savings		
Current cost per transaction	$103	$54
Est. purchasing card costs	$20	$20
Savings per transaction	$83	$34
Potential annual cost savings	$99,600	$93,160
Time savings (hours)		
Current PO system	3,300	3,900
Est. purchasing card	650	1500
Potential annual time savings*	2,650	2,350

* Approx. 1/3 of time savings is to Tech Groups

PLAN

- Dept. manager determines which associates are issued cards for specific dept. purchases.
- Purchasing is issued cards.
- Acceptable business-related purchases using card:

Small tools	Seminars	Photo processing and film
Auto supplies	Office supplies	Postage
Minor equipment repairs	Printer services	Copy services
Electrical supplies	Safety supplies	Building maint. supplies
Catering	Florists	Coffee services
Hardware	Signage	

- Unacceptable uses of card (blocked):

Personal user	Cash advance	Travel & entertainment
Computer hardware	Capital purchases	Indep. contract services
Jewelry, furriers		

- All card users required to sign a purchasing card agreement stating that all use of the card will be for business purposes and within the procedures set forth.

IMPLEMENTATION

1. Card user obtains approval from dept. manager for each purchase.
2. Card user contacts vendor, places orders, and provides vendor with appropriate information.
3. Goods shipped as specified and labeled "Purchasing Card"– cardholder name.
4. Goods received per standard receiving procedure with the following exception: packing list and receipt is forwarded to card user.
5. All packing lists and receipts are retained by requestors and matched against monthly statement.
6. Card user reviews statement, attaches appropriate packing lists and receipts, records JRM #'s, signs and forwards to dept. manager.
7. Dept. manager reviews statement for accuracy and initials and dates statement.
8. Dept. manager forwards to finance dept. Finance audits statement and supporting documents for compliance, sales tax, 1099.
9. Finance dept. pays from master invoice received directly from the purchasing card bank.

CONTROLS

- Monthly dollar limits per card
- $500 single transaction limit
- Limited number of transactions per card per day
- Merchant category blocking (i.e., cash advances, jewelry stores, appliances, etc.)

TIMELINE

9/3/2006	9/4-9/20	9/16-11/15	11/18-3/31	11/18-3/31	4/1-4/15	4/16-4/18	4/21-5/30	6/2/2007
Present at ch mtg.	Policy guidelines, issuer selection, supplier enrollment	Training for Pilot: facilities, purch/fin, management	Pilot Program	Concurrently revise policy and procedures	Audit, analyze 3 mo.Pilot	Report audit results	Training: company-wide	Company-wide implementation

来源：丰田技术中心

图 2-33　A3 解决问题故事—采购卡的施行

A3 解决问题故事：减少手部工伤

另一个 A3 故事涉及一个安全问题，探讨如何降低手部工伤（参见图 2-34），这又是一个生产制造方面的范例。

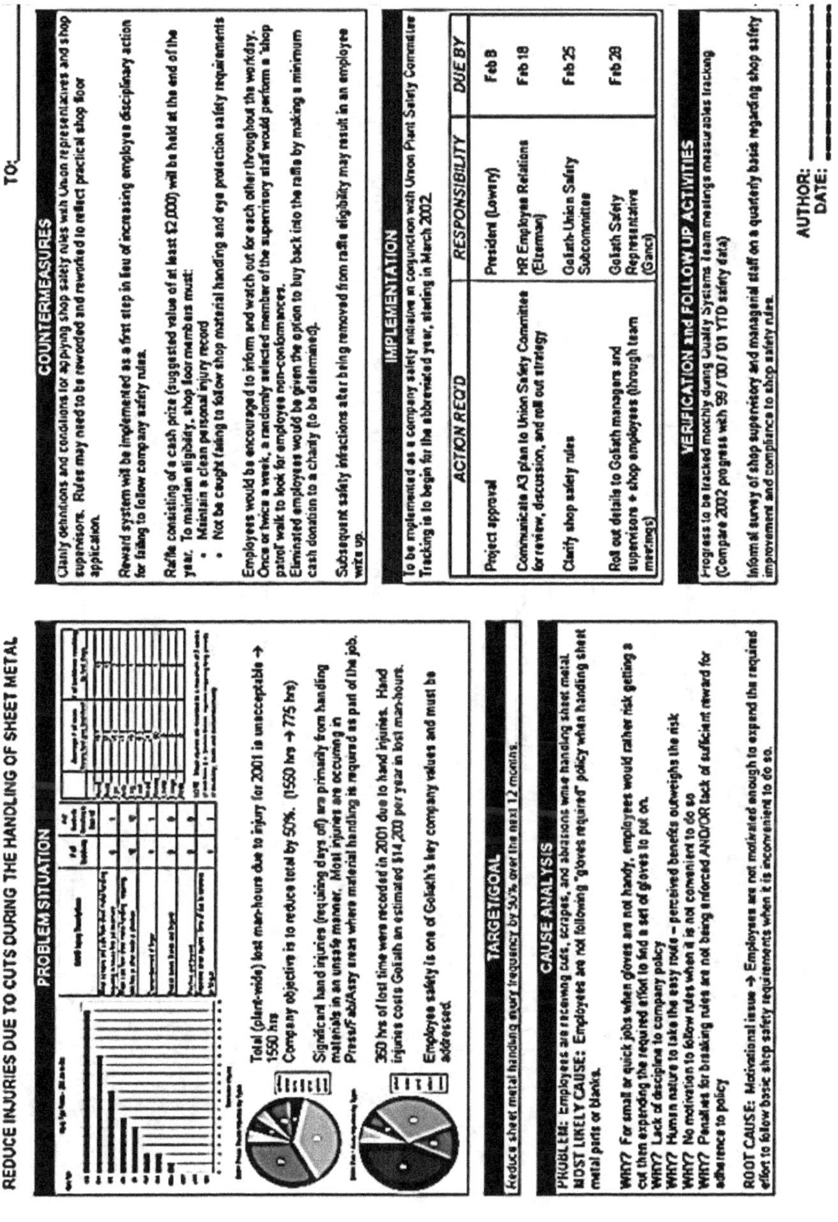

图 2-34 A3 解决问题故事——又一个生产制造方面的故事

这个工厂生产钢板冲压件,以前车间里总是会发生很多手部工伤—主要当人们在处理锋利的钢板的时候发生的割伤,他们把这类问题记录下来,然后通过一个图表来展示因为工伤而损失掉的生产时间(参见图 2-35)。

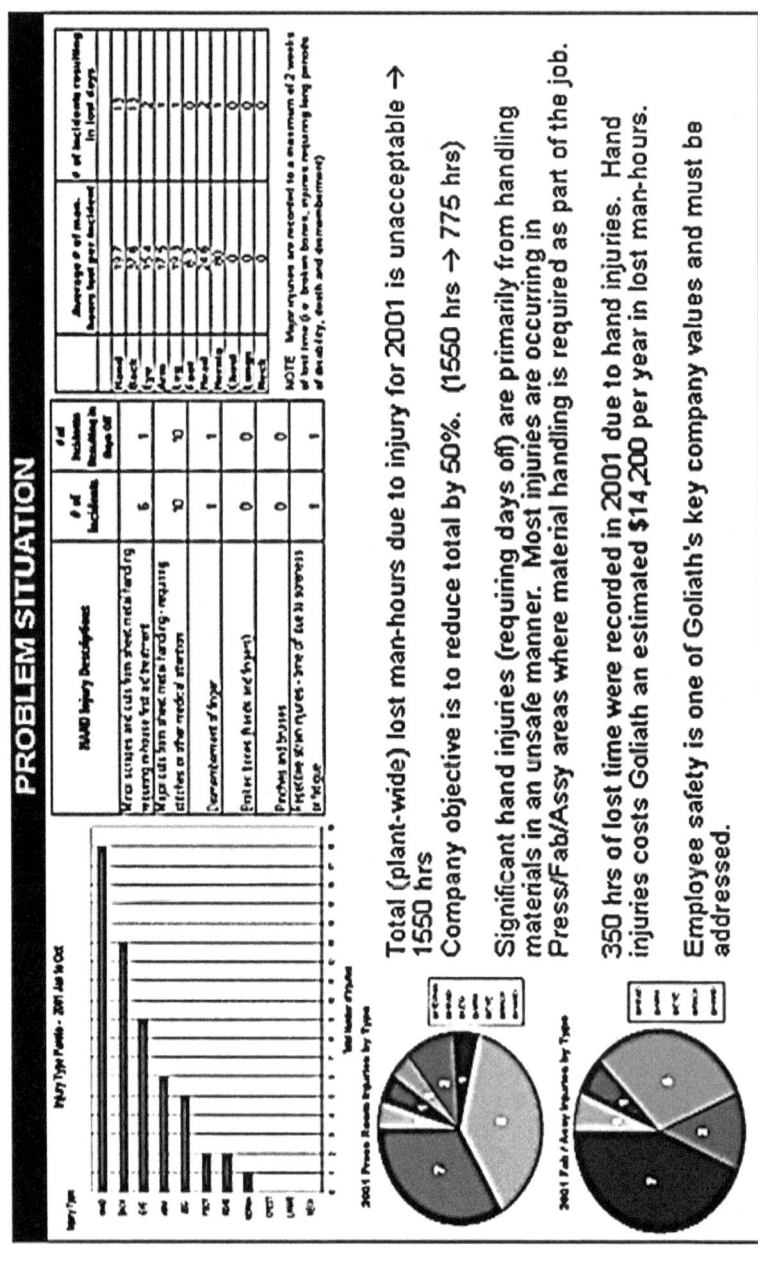

图 2-35 关于降低手部工伤的报告—问题情境

然后他们定下目标，那就是在未来 12 个月里将手部工伤的频率降低 90%，这是一个雄心勃勃的目标（参见图 2-36）。

> **目标**
> 在接下来的12个月内将处理金属板的受伤频率降低90%。
>
> **原因分析**
> 问题：在处理钣金时，员工被割伤，刮伤和擦伤。
> 最可能原因：处理钣金零件或毛坯时，员工没有遵守"要带手套"的政策。
> 为什么？对于小的快速工作，当不方便找到手套，员工宁愿冒被割伤的风险而不花时间找手套戴上。
> 为什么？缺乏遵守公司政策
> 为什么？人的本性冒险采取捷径
> 为什么？当不方便做时没有动机遵守规则
> 为什么？违反规则不被惩罚或缺乏对遵守政策的充分奖励
>
> 根本原因：激励员工不够，因为不方便员工不愿努力遵守车间基本安全要求。

图 2-36 手部工伤的项目目标和原因分析

当他们进行五个为什么的分析时，他们发现最后的一个为什么的答案乃是员工们的动机，我们常说最后的一个为什么的答案不应该是谁——责怪某人——但是在这个情况下他们实际上并没有怪罪员工，说他们懒惰，他们指出系统没有内建和强化奖惩机制来让员工遵守他们早已知晓的基本安全法则和最佳实践。他们需要让员工明白到底哪里出了问题，他们应该怎么做和为什么要这么做，这些都记录在对应措施中（参见图 2-37）。对策中还包含了激励条款，在这个范例中，他们建议引入现金奖，并制定了实施计划，到这里他们还没有走到实施那一步。

> **对策**
> 与工会代表和车间主管一起澄清应用车间安全规则的定义和条件。规则可能需要重新编写和重做，以反映实际在车间现场的应用。
>
> 第一步将实施奖励制度，对不遵守公司安全规则员工增加纪律处分。
>
> 抽奖包括现金奖励（建议奖金至少$2,000）将在年底举行。为了保持资格，车间会员必须：
> • 保持无人身受伤记录
> • 没有不遵循车间物料处理和眼睛保护安全要求
>
> 鼓励员工在工作日内互相关照并及时通知彼此。
> 每周一次或两次，随机选择的主管人员将执行"车间巡逻"，查找不遵守安全的员工。
> 取消员工可以通过向慈善机构（待定）提供最低现金捐赠来殊回抽奖的机会。
>
> 在被取消抽奖资格后，随后的再次安全违规可能导致员工记录。

图 2-37 手部工伤的对应措施

在这个例子中我们看到了一个介于提案故事和解决问题故事之间的综合 A3 故事，它提出了对应措施，但还没有走到实施这一步。这是一个带有建议的计划，在这个基础上他们可能要用一个状态故事来展示逐步接近 90%的目标的实施过程的情况（参见图 2-38）。从某种意义上说，这个报告是不完整的，为了完成它，他们必须实验各种对策措施，报告在检查和调整阶段获取的结果和经验教训。之前找出的原因也许可能是不正确的，他们提出的对策措施也许能让他们达成目标，也许不能。

实施		
与工会安全委员会联合实施公司安全举措，跟踪从2002年3月简短年度开始		
需要采取的行动	责任	提交日
项目审批	总经理(露瑞)	2月8日
与工会安全委员会沟通A3计划，审查，讨论和推出战略	人力资源公关部(伊里曼)	2月18日
澄清车间安全规则	权威-工会安全委员会	2月25日
向权威经理，主管及员工（通过团队会议）提供详细信息	权威安全代表(甘斯)	2月28日

验证和跟进活动
在每月质量体系团队会议期间跟踪可衡量的进度 （把2002年初到现在的进展与'99 /'00 /'01 安全数据比较）
关于车间安全改进和遵守车间安全规则，对车间监督和管理人员每季度进行一次非正式调查。

图 2-38 手部工伤对应措施的实施，验证和跟进

这是一个很好的机会探讨有关四处进行宣传的想法。在这个范例里，宣传的范围是一个工厂，我碰巧获悉这个故事，因为它发生在底特律地区。这里的文化是，当员工干了一些正面的事情，达到了管理层的要求时，他们会希望获得一些金钱奖励，金钱就是动机。在丰田的工厂里，他们通常会尽量避免发钱奖励，他们会给拥有良好安全记录的部门颁发白金，金，银奖，会买来礼物让你可以选择。他们尽量避免发展出一种"尽管我知道这是对我自己的安全有益的事情，但除非我能够得到金钱奖励，否则我什么都不会干"的文化。在这个特别的底特律地区文化中，他们设计了一种抽奖机制，并不是每一次员工们在安全方面作出改善就能获得金钱奖励，但是他们能参与到抽奖中，一旦中奖他们就能获得较大额度的奖励，这种做法符合他们这里的文化。这个范例在底特律地区行之有效，但这并不意味着别的拥有不同文化的公司应该复制他们的解决方法。

改善套路，另一种方法

我们在不同的章节都有提及迈克·罗瑟的《丰田套路》，套路（Kata）这个术语通常用在武术中，代表一种常规或习惯。我们想帮助人们培养出良好的包含完整 PDCA 循环的改善习惯。由于改善套路在《丰田套路》这本书以及迈克正在编辑的一本手册中有详细的描述，在此我们就不对这种系统的追逐目标的方式进行深入描述了，通过以下这个链接你可以直接找到这本手册。
(http://www-personal.umich.edu/~mrother/Homepage.html).

我们想对改善套路和本章所讨论的 A3 方法的一些主要的不同之处进行总结，事实上，我们一组人制作了一个幻灯片来展示这个议题。
(http://www.slideshare.net/mike734/a3-and-the-improvement-kata).

改善套路的出发点是我们承认系统中有太多的问题可能会削弱我们本已有限的时间和精力，追寻问题本身就是一个失败者的战斗（见图 2-39）。

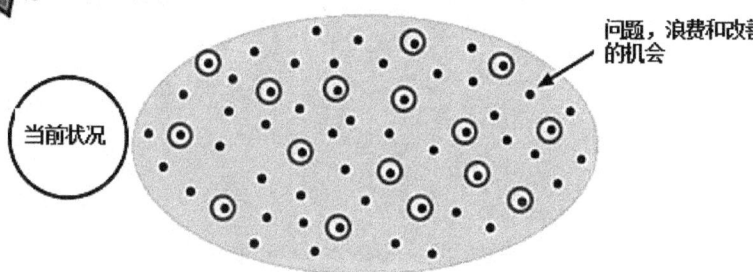

资料来源：迈克·罗瑟

图 2-39 搜寻浪费和被动地对问题作反应其实是败局已定

当我们认真学习丰田教练教导的内容和方式时，会发现他们总是运用挑战来指引改善工作的方向（参见图 2-40），然后他们指导学生运用具有明确目标的 PDCA 来试验新事物。请注意这时他们有意忽略许多浪费以便把注意力聚焦于达到目标，这就像给马带上遮住眼睛两侧的眼罩好让它行走时不分散注意力。要注意的是，我们并不知道如何才能达到目标，不确定性是不可避免的，我们必须摸着石头过河以达成目标，通过实验进行专注摸索会让你达到下一个目标状态，进而能让你赢得期望的挑战。

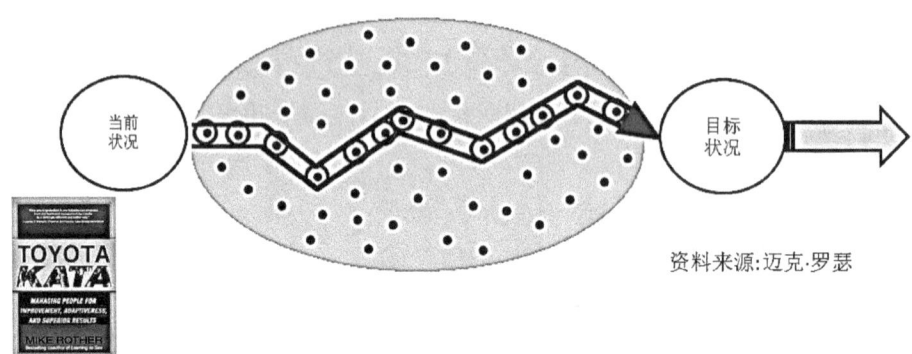

图 2-40 改善套路是一个专注的通向明确目标状况的实践

实用指南

尽管与丰田业务实操有明显的重合，改善套路的四个步骤还是相对简单的（参见图 2-41）。我们从挑战开始，这个挑战通常具有一到三年的期限并且可以被度量，它必须支持商务战略。我们将挑战分解成具体的流程特征（称为目标状态），我们要确信这些目标状态（通常拥有二到六周的期限）能带我们向挑战进发。目标状态就是我们希望能得到的过程形态，我们相信目标状态的达成能够推进输出指标。这样，我们建立了一个假设，如果我们以这种方式工作或流程如此这般地运行，最后我们将看到结果指标的改善。

这个过程中具有争议的一点是选择了"障碍物（Obstacle）"这个词来代替"根本原因分析"。迈克观察到很多组织都在勉为其难地寻找根本原因，浪费了本来可以在现场做试验来验证假设的宝贵时间。因此，他建议通过确认障碍物来赢得短期目标状态，然后测试我们自己认为可以克服每一个障碍的对策，这种实验会揭示出根本原因。

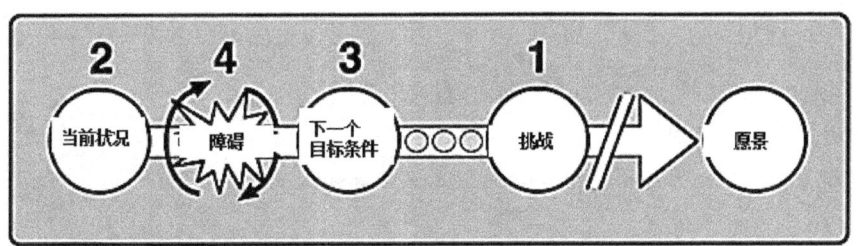

图 2-41 改善套路的四个步骤

丰田套路将领导改善项目的学员和指导学员的教练作出区分，学员运用故事板来记录流程的四个步骤（参见图 2-42），领导项目的学员在教练的指导下应用改善套路以一种标准的方式在故事板上记录下实时发生的情况。

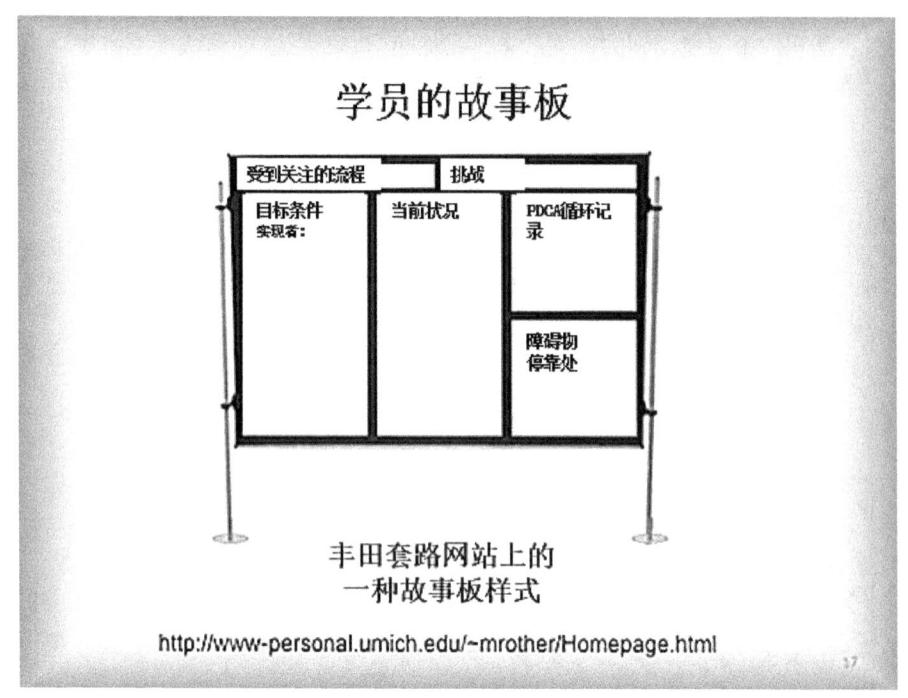

图 2-42 指导学员运用改善套路的故事板

有些坚持运用 A3 故事的组织在将改善套路整合到 A3 的过程中会遇到困难，但这种整合是可行的，我们可以把 A3 想象成学员故事板所产生的更详细的实时信息快照汇总（参见图2-43）。A3 中的检查和调整步骤可以被看成项目的关键里程碑，以反映到底发生了什么和我们下一步该怎么走。

丰田套路并非企图取代丰田模式的理念，而是建立一种将意图转化为实际行动的切实可行的方法论，它将改善过程分解成更小的步骤以便于潜心练习，就像学习其他任何复杂的技能一样。作为小提琴的初学者你不会用莫扎特协奏曲来做入门练习，你或许应该从学习如何使用弓弦开始，你该拥有一位老师指导你练习正确的技术，你要定期上课和每天练习以发展出规范的乐器演奏动作和练习方式，让自己变得更好。当你掌握了基础知识后，你无需继续专注于基本套路的练习，你可以将注意力放在更高层次的技能上，例如解谱。直接跳进丰田业务实操和更高级别的 A3 中对于一个没有在成熟的改善文化（例如丰田文化）中成长，没有每天接受指导的初学者来说太高深了。无论如何，PDCA 的理念，将重大挑战分解成较少的步骤，每天完成一些事情，从教练那里获得指导，通过战胜严峻的挑战增强学习能力都是丰田套路和丰田模式的共同之处。

实用指南

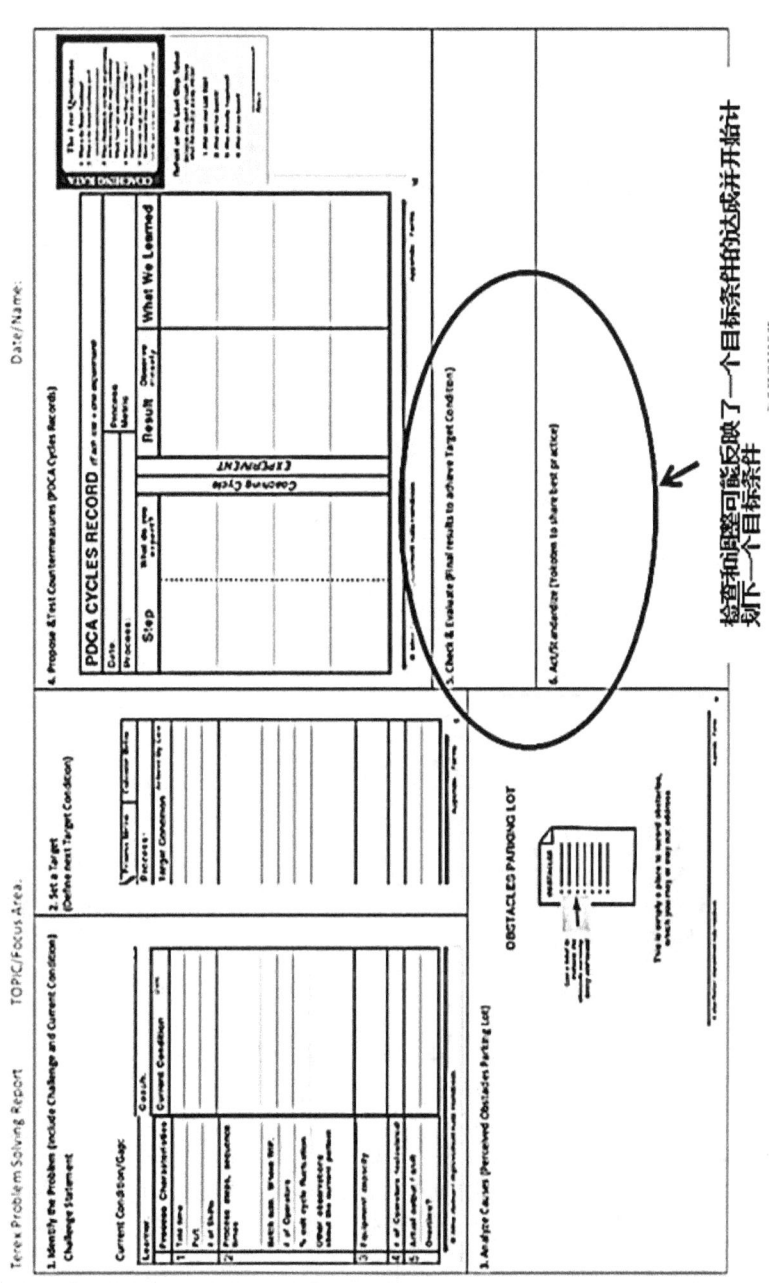

来源：詹妮·斯诺-博斯科洛（Jenny Snow-Boscolo）提供的例子
图 2-43 A3 和改善套路可以融合在一起

精益领导者要努力持续改进

综上所述，持续改进是指改进是连续的，它不是你实施的一次性解决方案，当《丰田模式现场手册》的共同作者大卫·迈尔和我即将完成那本书的时候，他给我发了这个图片（参见图 2-44），他说："杰夫，我们必须在书中找个地方放上这张图，因为这就是我当初从丰田教练那儿学习到的持续改善的表达方式。"

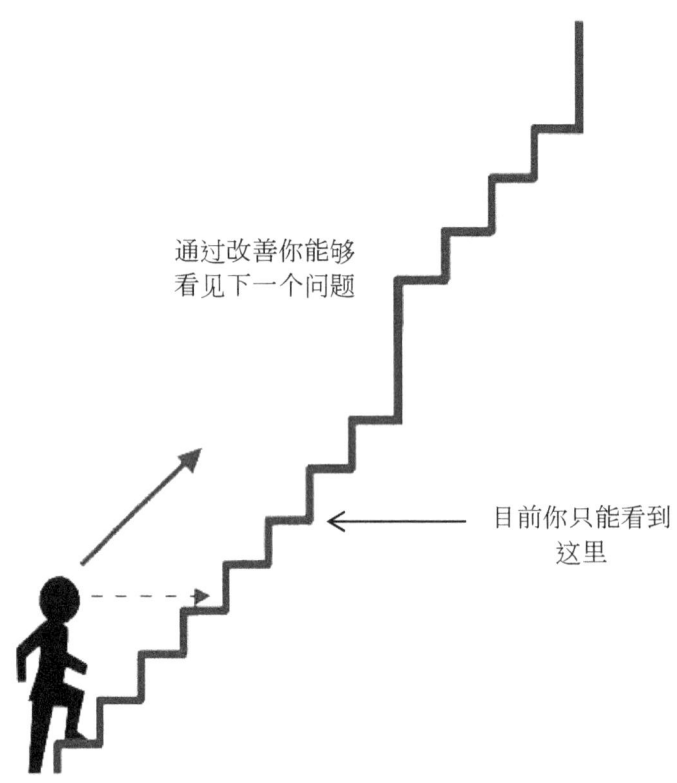

来源：《丰田模式现场手册》
图 2-44 每日登高

作为一名车间主管，大卫那时正在注塑部门忙于执行救火任务，找不到时间来进行改善。他的教练把他叫到一块白板前面，教练在白板上画了一段楼梯和一个人的示意图，然后对大卫说："现在你在这儿，你只能看到这么近的未来，你需要每天进行改善，当你这样做的时候，你开始一步步的走上楼梯，每前进一步你将拥有更广阔的视野，你将可以看到更多的，在楼梯下面看不到的问题。每一天我们向上走一点，日积月累我们就可以走到很高的地方了。"他向大卫强调的是不要坐等最完美的解决方案，也不要在今天的问题解决掉后无所事事地混时间。除非你花时间走出第一步，否则你不可能看得到下一步。

这里涉及到了一个解决问题的理念，这就是我需要知道我要前进的方向，我需要一个正北，我需要拥有一个明确的目标，而且我必须从容地接受自己目前还不知道怎样才能达到这个目标。我没有地图，我必须自己找方向，我找方向的方式就是每次向前走一步，第一步始于今天。

这会给你一种不确定的感觉，很多人会为此感到不舒服，他们希望能获得一份计划，他们希望在启程之前就知道这是切实可行的，然而真正具有创造性的解决问题是无法事先确定的。你永远不知道你的方案能否奏效，能否持续，所以你需要驱动力和奉献精神，所以你需要持续改进而不是干一次然后就离开的一次性改进。迈克•罗瑟的《丰田套路》提供了如何学会自然地遵循 PDCA，定义挑战，将挑战分解成可管理的片段，然后每天向前迈进一步的实践范例。

这就是精益的精髓，不幸的是我们总是将精益的精髓理解成复制我们在丰田工厂里看到的精益方法，而那些方法只是他们面对他们当前问题的相应对策，并且他们知道这些对策是会改变的。对你来说你需要解决的问题是什么呢？问题无处不在，多得成千上万，你必须优先选择你要应对的问题，确定有意义的目标，获取共识，组织一个团队，负起领导改善活动的责任，走出一步，然后反省，然后再走出下一步。PDCA，PDCA，PDCA——这就是精益的精髓所在。

大卫从他的教练那里得到的最强大的鼓励是："大卫先生，尽你的所能去做一些新尝试，我会支持你的。"

第三章

标准，标准化作业和可视化管理

标准化作业和可视化管理

在这一章里我们会探讨我最喜欢的同时也是一个非常具有争议性的话题，这就是标准化和标准化作业在精益中担当的角色。首先，我们会审视标准（Standard）和标准化作业（Standardized Work）的基本原则和好处，我们想了解它们如何在生产流程以及服务流程中获得应用。服务流程可以是常规的，例如，呼叫中心，也可以是非常规的，例如，现场销售电话。我们将会论证精益领导者必须对开发、检查和提高标准和标准化作业负责。然后，我们会把可视化管理定义成让领导者和团队成员轻而易举地看到实际状况与标准之间的差距的关键工具，看清差距乃是持续改善的关键。

标准和持续改善的理念

丰田模式或者精益的内容是从很多不同的地方汇总起来的，日本人是出了名的拿来主义者，丰田对拿来主义感到非常骄傲，但他们并非简单地复制，而是从根本上去理解原则，然后非常细心地分析这个原则或方法是否与他们正在建立的体系——丰田生产方式相匹配。

对丰田来说亨利•福特是一位重要的老师，他们从他那儿借鉴了很多东西。不幸的是，在过去几十年中福特汽车公司并没有从亨利•福特那里借鉴多少。亨利•福特的一个关于标准化的明智见解是，不真正理解和应用标准化会导致官僚主义和繁文缛节，最终没人会遵守它们，如果有人这样做了，那任何工作都无法完成。

亨利•福特写道："今天的标准化乃是明天改进的必要基础。" 这是非常深刻的见解，他认为标准化是持续改进的必要条件（但不是充分条件），没有标准化，持续改善不可能存在。他还说："如果你把标准化看成你今天所知的最优方式，而且明天它会被改进，那么我们就有了进步的空间，如果你把标准看成一种限制，那么前进的步伐就会停止。"

上面的话语均来自于他在1926年出版的《今天与明天》（Today and Tomorrow）。但是即使在今天，多数组织仍然将标准作为一种限制来使用。我们建立了官僚部门，里面的专家雇员的工作是制定规矩，更多的规矩，让别人来遵守，他们甚至从来不到现场亲自检查这些规矩是否被遵循，或者如果有人遵守了这些规矩是否会带来灾难性后果。黑带专家组成的部门成为了这些固化的标准的维护者，监视这些标准，常常在六西格玛，精益，或精益六西格玛项目中表现出官僚主义。

那为什么我们还需要标准化作业或者标准呢？俗话说"失败是成功之母"，指的是不断的练习是培养任何技能的方式，当练习足够多次并形成习惯时，我们根本不需要考虑该怎么做就能达成一致性，这就像每天早上我们都不需要去思考该怎样系鞋带。

当然，我们既可以培养出一贯的坏习惯也能培养出一贯的好习惯，而标准化作业就是培养一贯的好习惯。它包括方向的一致性，这样无论是谁来执行任务，他都能清楚地了解任务的目的；我们也希望获得一致的表现，无论是谁来执行任务都能高质量地为客户提供一致的产品或服务，一直让顾客感到满意。

亨利•福特也说过："我们最终的结论是，当我们有了一个标准，然后人们遵循这个标准，接下来我们要检查这个标准，我们发现有更好的方法，然后改变标准，这样我们就拥有了更好的，能引领我们走向持续改进的方式。"

正如我们在本书中不断强调的那样，尽管更好的主意可能出自于不同的地方，但是如果执行部门本身不负责过滤，记录和将更好的方法融入到工作标准中，那么一致性和持续改进就无从谈起了。

重复性任务或流程的标准化作业

如果你走进有一定精益经验的工厂（也许是你自己的工厂）里的时候，你经常会见到每一个工作站都有一个标准作业表（参见图 3-1），描述员工在此处应该完成工作的方式。这是一种很普遍的作业表，包含了完成这项特别的任务的一系列步骤，它还规定了完成工作或者完成增值任务所需的时间，走动所耗费的时间，在这里它是不增值的，是浪费。如果客户付钱让人帮他们遛狗，那么这种走动就是增值的，但是对于大多数工作而言，走动是浪费。

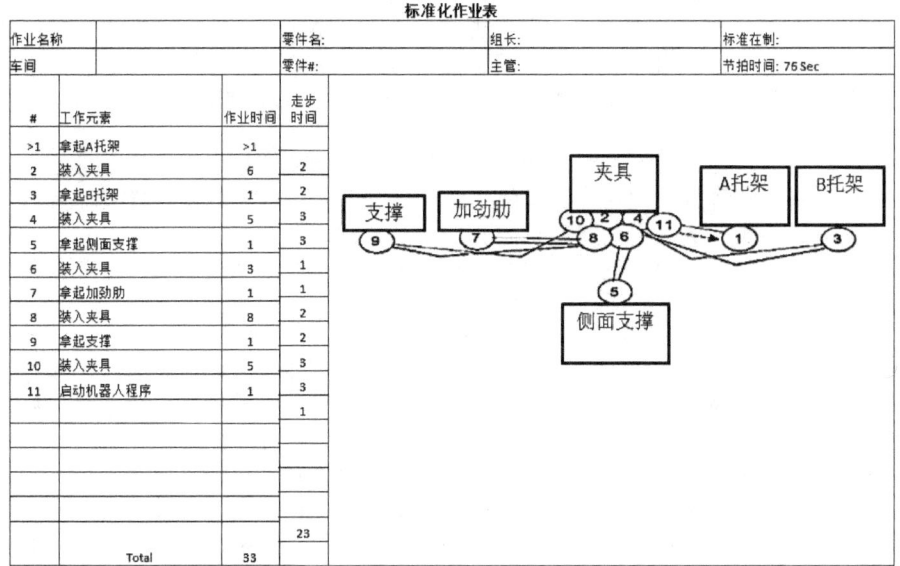

图 3-1 标准化作业表

这个表格的一部分描述了员工在当前的布局下该如何走动（参见图 3-2），这个图也被称为意大利面图（Spaghetti Diagram）。我们可以放大这个图，仔细观察一个人在一个工作循环中是怎么走动的，我们也可以运用意大利面图来观察一个文档是怎样在你的组织里流动的。我们可以画出一个员工在办公楼里的活动路线，例如，走向印刷机，走到某人的办公室，然后再回到自己的办公室，来观察他们的规律。对于任何活动轨迹，无论是人还是物，我们都可以用这种方式来跟踪。

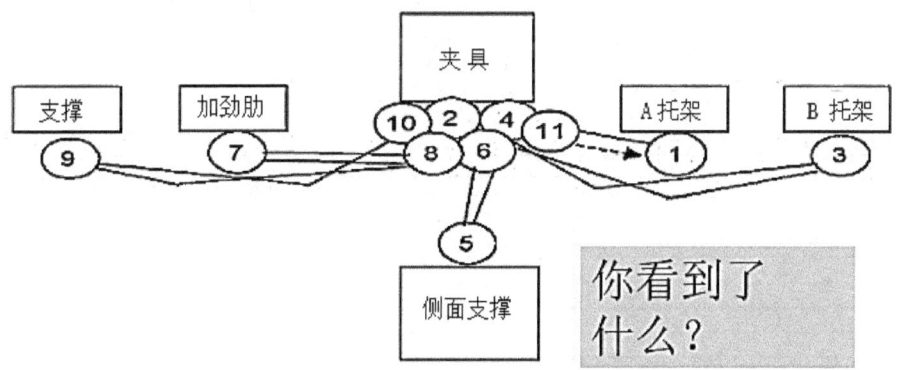

图 3-2 作业流程步骤

在这个例子中，我们看到操作工从一台机器走到另一台机器，经常回到中间那台机器，又走到另一台机器。你看到这些员工的很多动作都是浪费，当你观察他的走动路线时，你会问自己为什么他们总在机器间走来走去？有什么方法可以减少走动？这个图的目的是将浪费展现出来，然后我们就可以考虑改善的方案了。

这种针对重复性任务的标准化作业的一个特征是我们能信心满满地指定必须完成的步骤，完成这种标准化作业最好的方式是将任务按顺序排列，这样我们就能很好地估算每一个任务所需的时间了。我们将这些时间加起来就能得到工作和走动的总时间，然后我们要将这个总时间和客户需求做对比，算出我们需要多少人才能满足客户的需求。这很不错，但前提是任务必须拥有重复性。

还有一种文件（我将在第六章谈及工作组的时候作更深入的讨论）叫做工作分解或称为工作元素表（Work Element Sheet），我们将其中的这些步骤细分成更微观的子步骤。对每一个步骤，我们提问："我们该怎么样才能用已知的最好的方式来完成这一步呢？"例如，如果我们要去拿一件工具，我们该用左手还是右手呢？是否有一种特别的握持方式能让我们的手腕避免扭伤？这些技巧被编辑成操作工须知的关键点并在培训中使用，这些详细的步骤和关键点和之所以成为关键点的原因构成了对所谓的作业指导书（Job Instruction）的培训。《丰田文化》（Toyota Culture）对作业指导培训作了总结，而《丰田人才》(Toyota Talent) 则非常详尽地对它作了解释。

非周期性工作的标准化作业文件

当工作在一个周期里不具有重复的步骤，我们该怎么做呢？理所当然，很多办公室里的业务都是这种情况。我也许要将一叠纸装订起来，然后答复一个电话，再去收取邮件，每一项任务也许具有一定规律，但是我们要处理很多不同的任务，每一个都有自己独特的步骤，有些甚至连该如何完成的顺序都理不清楚，例如，我们在回电话的时候所说的话会因情景而异。

标准工作指南

部门	业务名称	改版日期 / 经办人
No.	主要步骤	关键点
1		
2		
3		
4		
5		

图 3-3 非周期性工作的标准化作业文件

图 3-3 展示了一个针对没有重复样式的非周期性工作的标准化作业文件，我们甚至无法制定这个标准化作业的顺序，但我们可以将每一步和它的关键点列出来，而不必太关注它们的顺序。如果你了解了各个关键点和步骤，你现在就可以教导

别人了。现在的标准是,我必须确保自己按指定的方式来完成所有这些步骤,顺序并不重要,但我得正确地完成所有这些步骤,或至少要检查完所有项目——就像飞行员起飞前的检查清单那样的作用。如果有一步是不适用的,我就把那个不适用的选项圈起来,关键点是提醒你需要注意的地方。例如,当你用订书机的时候,用你的左手固定住它的基座,然后右手用力往下压。

这是标准化作业的最低端形式,我们知道这些事情需要完成,而且我们也知道要完成每一步目前的最好方式。我们可以制定接电话的标准化作业文件,这个任务中的某些部分是重复而具有一定先后顺序的,例如接到客户来电时,我们要先介绍自己,然后让客户介绍一下他们的情况,并向他们提一些关键的问题。我们也许还可以在纸面上或者电脑里准备好一些信息来回答客户提出的常见问题,但我们不想过度地将客户可能提出的所有问题具体化。相反,我们只指定这种任务的重复部分,其它的列出常见的关键点。

两种官僚主义:强制性和启迪式

除了标准化作业以外,标准还拥有其他的形式。例如,一个需要进行机械加工的金属零件可能会有一个质量标准来规定钻孔的直径和正负 1 毫米公差;我们可能会对每一位销售人员定下每天至少要打 15 通促销电话的业务标准;另一个标准也许是本年度内每个季度采购部门的目标是要将采购成本降低 1%。

各种标准层出不穷,有的组织的主要职责就是创建标准,这就是我们所说的官僚主义的一部分。当我和一组人讨论时问他们:"请如实告诉我你对官僚主义的第一印象是什么?"他们会提到僵化,繁文缛节,自上而下,控制和浪费时间。

出于对丰田生产体系高企的员工敬业度的好奇,南加州大学(USC)的保罗•阿德勒(Paul Adler)教授曾经对目前业已关闭的丰田和通用汽车公司在加利福尼亚州合资的新联合汽车制造公司(NUMMI)进行了研究。他期待看到不带官僚主义的扁平化组织,然而却发现了相反的情况。他惊奇地发现每个事物都有一个标准,无论你走近任何一个操作工,走进办公室,或者工程设计部门,墙上到处都粘贴着各种标准。举例来说,标准可能是:这是一个合格的零件,这是这个零件可能损坏并成为瑕疵品的五种形式,它也可能是一个标准化作业表,标准还可能是对一台特定的机器的预防性维护的频率和步骤。

有人可能会认为:"这真是一群官僚,怎么还会有人在办公室里制定这些玩意儿。"然而,保罗发现车间里由组(线)长和主管领导的两级工作组制定了多数的标准,办公室的工作人员制定的标准则相对较少。主管是第一线的管理者,组长是计时工,但承担一定的领导角色。正如亨利•福特提及那样,他们和工程师们一道对标准进行改进。通常第一版的标准由工程师或者办公室工作人员制定,然后现场工作人员在主管的同意下拥有改变标准,以及测试这些改变是否真正地改进了流程的权利。

正如亨利·福特所说那样，保罗总结出官僚主义不一定总是局限的结论。官僚主义可以成为改善的基础，但前提是这些规则，标准和程序，能让人们更好地完成工作，改进他们的工作方式。问题在于我们经历了太多不好的官僚主义，我们称其为强制性（Coercive）官僚主义，包括了由一些不懂实务也不懂怎样激励现场作业人员的工作人员所制定的僵化的规则。在强制性官僚主义下，管理人员监督员工为的是指出员工的业绩不佳，他们在寻找犯错的人。如果你不遵循标准，那么这些维护标准的警察就会来威胁，甚至惩罚你，让你回到标准上。在强制性官僚主义下，每个人都被寄望完全遵循标准，偏差是要受到惩罚的。这种官僚主义的假设是，那些坐在办公室里制定规则的人比真正做事的人懂得更多。

启迪式（Enabling）官僚主义正好相反，它假设在这里工作的人和他们的直接领导最了解这里发生的情况。当偏离标准的状况出现时，他们会在现场确认问题和寻找根本原因。为什么会发生这种偏差？为什么他们没有按时完成任务？他们没有按时完成任务是因为他们花了太多时间，为什么他们要花那么多时间？因为他们没有得到很好的培训，为什么他们没有得到很好的培训？因为我们没有标准化作业来培训他们。

在强制性官僚主义中，专家们规划和监控标准，因此是他们在进行思考。在启迪式官僚主义中标准是每个人都看得见的，现场执行者是标准的拥有者，他们要负责思考如何改进标准。阿德勒说："强制性官僚主义把标准视为必须遵守、不能被挑战的指令，而你希望得到的也许正好相反，也许你希望人们能不断地挑战标准。"标准可以起到模板的作用，但是我们希望人们能质疑，挑战，思考和改进标准。

标准与持续改进

总而言之，一个标准，无论是特定的目标——例如，每天拨打电话的次数或客户满意度的百分比——还是标准工作表，是帮你定好了基线。然后，当我们能够经常达到标准的时候，我们应该建立一个新的更难的目标。我们的客户满意度达到了80％，现在，我们希望达到 95％的客户满意度，这是我们新的标准，现在门槛设置得更高了（参见图3-4）。

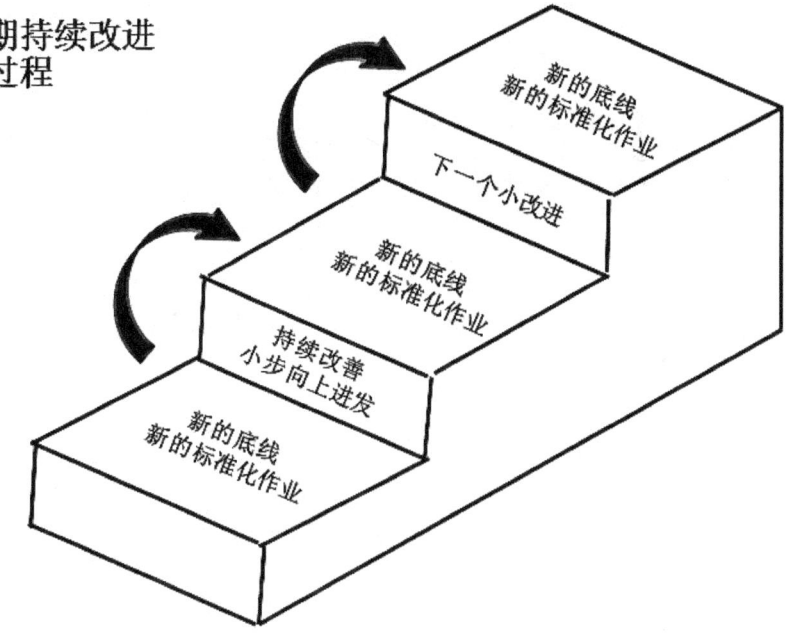

图 3-4 长期持续改进的过程

要达到新的标准我们必须进行改善，一般来说我们不建议从 80%直接跃进到 95%。我们可以首先完成较小的目标，例如从 80%到 81%。我们每走一步做一次检查，现在我们达到了 81%。我们学到了什么？我们该怎么干才能达到 82%？通过这些步骤我们迈向下一个目标，当这个目标达成时它就会变成新的基线，渐渐地我们向着最终目标 95%靠近。

这就是所谓的持续改进，每一个人在每一个地方每时每刻地将自己的当前状况和标准状况作比较，两者的差异为我们提供了前进的意愿，推动我们试验对策措施，检查它们是否有效，然后将可行的部分标准化，然后进入下一个试验，这是一个不断重复的 PDCA 循环。

一个在公司里时不时会看到的问题是他们要设立一个标准，例如，一位高层管理人员会告诉经理们："我们想要达到 95%，但是现在我们只有 80%。"这个目标公布出来后，经理们会告诉主管们："这是我们的目标，也就是你要完成的任务。"然后，他们转身就走了，留下工人们在苦苦挣扎，即使提高到 90%，他们还是不会感到满意，而工人们也会感到泄气，因为他们没能达到 95%。

在启迪式官僚主义里，我们需要积极的领导力。领导者事实上是和员工在一起的，他们对大家提出："我们得在年底之前达到 95%，我们不需要一步登天，我们现在甚至不需要去想 95%，我们只需先考虑第一步。我们第一步该干什么？让我们研究一下数据，搞清楚为什么会偏离标准，让我们挑选一个最严重的问题，搞清楚它为什么会发生，想出改进的办法，然后选择其中一个办法，试一试。"这就是改善套路的本质（参见第二章）。

他们是在领导系统地解决问题的流程，如果他们是有效的领导者，他们会让团队参与投入。团队总会产生一些好主意和另一些不太好的主意，然而，通过不断的试验，坚持不懈地向着目标进发，你会看到进展的。取得进展后，你要和大家一起庆祝它，也许某个礼拜进步很大，你可以安排一个派对，也可以给每个团队成员发小礼物。95%的最终目标一直在那里，整个团队都知道"我们还有很长的路要走"。你也可以给大家展示现在的状况和 95%之间的差距，我们已经完成了一半，而现在正好是年中。有时候我们可以用一个类似温度计那样的标识或者其它视觉标志来描述通向最终目标的进展状况。

通过提出正确的问题和激励团队，他们每次向前迈进一步，并开始取得稳步的进展，他们的尝试也可能遭遇失败，但是会同完成成功的尝试一样有用。你会问为什么会失败？就像爱迪生在发明电灯时所说的那样："我并没有失败，我只是发现了一万种行不通的方式。"这样的学习理念需要加以培育。

寻找差距

我们真正想表述的是标准为我们提供了一个比较点，我们可以将自己认为应该要发生的状况和真实发生的状况进行对比，两者间的差距有待消除。在很多情况下，员工完成工作的方式并无清晰定义，这就是为什么人们会用不同的方式来处理事情，而我们却看不到真正的改进。在个人层面上的改进或许是存在的，然而这些个人也许并不愿意分享他们的学识。

标准化作业成为了我们的工作理论——目前我们所知的要完成这些工作的最佳途径。我们其实不知道标准化作业是否就是最完美的或最好的方式，事实上我们坚信总是会有更好的方式。当偏离标准化作业的时候，我们可能是碰到了以下的问题，某人没有受过良好的培训，设备没有正常运转，或者为你提供资讯的人没有给你准确的信息，可能的原因有很多，我们可以一一消除它们。另外，偏离标准的方式也许就是一种更好的方式。无论是何种情况，我们获得的都是改进的机会，标准化作业实际上是让问题或差距浮现的基础，而问题或差距正是改善的基础。

培养人才

标准化作业是我们认为完成工作的最佳方式。再次强调，我们也许无法指定每个人可能会面临的状况，但我们知道每个人在特定工作上都应该遵守的一些基本要点，比如会计师处理应收款项所运用的正确方式。我们对此有一些思路，而这些思路构成了我们的理论，如果我们将理论记录下来，我们就拥有了培训员工的方法——按标准化作业在岗培训员工。理想的状况是每个人都遵循这套理论——标准化作业——这样我们就能搞清楚我们这样做的时候会发生什么问题。

这样我们就能在一起改进流程的同时，把自己塑造成更好的精益领导者。我们越来越善于察觉偏差，我们越来越善于改进标准化作业，我们不仅更善于解决问题，而且还将其他人培养得更好。除此之外，我们还拥有在公司中分享我们认为有用的信息的义务，但我们没有让其他工作部门的人员遵守我们定下的标准化作业的权力，因为我们制定的规则也许只适用于我们的情况，他们必须根据自己的状况来寻找合适的方式。然而，我们有义务至少分享我们认为的可能对对方有用的通用知识，或许，管理层会鼓励其他人做类似的工作，以检验我们的标准，然后再晤出自己的改进。

正北是我们的终极标准

在第一章中我们讨论过丰田模式乃是定义正北的一种方式，它赋予了丰田以正确的方式对待人和以正确的方式进行改善的价值观和标准。正北就是我们所希望前进的方向，我们可以判断自己是否已经踏上面向理想状态的正轨，尽管我们知道理想状态是不可能达到的。例如，我们可以将客服部正北的一方面定义为我们要100%地在客户端调查客户投诉，而不是坐在办公室里作猜测。我们必须确定真正的问题并寻找根本原因，只有这样我们才能真正解决问题。在理想情况下，问题不会出现反复，而完善的流程会带来完美结局，亦即100%的客户满意度。

再提一次，我们要努力实现这一理想，但我们无法在有生之年里 100%地调查顾客投诉，即使我们能够 100%地确认所有的客户投诉并调查其中的每一个，我们也可能无法为100%的案例找到根本原因，但这个理想可以鼓舞我们前进。

当你从确认客户投诉以及解决问题中吸取到经验教训的时候，你需要把它反映到新标准或者现存标准的修订版本中。如果你不建立标准，参与调查人员会在短期内解决问题，但是长期而言假如这个人调离了这个岗位，问题可能会再次冒出来。

精益的核心领导力模型

标准化作业和标准是精益领导力的一个组成部分，我们尝试通过与标准的对比（参见图 3-5）将工厂里的生产流程或者其他类型的流程可视化，这就是现地现物的精神。

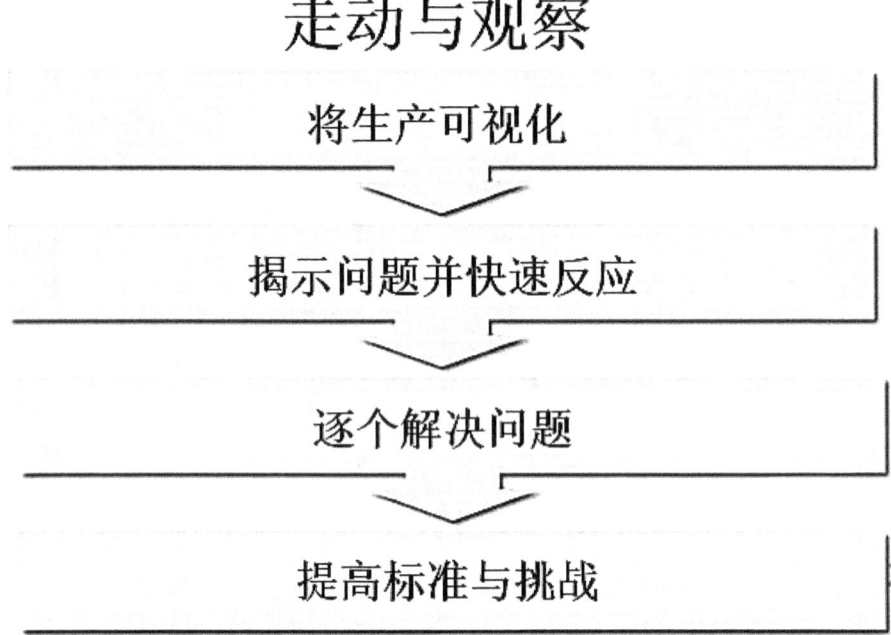

来源：迈克尔·巴勒

图 3-5 将实际情况与标准可视化以逐一解决问题

我们将现实状况和标准状况进行对比并可视化的理由是揭示问题并快速反应，如果我们可以迅速地找出标准和实际状况的差距，我们就可以逐一解决问题而不会让问题堆积起来。

举例来说，我们现在来看上月的所有数据，看看上个月到底发生了什么，包括各种各样的事情。我们大概知道这种问题出现过几次，但是我们并不知道每次这个问题发生时的具体状况。想象一下，这就像一个侦探在罪行发生后一个月才开始调查案件。而如果我们在每个问题发生的时候就解决它们，我们就能及时详细地了解实际情况—事实。到了月底我们已经解决了许多问题，我们或许能对本月进行反思，并问自己，到底哪个问题哪个对策措施需要和别人分享。

这样做将有助于我们在一个新的运营水平上实现一个更加一致的可重复的过程。我们的客户满意度曾经是 80%，这意味着有 20% 的时间客户并不高兴，我们已经实现了95%，这意味着你仍然有5%的客户感到不高兴，现在是时候建立一个新的标准了，也许是99%的客户满意度。

新标准要求再次执行PDCA循环，我们需要将我们的当前状况和标准之间的对比可视化，我们需要解决问题，我们需要获得更高层次上一致的稳定的表现，精益领导力模型将引领这一进程。因此，我们需要了解制定标准和将标准可视化，解决问题，将关键点传达给他人的所有要素，以便他们了解自己改进工作的关键点。在本章的第二部分，我们会更多地谈及可视化—我们如何真正将流程可视化，即使这个流程是不重复的，而且不像你在制造业所看到的物理流程那样。

关于标准我们学习到了什么？

回顾前面的叙述，我们从亨利·福特开始，介绍了他精准地观察到，标准就是我们今天所知的最佳方式，但它们并非一成不变，而是会在明天得到改进。我们不想创造机器人，我们希望创造会思考的人，并给予他们一个起点和一个能提供对比的基础。标准有很多种表现形式，它们可能是政策，准则或技术规范。

事实上，我们可以定义标准化作业的步骤以及每一步该发生的情景甚至每一步的时间，标准化作业本身就是关于我们完成一个或者一系列任务的最佳方式。对于重复的，常规的任务，我们可以非常详细地指定各个步骤，顺序，所需时间，以及关键点。对于非重复性任务，我们必须谨慎行事。在非重复性任务中也许有某些部分是高度规范的，我们可以为这些部分创建标准化作业表，对于不规范部分我们仍然可以确认必要的步骤和关键点，它们可以成为制作检查表的基础并在人员培训中运用。

标准可以定得非常固化，成为强制性官僚主义的一部分，它们也可以作为一种指引，灵活地运用，并由团队对其进行改进，我们称这种方式为启迪性官僚主义。强制性官僚主义是有害的，而启迪性官僚主义却是有益的，我们必须改变认为官僚主义总是坏的或者标准化总是好的的既定思想。

标准可能会变成没有意义的规矩，但并非一定要变成这样，那么什么是另一种可能性呢？无政府主义一定是好的，而官僚主义一定是不好的吗？保罗·阿德勒认为我们需要官僚主义，然而运用规则，标准和程序应该要有一定的方式，这样才能引发学习和持续改进。启迪性官僚主义非常依赖在现地现物中展现领导力来维系坚守标准的纪律并激发标准的改进，此外，这也意味着你不能让一个拥有太多人的团队向一名领导汇报。因此丰田引入了组长的角色，在第六章我们会对此进行详细讨论。

对于一个致力于改善他们的流程的团队来说，如果标准是可视的，这最有效—我们随时可以看到自己是否达标，本章的剩余部分将会探讨这一点。当不符合标准的状况出现时，这无需成为恐慌的理由，我们可以把它看作又一个缩小差距并改善流程的机会。

最后，你可以利用一套规程来让自己在领导的岗位上也能达到一定的标准化程度。作为领导你一定有一些常规事务需要处理，你不必让文山会海来占用你一整天的时间。你可以拥有一定的常规事务，需要关注的常务应该是你自然而然就会去做的事情，但不能是救火。

例如，我们知道你该到现场去查看员工的工作状况，标准是否被遵循，当偏差出现的时候，你要承担起教练的角色。但每天忙忙碌碌这会是容易忘记的事情，所以如果我们把现场查看和指导的部分标准化——这就是所谓的领导者标准作业——那么我们可以设定时间确保其落实，这乃是第六章中关于支持每日改善的一个话题。

总而言之，标准可以是带限制的，繁琐的，造成效率低下的并让工作变得不愉快，另一方面，标准也可以是有用的，能动的，而且能切实地增加工作的乐趣。现在我们在讲拥有规则和程序能让工作变得更愉快，这听起来有点奇怪。在本章的第二部分我们会讨论一个案例，这是一家叫门罗创新（Menlo Innovations）的软件开发公司，他们的使命是创造欢乐的世界和欢乐的工作岗位，他们通过大量的启迪性官僚主义——清晰可见的流程来定义需求和开发软件。

通过可视化管理看到差距：标准与实际对比

可视化管理建立在我们所提到的标准工作，标准，规范流程，目标，目标状态之上，通过将海报，文件，信息板，甚至是电脑显示器来让原本在办公室里毫无生气的信息展现出生机。工作场所到处都充满视觉信息，有的时候人们会停下来看看，然后他们再回到工作岗位上。

与可视化相比，可视化管理是你真正用它来帮助指导你的工作，它清晰的展示你现在应该做什么，你正在做的与你应该做的之间是否有差距。设想一下假如有个人站在一块工作分配牌前撕下一片带有电话号码的纸条放进口袋作为以后备用，然后就回去工作，那么这个过程跟他的工作绩效就没有任何关联。

图 3-6 交通灯

可视化管理是具有活力的，同时也是你的工作的一部分，交通灯就是一个很好的范例。交通灯（参见图 3-6）是我们每个人都学过的驾驶的一部分，当我们看到交通灯时，我们无需拿出一本手册来查看绿色，黄色和红色是什么意思，我们明确地知道自己该怎么做。无论有没有遵守规则，我们都知道红灯代表停车等待，绿灯代表可以通行，黄灯代表在变成红灯前赶快通过（开玩笑！），只需看一眼我们就知道该怎么做了。

有些设计精良的机器会通过带有绿色，黄色和红色的显示器来显示状态，你大概可以猜到趋向红色代表情况不好，当接近红色的交界线时代表机器在快要出问题的边缘运行——也许是润滑油不足，这样，你一眼就可以确定机器的状态。

我们也可以通过这种方式来定义目标，例如，绿色代表某个目标——这可以是销售，也可以是利润——而红色代表当前状况，你可以清楚地看到目前的状况是超越了目标还是落后于目标。

以上都是可视化管理的好例子，当你运用可视化来为你的工作设定进度，确定何时需要行动，并为改进设定目标的时候，它们就成为了可视化管理。作为一位精益领导者，你的工作就是要确保有效的视觉标识每天都会被使用，以帮助你设定工作的进度。它们还能帮助你了解工作是否高质量，是否受控制，是否按照客户的要求为他们在正确的时间提供正确数量的正确产品。

优良的可视化管理是非常简单实用的，当你看到视觉标识时一下子就能判断清楚你是否处于正常状态中。当然我们必须定义正常状态，它就是我们所说的标准，而不正常代表标准和现实之间有差距。如果我能看到这个差距，我就能采取行动，越早看到差距，就能越快地采取行动。

图 3-7 没有实施 5S 的办公区

看一看上图所示的办公区（参见图 3-7），什么是标准，什么是偏离标准？你可以一目了然吗？老实说，这并不是一个不好的办公环境，办公桌看起来是有序的，墙上的展示板上贴着各种颜色的便签，用来记录目前工作的状况。也许对于在此办公的人来说，情况是清楚的，但是公布板上却张贴了各种各样的信息，桌面上的东西也不少。勿容置疑，当领导走过这个办公区时，他很难判断什么符合标准，什么不符合标准。

图 3-8 实施了 5S 的办公位置

同样的一个办公区现在看上去怎么样（参见图 3-8）？经过一次 5S 活动后每样物品都有了属于自己的位置，各就各位。当我们说每样物品都拥有属于自己的位置，这代表我们拥有了标准。我们知道电话该放在哪里，我们知道文件夹该放在哪里，我们可以把一组文件夹设定为"进"，而另一组文件夹设定为"出"。我们甚至可以规定文件夹所占用的空间，这样我们就知道了是否接收到了太多的文件，令到工作超负荷，以致我们需要额外的帮助，我们可以运用一些视觉标志来设定在制品的库存上限。

迈克尔·巴勒在《精益经理》（Lean Manager）一书中提到："可视化管理让所有人，从操作工到首席执行官（CEO），能一起看到，一起了解，一起采取行动。"我们强调了"看到"，"了解"，和"采取行动"，然而反复出现的那个词却是"一起"。这就形成了一个合作的过程，其中的每一位团队成员和领导都清楚地了解什么符合标准，什么不符合标准——我们是领先于进度，还是落后于进度？——如果我们不符合标准，就需要确定行动的方向，行动的方向应该是从根源上解决问题，这样就直接和持续改善流程挂钩了。

一个非传统精益案例：门罗创新

当我们分解工作的时候，可视化管理最有用了——例如，一个办公室流程被分解成多个部分，然后可视化管理可以将工作变得流畅，即使是生产工厂以外的非重复性工作。门罗创新(Menlo Innovations)公司开发定制软件，这是知识工作，似乎不可能严格地确定进度，如首席执行官（CEO）理查德·谢里丹(Richard Sheridan)在《欢乐公司》(Joy Inc.)这本书中的描述。这是一个创造性的设计过程，而他们已经创造出一种运用协作和团队合作，使程序员——创建代码的人——知道他们是否比进度要求提前或落后一个小时，有时是两个小时，有时是三、四个小时。他们对每一项工作都进行了定义，这立刻会让你想到一个刻板的流程，我们开始想象软件开发人员变成了士气低落的时间奴隶。

公司的目标却完全相反，这个目标是让软件设计和开发变成一种所有团队成员和客户的愉悦体验，公司的使命明确地表达了这一点。为了赢得这种愉悦，公司领导们从根本上改变了软件设计的方式。

门罗创新就在我住的小镇——密歇根州安娜堡（Ann Arbor），这个公司创建于2001年，其使命是"把愉悦还给我们历史上最独特的奋斗，而这就是发明软件。"他们也宣称要争取"在全球范围内消灭人类所遭遇的涉及到技术的苦难。"你可以看到他们对软件开发的常规做法的评价是多么的可怕。

这家公司的首席执行官以及创办人之一——理查德·谢里丹谈到了他过去在别的软件公司的经验，当时他感到自己的热情和能量每天都在流失，他希望自己的公司——门罗创新能带给人们正面的体验，丰富他们的生活，培养他们积聚能量。

他的灵感来自于新泽西州门罗（Menlo）的爱迪生发明工厂（Edison Invention Factory），所以他为公司起了门罗创新这个名字。有一本书叫《极限编程》(Extreme Programming)，介绍的激进的软件开发方法宣言与许多精益原则不谋而合。他从这本书以及彼得·圣吉(Peter Serge)的《学习型组织》（Learning Organization）中学习到很多东西，特别是系统思考方面。系统思考让他能先纵观全局，然后再放大去看局部细节，并让在组织中的每个人一起学习。

在门罗创新，他们与客户共同学习。他们拥有大约40位员工和合同工，而且每年都在增长。他们非常挑剔地选择员工，甚至连接受客户订单也是如此。他们希望能聘请到适合企业文化，能与他人合作，并且为学习感到兴奋的员工，而客户则被要求深入参与开发的过程。

门罗公司的协作

让我们一起到门罗公司看一看,第一个情景呈现的是他们成长起来之前的创业场所里的一个工作场面(参见图3-9)。当你观察这样的工作环境时,你会看到什么?这像是你所期待的软件开发工厂吗?你看到的是孤立的个体还是团体协作?

图3-9 门罗公司的环境

当我走进一些软件开发场所的时候,通常看到的是在昏暗的隔间里单独的个体坐在电脑前面。你希望让他们单独安静地工作,不分散他们的注意力,他们专注地看着电脑,忙这忙那,只要一直忙碌着,看起来就是高产的。不同的人在开发软件的不同部分,然而这些部分也许可以一起运转,也许不行。理查德知道为什么协作是重要的,因为这不仅适用于软件开发环境里,更普遍适用于我们所生活的这个世界。知识,知识分享和比竞争对手学得更快变得越来越重要。

这里的协作看上去像是一团糟还是像结构化的团队合作?如果你不了解门罗公司所做的工作和他们的精益流程,你或许会认为他们的办公室看起来就是一团糟,到处都有人站着,两个人一起看着一个电脑屏幕。为什么需要两个人?为什么不是一个人?这会让人沉思,他们是在思考他们的程序,还是在思考他们家里遇到的什么问题?这看起来就像一个无序的环境,因为这里没有隔间,人们组成了小组一起工作。事实上你看到的是一对对的程序员集中注意力按照非常清晰的指令在创建代码，这些指令阐述了客户的需求，而软件代码的质量在开发期间不断地进行自我检测，理查德解释道：

"人们组成团队一起为共同的目标合作是目前我们这个行业的要求，我们不知道是否有比创建一个协作文化更好的方式来达成目标。你在这里看见的一切事物——空间安排的形式，组织个体的模式，团队组成的方式——所有关于我们工作的方式都是鼓励协作和有效的沟通。没有会议，没有电子邮件，没有状态报告，而是面对面的交流。我们称这种方式为高速语音技术。"

理查德谈及的是一种协作文化——他和他的合作伙伴们企图在门罗创新建立的一种文化。这里所说的企图指的是他们深入地思考自己的公司需要哪种文化，并且非常用心地发展这种文化。他们都经历过自己不想要的文化，而理查德早年曾经有机会以一家大规模的软件开发公司副总裁的身份来尝试改变企业的文化。凭着这些经验以及几个非常聪明的合作伙伴，他们开始开发他们自己关于愉悦的，协作工作经历的形象，让客户每次都能获得他们期望的结果。

门罗的整体流程

让我们从一个简化的门罗整体流程开始（参见图 3-10），然后我会谈及这个流程的每一步。这个流程从客户开始，正如每一个精益流程一样：客户想要什么？客户需要什么？他们想要的并不一定是他们需要的。亨利·福特曾经戏称："如果我问客户他们想要什么，他们会说想要一匹跑的更快的马。"门罗创新创立了一个新的岗位，叫做"技术人类学家"。

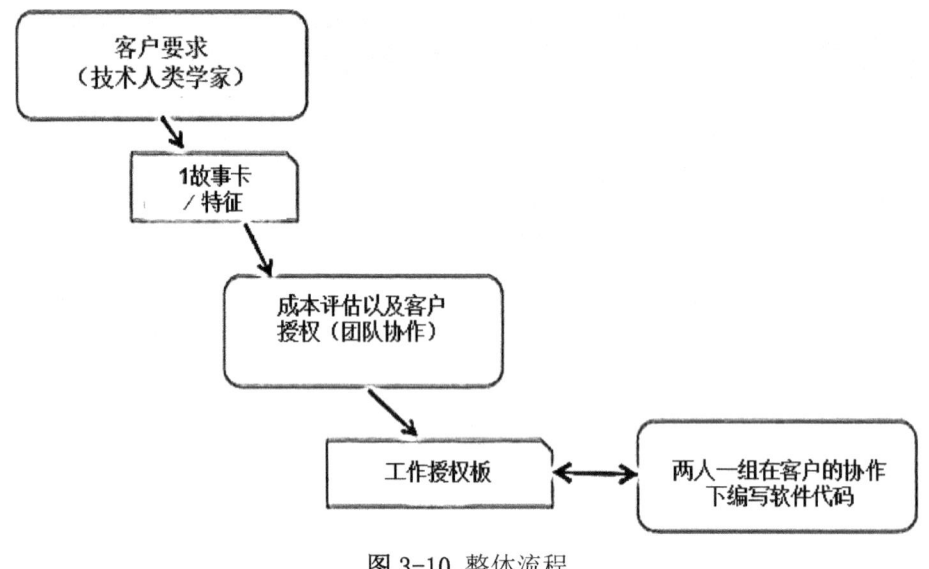

图 3-10 整体流程

技术人类学家紧贴着客户，就像"苍蝇附在墙上"一样。他们将自己所认知的客户在使用他们的软件时获得愉悦体验的需求定义出来，然后他们勾勒出合适的计算机屏幕界面以提供这种体验。在不同屏幕上展现的特性可以通过故事卡的形式来描述，他们使用真实的卡片，在每一卡片上将每一个特征通过一个词或者一幅图来描述，这些卡片会被转交到一组软件开发者和一位项目经理的手中，这个团队会一张张卡片地估算每一个特性需要多少时间来编程实现，这种估算不会精确到分钟，但是可以精确到 1 小时，2 小时，4 小时，8 小时，16 小时或者 32 小时。

客户需要理解什么

理查德是这样描述这些特性和估算时间的作用的：

"我们所做的就是所谓的通过折纸来进行项目管理。这是一张纸，这种特定尺寸的纸代表 16 个小时，如果我们把 16 小时对折一半，那么可以得到多少个小时？八；如果我将八小时对折，我会得到多少？四...如此这般...有人会问我们是怎样表示 32 小时的？我们用胶带将两张 16 小时卡贴在一张纸上，那就代表 32 小时了。

你可能会感到奇怪，为什么我们最多只有 32 小时，我们当然可以设计更多小时，但是这 32 小时就是我们客户购买的。客户购买一张纸，这张纸的价值是两个人工做 40 个小时（32 小时编程序，8 小时标准活动），然后换算成每张纸值多少美元。这是作为项目经理需要知道的三件事，在每周开始的时候我们要进行项目沟通，集中站立，复述估算，展示和告知。

这是一个非常简单的项目管理工具，很容易理解。我有两个 9 岁的儿子，他们都可以来这里做这个事情，因为他们都不需要数超过 40 的数字，只要你能数到 40，能将 32 放到框中，你就掌握了我们的系统，你明天就能开始工作，对不对？我们的客户仍然要为另外 8 小时的任务买单，但是我们意识到它们都是些重复性的工作。它们必须每周完成，比如估算，和客户一起开项目评审会议。我们实际上将这些重复工作列入我们永久计划的一部分，每一周这些事情都要发生，你可以挑选价值 32 小时的其他任务去完成。

让我们从客户的观点来考虑整个流程，为了评估工作的总体范围，客户会和团队见面，他们会决定他们愿意花多少钱以及他们是否需要全部特性或是因为价格的缘故舍弃一部分，在软件开发的第一阶段他们会舍弃一些特性并为以后可能添加的特性预留空间。一旦客户同意使用这些卡片，他们实际上就是对工作进行了授权，而这些卡片会被展示在墙上的"工作授权板"上。这个可视的展示板是程序员们唯一的分配一周里每天的工作的日程表，程序员们选择一张卡片，从中得知需要达到什么结果——他们要编程实现哪个特性。他们开始编写代码，而且每周和客户开会，向他们展示这周所完成的工作，每一周他们都会获得客户反馈。接下来让我进一步深入说明。

门罗公司的可视化管理和团队合作

客户的要求是由没有软件开发背景的技术人类学家来定义，他们可能是使用过软件的销售人员，学校辅导员或者是记者。这些人被选为技术人类学家是因为他们拥有很好的直觉，能感受到人们需要什么来帮助他们完成工作，能够在惯常的环境里也就是人们工作的场合观察他们，他们能够理解痛点在哪里——也就是当一个人尝试使用目前的软件时，他在挣扎什么？

他们需要同理心让自己站在客户的位置上用自己的眼睛观察，并了解客户正在经历的状况。客户可能会对一些事情感到理所当然，因此，"我们给予客户他们想要的"是不够的。正如亨利·福特观察的那样，客户想要的不一定就是客户需要的，譬如客户可能会认为这个软件必须额外地运行三步才能完成一个普通的任务，因为他们以前就是这样完成工作的，而且已经形成了习惯，其实用一个更好的软件他们可以简单地按一个按钮就能完成相同的操作。

技术人类学家先构建出原始的样板——每个计算机显示界面上的图纸，这些图纸会被转化成许多故事卡——各种特性，然后程序员把它们转化成代码。故事卡是对每个特性的书面描述，它能为客户提供什么，为什么我们需要它，以及如何让它变得对用户更加友好的提示。这些描述都是从技术人类学家的视角出发，他们会与客户和程序员分享这些信息，根据他们的反馈，他们很可能需要对故事卡进行修改。

填写一张卡片并不意味着有人被授权去做某事，但是当卡片集中到一起，它们就构成了潜在的项目范围。注意，这不是无纸化，我多次加入过门罗公司的参观团，期间总有人会问："为什么你们要把一切都记录在纸上？难道不应该在电脑上吗？这毕竟是一家软件工厂。" 答案是，通过可视化，通过触觉，通过将卡片放到显示板上以展现一个星期里每一天的工作量，这样有利于高效协作。通常在电脑屏幕前进行协作是比较困难的，而且还要花时间调出不同的文件。使用一张纸，你可以拿起大声说："不，不，我觉得应该是这样的。"然后你直接把自己的想法画到纸上，这种做法充满魔力。或许在将来某些时候，电脑会变得人性化，操作它会变得和运用纸笔一样轻易，但我们目前还没到这一步。

实用指南

图 3-11 估算每一张故事卡所需的时间

尽管还没有授权，我们现在至少已经把所有的故事卡都收集了起来，我们要估算为这个特性编程需要多久的时间。我们看到一组人正在估算每张卡的时间，看起来他们做的很愉快（参见图 3-11）。这些维京人的头盔是理查德和他的妻子在挪威旅行时偶然看到的，他们把它们作为纪念品买了回来，这些头盔可以有不同的用途，在这里，他们戴着它只是为了装傻和找乐子。

图中有三对工作伙伴，这是门罗公司文化的另一部分——他们总是两人一组地工作。这三组人一起研究软件特性，他们一起评估需要多少时间才能完成任务，然后他们对三组时间取平均值。如果各组的评估有很大出入的话，他们会一起进行讨论。这个阶段，他们不会尝试作出完美的估算，他们知道估算总会有一些出入，但至少他们对需要多少时间有了初步的认知。每一个任务都是独一无二的，他们以前都没有完成过，所以这种时间估算是他们的最好的猜测，当把所有卡片集中起来作平均统计，他们发现他们的估算是非常准确的。对单一的一张卡来说，估算可能高一些或者低一些，他们也有机会改进这些误差并将估算中的变动降低，但它们选择不这样做。最终客户是根据实际时间来进行支付的，他们会看到作估算的内容，而这就给他们提供了足够的信息以按照成本来为特性设定优先级。

在门罗公司客户总是处于第一位的，公司的存在是为了服务客户，然而客户也必须配合门罗的流程。在早期的会议中，他们承担起艰巨任务，为项目定下工作范围；他们研读代表八小时工作日的卡片，然后对卡片的内容—特性—提问；他们做出反馈，并向自己提问："这个特性是否值得现在马上支付？" 程序员审视每一张卡片，与客户在这个环节共同设定初步的工作范围。此后，每一周开始的时候客户都会回顾上一周完成的工作，然后对本周的工作进行授权。这是一个动态的过程，在项目开始时获得授权的工作可能会随着项目的开展产生变动，这就是每一周的 PDCA 活动。

让我们再次转向理查德，让他描述卡片被授权后出现的情况，它们成为了张贴在门罗公司墙上的可视化管理系统的一部分。

工作授权展示板

理查德解释道：

"墙上展示的这些东西旨在传达我们目前正在忙碌什么——这个最重要的概念。我们的目标是什么？我们需要传达的信息是什么？往往技术公司都会自然而然地把所有这些东西在共享驱动器上的某个地方，让每个人都可以从企业内部网获取它们，而我们认为我们做的最重要的事情是把这些东西张贴到墙上，这样大家整天都能看到它们。"

工作授权板（参见图 3-12）是一个日常可视化工作日程，程序员和项目经理根据这个日程来设定每天以及每小时的工作步伐。如图所示，在垂直方向上卡片按照每星期的日子来排列，名字在水平方向上列出，这些名字代表着一对对的程序员。项目经理每周都要更新这个工作板，星期一早上程序员们先找出谁是他们的搭档以及自己被安排到哪个项目里了，然后他们从工作板上拿下一张故事卡，开始编辑这个特性。

他们用不同颜色的圆点来展示卡片的状态，红点代表工作还没有展开，黄点代表工作进行中，橙点表示程序员们认为自己已经完成任务，当构建的特性通过了"质量督导员"的验证，并认为能够满足客户的期望时，项目会用绿点来标记。原本他们只有绿色、黄色和红色，作为一个改善，团队后来又加入了橙色，这刚好发生在理查德不在公司的时候，他回来时看到这个变化，还以为那是一个错误，其实那是一个改进。程序员之所以加入这个新状态是因为他们意识到完成编程工作并不代表他们的工作全部完成了，只有"质量督导员"按照客户的要求认证后，工作才算真的完成，橙点代表我们作为程序员认为已经完成编程。

程序员们在每一行代码里内建检查机制以验证代码是否按照设想那样运作，他们称这种机制为"单元测试（Unit Testing）"，他们还把代码汇编起来以确保它和程序别的部分共同运作。此外，他们记录下完成任务花费的真实时间，一方面为了给客户开账单，另一方面用于和估计的时间作比较。只有当质量督导员说："我们检查了程序，从技术人类学家那儿我们了解到客户的需求，我们认为这个程序能够满足这个需求，你过关了。"故事卡才能被贴上绿色圆点，有趣的是质量督导员不一定懂得如何编程。

在工作授权板上有一条细线横跨而过，理查德发明了这个视觉装置。这条线显示我们现在处于哪一天，在细线上面的卡片应该已经完成，它们至少应该被贴上橙色圆点，代表程序员已经完成编程。如果在细线上面的卡片上还有红点，项目经理马上就能看到这个项目滞后了，出现了异常状况。

图 3-12 可视化工作任务板

假如你是一位高级项目经理，当你看到异常状况的时候，你会怎么做？在一个传统的体系里你会寻找一个替罪羊，在精益体系中你会提醒自己"哦，这里出现了异常状况。"这表示，你是个领导者，你需要知道到底发生了什么，你需要了解发生异常状况的原因，你要能够一下看出这个流程是否受控—达标还是不达标—然后你会和团队一起进行查验。该小组可能已经采取了纠正措施，它可能是一个局部特有的问题，例如，也许电脑死机了；另一方面，也可能需要启动 PDCA 循环。

也许他们需要创建一个新的标准，或者需要与其他人进行沟通，或者没有这个必要。领导者要确定作出的决定是正确的，而且正确的人会被通知到。领导者需要同时检查流程和人，以确保他们一方面以正确的方式作出反应，另一方面对任何必需的流程改善负责。

可视化管理支持协作文化

上面的段落曾经提及门罗公司有让两人一组进行编程的文化，他们做任何事情都是两个人一起，两人一组做采访，两人一组进行成本估算，技术人类学家两人一组地拜访客户，程序员两人一组编程。他们内心深信两个人一起工作会比一个人单独工作具有更高劳动生产率，同时创造力和质量也会更高。除非你真正思考过两人一组工作的状况,否则在表面上看,两个人一起工作要比一个人更高效好像并不合理。

图 3-13 团队合作—两人一组地编程

我们看见拿着鼠标的那个人正在编程,而另一个人正指着电脑屏幕(参见图 3-13)可能在说:"嘿,你瞧,这儿有个问题。"现场逮住这个问题让他们避免了返工重做,而有些公司的做法会让问题流出,令客户感到不满意,这样,他们不得不进行更多的返工重做,或者和不高兴的顾客继续共处—这种流到下游的浪费比雇佣一个二人小组工作的成本要高得多,这是门罗公司内部经过检验的成功经验。这不一定要变成你的公司文化的一部分,但是它值得引起注意,通常两人一组一起工作会比单打独斗要高效。

现在让我们听一听理查德最成功的故事之一。有一家名叫埃库瑞(Accuri)的公司发明了一台流式细胞仪(Cytometer),门罗和这家公司携手合作,为这种新仪器开发软件。作为交易的一部分,门罗获得这家公司的部分股权,每个人都赚了很多钱,客户对新产品非常满意。理查德自豪地解释道,这或许是一个价格更高的编程方式(虽然现在看来这比竞争对手的要价低得多),然而对客户造成的总体成本因为易用性和无需返工的缘故反而要低得多:

实用指南

"迄今为止我最喜欢的是我们为埃库瑞的流式细胞仪安装的软件分析模块，该仪器对癌症研究，免疫学等市场起到革命性的作用，它的确很酷。埃库瑞第一次发货的时候，客户服务代表里奥（Leo）小心翼翼地把仪器包装到盒子里。"

他给客户打电话说："货物由联邦快递（Fedex）来承运，你们收到货物打开包装后给我打一个电话，大概9点的时候。"客户说："好的，里奥。"

里奥非常兴奋，第二天一早就盯着联邦快递的网页。"哦，已经签收了，在8点45分就签收了。"

他紧盯着电话，9点过去了，没有来电，中午过去了，还没有来电。这时埃库瑞首席执行官（CEO）詹·贝尔德（Jen Baird）走了过来，问："里奥，他们有来电话吗？"

"他们还没有打电话过来。"

一整天过去了，可就是没有电话，第二天过去了，还是没有电话。里奥有点精神恍惚，他感到沮丧和煎熬。最终，他拿起电话打给客户："嗨，你们好，我是埃库瑞的里奥。"

他们回应道："嗨，里奥，怎么样了？"

里奥答道："我还行，你们怎么样了？"

他们答道："棒极了。"

里奥问："你们收到了货物了吗？"

"对啊，前天早上大概8点45分的时候。"

"记得吗？你们说过要给我打电话的，我会帮你们设置和启动仪器的。"

他们的回答让他感到惊讶："对啊，里奥，我们当时把包装拆掉就开始使用仪器了，我们已经用它进行科学研究两天了，真的很棒，谢谢你。"

"这就是所谓的高价位低成本，真的很酷。"

我们从可视化管理中学到了什么？

从门罗公司和前面的关于可视化管理的讨论中，我们学到了什么？从定义上说，可视化管理应该向执行工作的人和领导展示他们目前的状况和标准之间的比较，它应该是很容易理解的。交通信号灯就是一个很好的例子，红色、黄色或绿色，只看一眼我们就知道应该怎么去做。如果你闯了红灯，警方也会一目了然，并可能把你截停下来。它是一个加强协作的工具，用于识别需要解决的问题。

在一个积极的环境里，就像门罗创新，会有很多与客户的协作。在确定客户想要什么的前期阶段，技术人类学家与项目管理者以及编程人员就有很多的合作，两人一组的程序员会有很多协作，程序员会和质量督导员协作。当人们互相协作的时候，我们可以走到一块显示板前面查看项目的状态——我们到底是领先还是落后，程序有否通过质量控制，这个时候我们应该做什么，它到底需要多长时间——这样每个人对现实与计划的比较都会有一个相同的画面。

计划和实际情况之间的差距称之为问题，在精益范畴里问题这个术语表示的是一个客观事实。换句话说，当我们发现差距的时候，例如，这个流程应该在60分钟内完成，实际花了70分钟，两者的差距就被定义成一个问题。探讨问题并不是要责备某个人，即使我们必须立刻采取纠正措施，问题代表的是差距。

我们必须问自己为什么会有差距，我们或许要改善评估流程，我们或许会意识到有一些奇特的超出当事人控制的事情发生了，我们或许会发现某人需要更好的培训。另外，我们或许只要在脑袋里记住它，其他什么也不用做。差距可以有各种各样的原因，我们需要选择合适的项目，并决定哪个差距值得我们完整地执行PDCA。

恐惧是持续改善文化的一个杀手，因为一切都那么明显而人们却是如此不堪一击。几十年前戴明博士传讲"驱除恐惧"，他这样做的原因是因为在感到恐惧的环境中，人们会采取一切手段来明哲保身。远离麻烦的一个方法是隐藏问题，那就是为什么丰田公司会说，"没问题就是大问题！"如果你不经常发现问题，这本身就是一个问题，因为问题总是存在的，我们很少能按照计划完美地做完事情，而隐藏问题则意味着我们在逃避改进。

该系统还取决于领导者的行事方式，在通常的组织中，这种领导是很稀罕的——他们到完成工作的场合去，观察团队的绩效与标准的对比，并引领持续改进。领导者亲力亲为，他们会在问题发生的时候就注意到并采取行动，该行动会引导和鼓励持续改进。这就是为什么你需要获得精益领导者的技能，以让你知道如何在特定情况下采取行动，这样你就可以塑造良好的解决问题技能，而不是将矛头指向别人，指责他们，这样你就可以创造有利于暴露问题和解决问题的企业文化。

第四章

致力于自我发展

你想致力于自我发展什么？

到目前为止我们应该清楚地知道，既有持续改进的方法，也有尊重人的方法，两者齐头并进。在丰田公司，除非你能真正做到尊重人——你的客户，合作伙伴和团队成员，否则你无法有效地持续改善。丰田的正北由丰田模式来定义，它定义了领导者应该如何思考，感觉和作为。丰田培养领导者需要很长的时间跨度，于是我们为希望向丰田学习的公司总结了一个四步精益领导力模型，本章提供这个模型的概述（见图4-1），然后重点说明其中的第一步，通过挑战和反思实现自我发展。

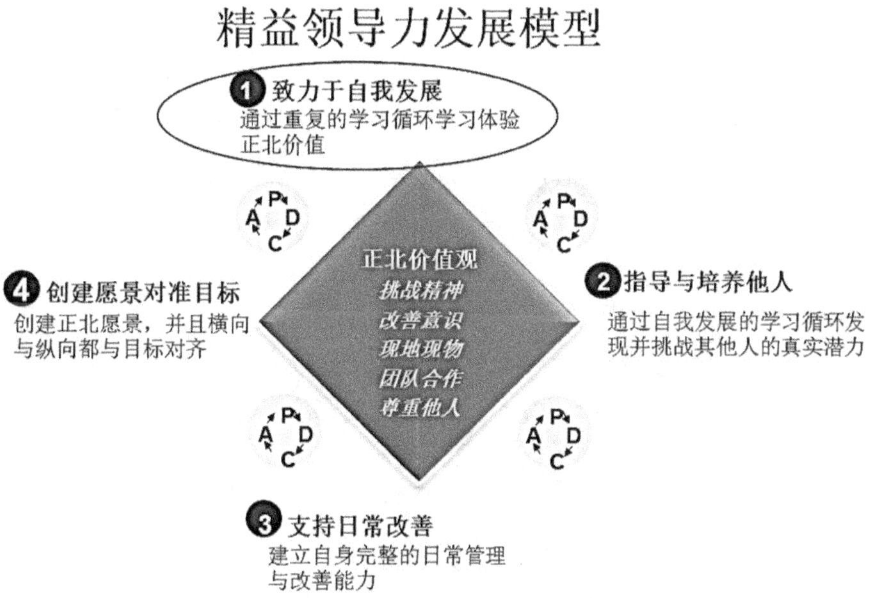

精益领导力发展模型

❶ 致力于自我发展
通过重复的学习循环学习体验正北价值

❷ 指导与培养他人
通过自我发展的学习循环发现并挑战其他人的真实潜力

❸ 支持日常改善
建立自身完整的日常管理与改善能力

❹ 创建愿景对准目标
创建正北愿景，并且横向与纵向都与目标对齐

中心：正北价值观 挑战精神 改善意识 现地现物 团队合作 尊重他人

资料来源：《丰田模式（领导力篇）》
图4-1 精益领导力培养模型（钻石模型）

把自己培养成一位领导者的指导原则乃是你的组织的正北价值观核心，我们把丰田的正北价值观放在领导力培养模型的中心，你必须彻底地理解它们。此外，你必须通过重复的学习循环培养自己亲自体验正北价值观，你必须不断地进行计划—执行—检查—调整，直到这些价值观融入到你的 DNA 中—你的思考和行动方式中。丰田的价值观不一定要成为你的价值观，然而它们能为你在思考自己组织的价值观的过程中提供有益的指导，这值得你再一次温习它们。

挑战： 我们欢迎竞争

任何组织都总要面对来自外部环境以及来自内部的挑战，关键是我们是把挑战看成加注在我们身上的困境还是把它看成复杂宇宙的一个自然法则，以促使我们去适应和发展壮大。举个例子，《丰田模式 2001》提到"我们欢迎竞争。"你不会听到丰田在抱怨来自美国，韩国或德国的公司越来越强的竞争，他们欢迎这种竞争，因为这会使他们变得更加强大。如果这种竞争的挑战不存在了，他们反而会变弱而客户会蒙受损失，他们希望丰田公司里的每个人都具有竞争的精神。

以积极的态度面对挑战，是一种价值，因为没有挑战就不会有压力来进行改善。研究表明，如果人们遭遇的压力超过他们的承受能力，学习水平和业绩会降低；然而，一个同样重要的发现表明，如果人们没有获得足够的挑战和一定的压力，他们将停滞不前，学习水平和业绩也会随之下降，这被称为金发姑娘(Goldilocks)压力原则。

这表明挑战具有一个最佳的程度，这可以用业绩的钟形曲线来展示（参见图 4-2），当压力既不太小，也不太大，处于适当水平的时候，业绩达到最优。

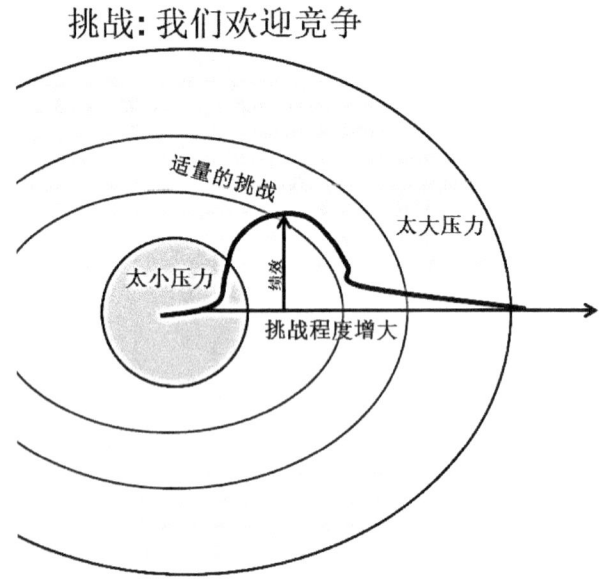

图 4-2 寻求挑战程度的平衡

改善意识—按照正确的流程去做，我就会赢得挑战

具有改善的意识你就可以赢得挑战，改善意识指的是，只要你有奉献精神，而且能通过 PDCA 来进行系统性的流程优化，你就可以有信心迎接下一个挑战。你或许会被挑战将完成任务的时间砍掉一半，这看起来没有可能，你以前从来没达成过，但是你知道只要你将这个 50%分解成更小的步幅，一步一步地遵循良好的解决问题流程，你就能渐渐靠近这个目标并最终达成它。

你需要信心和好的流程来一步步赢得挑战，一些尝试可能会让你倒退，你会遇到失败，但是这是可以接受的，你要振作起来，继续学习，尝试。

去现场看—你会在现场学到最多的东西

到现场去看也是丰田的一个价值观，这听起来有点奇怪，因为你只是到现场去看某些事物。

然而，这样做的价值在于你能在事情真实发生的现场学到最多的东西。到现场去看，去获取第一手资料，而不是依靠非直接的报告和平均值，也不只依靠过去几个月的统计数据，而是观察今天现场的状况，这一价值非凡。

*现地现物*的意思是"事情"发生的场合，这可能是你制造零件的场合，提供服务的场合，客户使用你的产品的场合，供应商准备你的材料的场合，或者任何其他增值的场合。

团队合作—团队表现和个人表现的关系就像一个硬币的两个面

在很多组织中团队合作被高度推崇，在丰田公司有一点比较特别的是，团队合作和个人业绩并不对立，它们被看作一个硬币的两个面。没有高度发展的个体，你无法形成伟大的团队，而个体在有效的团队环境中又能够得到提升并作出最优表现。

尊重—客户，社会，团队成员，合作伙伴，你的业务所在的社区

最后一个价值观—尊重—具有很多个方面，这包括了尊重客户，社会，团队成员，合作伙伴以及你的业务所在的社区。从商务角度作权衡而做出关闭一个子公司的决定违背该价值观，它会造成员工失业并会破坏所在社区的经济和福利系统。当然这并不意味着你的公司在将要破产的情况下还要硬撑到底，但是因为一个商务决定而让团队成员，社区以及社会受到损害的情况应该尽可能避免发生。

这些是丰田的价值观，你的公司很可能也在某个地方写下了自己的价值观，请批评性地审视它们，如果你认为它们需要补充或者改变，很好，如果它们已经很强大很全面，那么请开始思考如何让它们更深地刻划到你的领导力文化当中。

确保你的价值观稳固地扎根

作为领导你是否能做到让这些价值观深深地铭刻在你的心中，并且绝对不会违背它们？一起都应该是自然而然的。

一位丰田美国公司的高管告诉我一个有趣的故事，当他加入丰田的时候，他们送给他一张类似作弊小抄的印有丰田核心价值观的卡片，他把卡片放在钱包里随身携带着，当他需要提醒自己的时候，他会把卡片拿出来看。有一天他来到工厂后才发现他把钱包遗留在车内了，他感到慌张，开始往回跑，想把钱包从车里拿回来。突然，他停下了脚步并意识到自己不再需要这张卡片了，这些价值观已经深深地铭刻在他的脑海里，他根本不再需要这样的作弊小抄了，对他来说这是一个非常解放的时刻，是他职业生涯的转折点。

西方领导方式与丰田领导方式的对比

丰田生产体系的思考愿景是由哪一种领导方式所驱动？它和我们非常熟悉的西方领导风格有什么不同？

首先考虑西方的思维方式，以工具为基础的精益，我们运用让自己感到最舒服的，从商学院或者导师那儿学来的相同风格的领导方式（参见图 4-3）。财务计划从根本上推动着这种行为，如果我们的股东希望得到更多钱（我们把自己的产品视为金钱），这样金钱就会主导一切决定—这些都在财务计划里面。我们应该追求立竿见影的成果来增加财富，通过向销售人员提供佣金，我们可以在某种程度上控制销售额，但组织中的其他部分必须通过降低成本来增加盈利能力。

传统的西方高管是公司的门面，股东们需要确信公司的资深领导者，尤其是他们要对话的对象，都是英雄人物。我委托你作为 CEO 来为我挣钱，如果你犯错误的话我会很紧张，只要你看起来像不会失败的超级英雄，我就会感到高兴。传统的西方领导者必须是坚强和骄傲的，而且他的行为像一位超级英雄，为了达到这一点，你必须证明你可以不断重复地获得结果，你要采取的方法就是在职场阶梯的每一步都实现财务目标，成为 CEO 的那个人爬得最快。如果你想成为一名 CEO—假如那是你加盟公司的目标的话—那么你最好要学会怎样爬得更快，如果有一些人挡在前面，你就得跨过他们，如果你必须把一些人推下梯子，那也是可以的。

你真正做的就是取得结果，但这些都是非常具体的成果，它们是很容易被股东们理解的财务业绩，而你在取得这些成果的道路上制造的破坏并不要紧，只要你不把公司带入法庭。

但另一方面，在这个过程中，你与之打交道的人们会表现出些许讨厌，因为当你试图在阶梯上向上爬的同时，他们会有情感需求。他们会不来上班，不总是遵守甚至理解你的指令。人是不完美的机器，如果你正确地给计算机编程，它就会做你告诉它做的事情，但人这种机器，可以是固执的和抵制抗拒的，我们要做的是用人合适，学会如何让人们按照我们的期望去行动。

传统的西方领导者	丰田领导者
为财务计划而工作	追求正北愿景
追求立竿见影的结果	有耐心
骄傲的	谦逊的
快速地向上爬	深入学习，逐步得到提升
为结果不择手段	需要正确的流程才能持续产生正确的结果
通过人来实现目标	通过流程改善来培养人才

图 4-3 传统西方领导者与丰田领导者的对比

接下来让我们将作为思考生产体系（Thinking Production System）一分子的理想的丰田领导者与西方的领导风格作对比。他们总在追求事实上不可能达到的完美的目标，他们意识到需要很多步骤才能做到这点，他们也意识到自己没法确切地了解如何才能实现正北理想，所以他们会做很多试验。如果他们能更快地完成试验，他们就会更快地朝着正北方向迈进，但他们同时需要有足够的耐心。作为资深领导者，他们没法独自完成改善工作，他们得依赖向他们汇报的员工。明白了这点之后，人就会变得谦逊，"我的工作是为实际完成工作的人服务，尽可能地帮助他们。"这种领导风格常常被称为公仆式领导力(Servant Leadership)。

丰田对流程和业务的投入是巨大的，并非在财务方面。例如，丰田佐吉从草根木匠做起，通过自己的双手最终发明了全新的自动织布机，丰田章男从草根技工开始制造汽车。除非员工在丰田内部从底层开始学习得足够的深厚，否则他们一般是不会获得提拔的。深入地学习，然后可能会在公司内部获得平调，然后再次深入地学习乃是你获得职位晋升的正确途径。这需要耐心，你得花大量的时间在同一层次上学习。最终，有人会提议，你已经准备好迎接另一个挑战，给你升职，你只能耐心地等待这种情况出现。

你需要正确的流程来获得正确的结果，丰田的一个强大的信仰是改善，包含对人的尊重和一种非常具有系统性的方法来反复地实行 PDCA，会让你越来越接近正北，它会帮助你达到自己在朝正北方向前进的道路上所设定的目标。我们不知道怎样才能达成正北，如果有人要我们将机器的换型时间缩短 80%，我们回应："好的，我们会去做的。"我们没有既定的答案告诉我们该怎么做，我们知道我们需要一个团队，大量的头脑。我们知道要尝试做很多事情，如果我们是经验丰富的领导者，我们会不断地达成目标。我们必须要保持信心，只要我们按照正确的流程和有一队斗志昂扬的人一起工作，我们就会获得正确的结果。

在获得这些正确的结果的过程中，尊重人说的是要充分发挥团队成员的才能，我们必须培养和发展他们。因此，一方面我们试图获得期待的结果——我们要战胜挑战，而在另一方面，我们试图让与我们一起奋斗的人变得更加强大。通过这样的投资，他们会在持续改善方面变得更加熟练。

该如何做才能成为一名精益领导者？

你该如何朝着理想的丰田领导者的方向努力？很多领导者会说："瞧，我们一直以来都在遵循西方的领导力模式，我们学会了怎样操控数字，我们学会了不耐烦。有些人之所以被选为领导，就是因为他们没有耐心，因为他们现在就想要结果。现在你告诉我们要变得友好，耐心，谦逊，善待并鼓励员工，这是完全相反的行为，我怎么能从一个极端走向另一个极端呢？"要改变任何复杂的问题都是困难的，从神经科学研究中，我们知道这种改变甚至是痛苦的。这意味着我们必须是真切地想拥有它，这也是为什么丰田公司要非常努力地遴选那些对学习拥有热情的领导者。

第一步——致力于自我发展，通过重复的学习循环学习体验正北价值观。

我们知道一些事实，人们几十年来形成的做事习惯和思维方式，要改变是非常困难的。也许我们应该将公司解散重新再来，我们可以聘请一些非常有经验的教练，招聘新员工从一开始就让他们专注于正北价值观。丰田的经验表明，你需要大约10年的时间才可能成为一名成熟的丰田领导者，为此，你必须将所有套路深深地刻画到自己的脑海中。

几乎没有公司能承担用10年的时间来进行重建，大量的经验也会因此流失，更好的方式是努力地改变你现在的领导方式。谁能更有效地改变领导层的思维立场？我可以用自己作为顾问的几十年经验告诉你，这人不是我，我从来没有能够让一位CEO改变自己的心态。我只是他们在整个生涯中跨越的人们中的一员，而且我是收费的顾问，这让我显得更不可靠。老总们都有很强的意志，这也是为什么他们能身居高位的理由。

好的方面是，因为他们具有坚定的意志，当他们在自己整个职业生涯中建立了真正的信仰，他们就能得偿所愿。如果他们坚决要改变自己的行为，他们通常能够获得成功，这需要极度的奉献，而且不会一蹴而就。如果你缺乏基本技能，你不可能在参加完一个特别的高尔夫球周末班后就变成一位伟大的高尔夫球手。如果你打不好球，有很多坏习惯，除非你能在一位教练长时间的指导下反复地练习，否则你没法改掉它们。这位教练要看着你，告诉你犯了什么错误，提示你该怎样改变挥杆方法，布置你需要练习的套路。我的高尔夫球教练告诉我，除非我在课后能有三天的时间在练习场而不是正规球场练习他教给我的技能，否则我就不需要来上课了，只有这样，我才能再准备下一节课。

自我发展的挑战在于：（1）需要一个深刻的承诺，（2）需要一位教练，（3）需要练习。对于日理万机的CEO或者高管们来说，要他们抽出时间来是很困难的，

实用指南

这需要更多的奉献。现在我的假设是，作为一名领导者，无论你是一线主管，经理，高级经理，或者 CEO，这个流程都是一样的，而且推动改变的决定已经作出。一直以来你所采取的领导方式导致的结果是人们的不参与，这也导致你必须独自解决大多数问题，并代替大家去进行思考，你感到困惑，感到一定会有一种更好的方式。你怎样才能获得像指导加里·康维斯的日本教练那样的导师？加里曾经努力让自己变成这些领导者中的一员，他陷入过挣扎中，他在福特工作了 20 年，养成了很多不良习惯。

当加里被聘用管理新联合汽车制造公司（NUMMI）的时侯，他身上的很多特质深受丰田人的喜爱。其中一点是，他在福特时的行为就像一名丰田领导者，那时他是一位质量经理，他真的会把生产线停下来（从来没人敢把福特的生产停下来的）。他会到工作现场去，他会和员工交谈，他会发现问题并确认根本原因，他的思想和很多行事方式都像一名丰田领导者。新联合汽车制造公司的管理层认为加里的领导潜力给他们留下了深刻的印象，然而在他们确认加里之前他们做了一个详尽的搜索，最终让他们做出决定的是因为加里反复地提问，聆听和想学习。

任何有教学经验的人都知道，你无法教导不想学习的人。你可以让他们做笔记，你可以让他们对一个测验作反馈，说出他们所听到和读到的，但除非他们自己想去学，否则你只能在一个很肤浅的层面教导他们。你总在寻找一位热衷于学习的学生，无论是学习乐器还是运动。如果你是一名工程师，你希望培养下一代的工程师，你会在真正想学习的人身上发现那迸发的火花。

第一步是寻找希望致力于自身发展的人才，你希望他们了解公司的正北价值观。他们学习正北价值观的唯一方式是一小步一小步地向前迈进。起初，他们必须学习行为的一些基本的常规模式，然后，随着水平的提高，他们得更精确，更精细地学习，改进套路提供了一套通过实践每次走出一步的系统方式。

这就是日本人在加州的新联合汽车制造公司所做的，他们努力地教导员工该如何自我发展，如何学习丰田模式和按照丰田模式进行思考，特别是加里。因为作为厂长，他处于最关键的岗位，然后是组织层级中的每一个人乃至一个小组的组长。

领导力自我发展的学习循环

精益领导者需要面对难度逐渐增加的挑战，战胜这些挑战，从中进行学习，然后再面对下一个挑战，他们遵照 PDCA 循环来学习（参见图 4-4）。

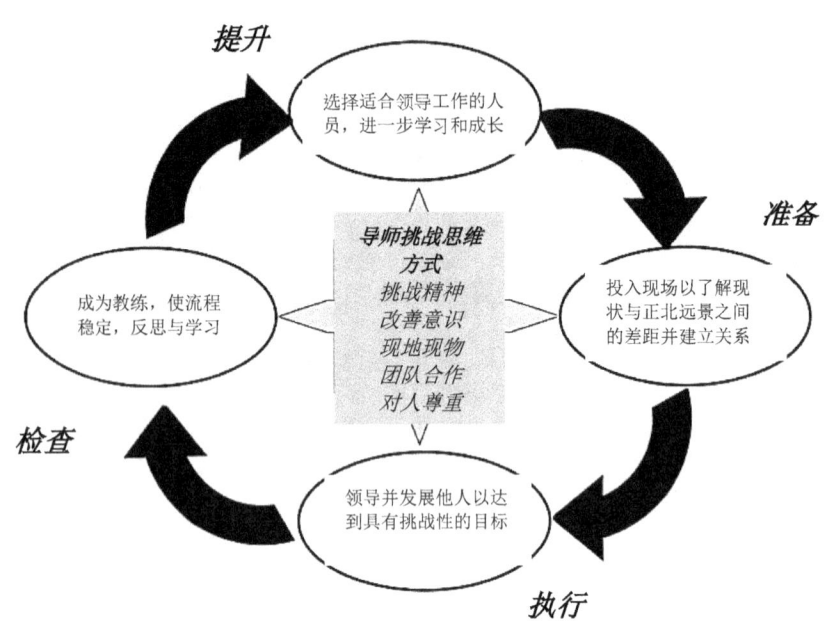

来源：《丰田模式（领导力篇）》
图 4-4 领导力自我发展的学习循环（PDCA）

你得到一个新的任务，你的上司和人事部门都认为分配给你的这个任务能够帮助到组织，并且进一步发展你的领导技能。例如，你曾经是装配部门的经理，现在你被任命为运输部门的经理，因为这样做能扩大你的知识面，帮助你做好接任更高层领导岗位的准备。在运输部门的新岗位上你要做的第一件事情就是把自己沉浸到业务中以掌握当前的实际情况，这是你为这个部门设定发展计划的开端。

现实状况包括了人员和流程，你把自己沉浸到现场里，为运输部门制定出一个愿景，认识所有员工，找出运输部门的应有状态与当前状态之间的差距。要做到这点的一种方式是身体力行——驾驶叉车，把货物搬上卡车，或者把箱子堆叠好为下一次出货做好准备。你要建立融洽的关系，并开始了解人员和流程的优势和劣势，然后，你与员工达成关于愿景的协议："这是我们前进的方向，这是我们的第一步。"

当你将这个计划制定出来后，你就可以开始领导别人朝着愿景迈进。你的目标并非只是完成它，而且还要培养人才，他们必须接受你所设定的每个目标，把这些目标当作对自己的挑战。教导和激励人们接受挑战和发展自我是另一种技能,当你一直这样做并且向着你的目标前进的时候,你还得反思自己做得怎么样了。

你需要找一位教练来告诉你哪部分干得好哪部分还不够好,他可以帮助你看到自己的盲点。教练会观察你,他知道事情应该如何发生,知道你期望获得什么,知道那条道路是通的,那条不通,他会以微妙的方式来影响你走向畅通的那条道路。在这里微妙指的是他也许会向你提问题,也许会向你提出挑战,然而既不会帮你完成任务,也不会告诉你确切的答案。

这里我有一个问题希望你考虑,你甚至可以停下来写下一些主意,或许和组里的其他人一起合作:1)你需要锻炼哪些特别的技能,以便你能开展自我发展,学习正北价值观和学习持续改进?设想一下就像你想学习任何复杂的技能,假如你要学习打高尔夫球,而我正好是你的老师,当然我最好懂得打高尔夫球的技能,这样我可以教你,那么2)你该怎样学习这些技能呢?

就像打高尔夫球一样–练习,从教练那儿获得反馈,然后反思,更多的练习,最终你会逐渐地把这项技能转变成习惯的,重复的,铭刻在你脑海中的行为。

精益经理需要学习的内容总结

尽管我知道你拥有一个比我更长的列表,但我还是将精益领导者所需的技能简短地列举出来。首先,他们需要学习如何从现地现物中学习–到现场去观察,不幸的是,对于很多人来说,这是一种缺失了的艺术。我想,公司的创建人都非常热衷于亲力亲为,他们总是在现场,这时现场通常只有几个人。随着公司的成长,领导者离现场越来越远,他们会花更多的时间呆在办公室和会议室中阅读财务数据,花更少的时间在现场观察员工工作,寻找差距,寻找培训员工的机会。再接着,他们会雇用职业经理人来管理公司,这些人离现场就更远了。

这里是一组需要在工作现场花时间培养的技能。当你处于现场的时候,你同时在培养自己和其他人,你必须理解核心价值观,这里"理解"要比单纯地从卡片上读取的要求要高得多,它得变成你自己的思考方式。对价值观你要身体力行,必须把它融入到你的 DNA 中,让它变得完全自然。在别人做事的时候,你发现了一个错误,你不会跳出来批评他并接管问题,而是退一步问:"这应该是怎么样的?现在到底怎么样了?问题(差距)在哪里?我能做些什么来帮助你?"

从工作现场有效地进行管理的意思是你能够观察到问题,然后以一种正面的方式作出反应,让团队向前迈进,而不是阻挡他们。这需要很多纪律——比你对你所指导的人的要求更多,这些纪律让你遏制住自己迫不及待地发号施令,提出解决方案或者批评的欲望,让你严谨地遵守解决问题的流程。解决问题的第一步总是一样的——问题是什么?问题到底是什么似乎是个显而易见的问题,你还是得问人们认为问题到底是什么,因为显而易见的答案通常是错误的,你希望其他人也来思考这个问题。

你必须培养出自然而严谨的解决问题技能，以便你能够通过结构性的方式实施完整的计划—执行—检查—行动循环，而不是超短路的方案，然后，你就可以开始教其他人，这在丰田指的是掌握了"丰田业务实操"，接下来你就可以学着通过"在工作中进行培养"的方式来教育其他人。在工作中进行培养的前提是自我学习，你不断地更深入地学习，让自己变成一位严谨的问题解决者，一位领导，一位教练，不管你曾经实施过多少次 PDCA 循环。

我曾经提到，在非常详细的技术层面上，丰田高度重视从实际过程中总结的知识。如果你是一位新到丰田的工程师，你可能会被安排到车体设计部门，这个部门专门设计金属车体，设计模具，将车体冲压成型，这些具体流程可能会成为你职业生涯前十年甚至更长时间里的重点。

当你发展到这个深度的时候，假如你的职业路径把你引领到车体设计部门总经理或者技术专家的岗位上，你也许要在那儿度过剩余的职业生涯。如果公司希望将你提拔为一个更通用的流程的经理，例如技术规划方面的经理，或者总工程师，你就会被转移到相关的专业中，或许你会被转移到汽车内饰设计部门里去。

图 4-5 培养深度专业知识的领导力　　　　图 4-6 T 型领导模式

问题的关键在于你要先掌握深层次的专业知识（参见图 4-5）。在丰田公司，他们认为，一棵树要是没有深根，它最终会变得非常脆弱，第一场风暴过来就可以吹倒它。

你的下一个课程是作为非行业内专家领导内行人。由于你已经学会了如何成为某一方面的专家，你可以更快地学会下一个技术流程的基础知识，但你不会达到同样的深度，你必须更多地依赖其他人，丰田称其为 T 型领导（见图 4-6）- 首先，根基要深厚，然后，T 型的横杠代表更广博的学识。

精益领导者该如何发展并获得晋升？

丰田公司以晋升缓慢的日本式管理实践闻名。在现地现物的环境中你的工作方式和成果将会获得仔细的评估，正如，我们在 T 型领导模式中讨论过那样，在你被提拔之前，通常你会先被平调，雇员们需要有足够的耐心。

在日本，这个体系运作良好，因为当某人从大学（或者从丰田职业技术学校）毕业进入丰田公司的时候，他预期会一直在丰田工作直到退休，人才流失的问题几乎不存在。丰田公司会把一些潜力不确定的新人招收进来，但他们拥有严格的遴选流程。在一位工程师的早期职业生涯中，他们拥有一个测评工具 - 譬如说 ABC 尺度 - 对他们的潜力进行评价，但是，在他们开始在公司工作，收获真实经验之前，他们并不知道自己能发展到什么程度，把其他人培养到什么程度，需要掌握何种技能才可以进行领导，正如职业联赛的球队在选秀时会选择特别有潜力但却还不知道如何将潜力转化为具有掌控比赛能力的球员一样。

随着你在公司内部职位的提升，对你的期望是要对组织中更大的一部分负起责任，要领导更多的员工和流程。在丰田员工需要通过自身努力按照领导力发展模式进行工作，他们首先得发展自己，然后学习如何培养其他人，之后他们需要带领下面的几个层级开展工作，以便在所有工作层级中建立起日常改善的规范。最终，他们要学习领导*方针管理（Hoshin Kanri）*也称为策略部署，设定远大的目标并测试它们，让每个人都知道他们该怎么做才能与公司的要求一致。

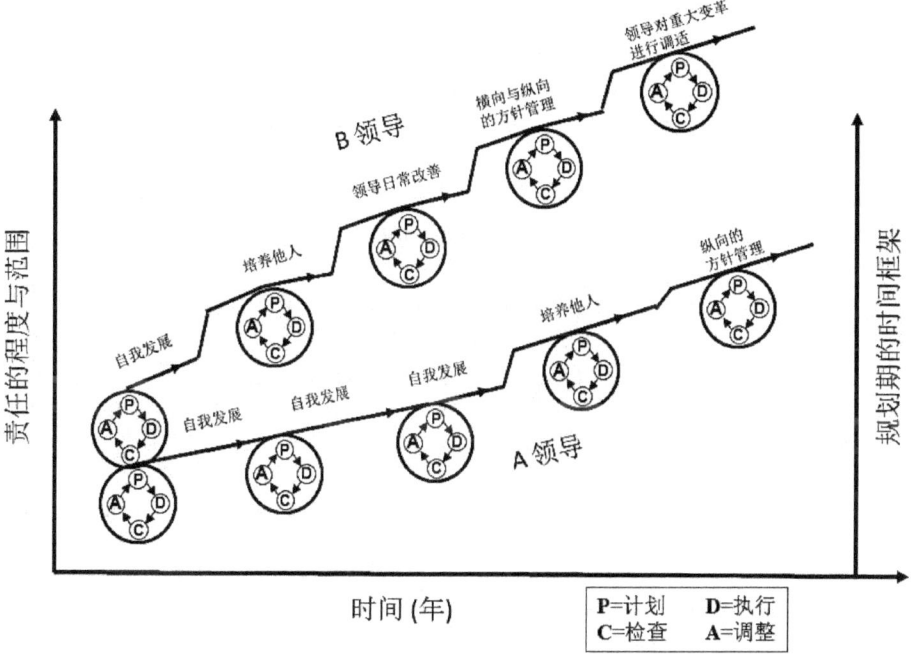

来源：《丰田模式（领导力）篇》
图 4-7 两位丰田领导者的职业路径假设

在图 4-7 中我们展示了两种不同的丰田领导。A 领导在自我发展阶段经历了三个循环-每个循环需要两三年的时间，在 6 到 9 年的时间里他手下没有员工，之后他有了一些向他汇报的员工，在*方针管理*中他只需对向他汇报的下属应达成的目标负责。

对于一位工程师来说这看起来像是作为一个技术专家的职业生涯，如果你能很好地掌握自己领域中的技术，但在人际关系方面不那么强的话（或许你对发展人际关系压根没有兴趣的话），那么你可以做的最好的事情就是做好技术工作，并领导几个同样对技术充满兴趣的下属。

有些人会获得真正具有挑战性的技术目标，一位负责模具设计和生产的丰田经理曾经面对将模具设计的时间缩短一半的挑战。在冲压模具设计方面丰田已经处于世界领先地位，这个任务对他而言非常具有挑战性，尽管他只需对一个相当狭窄的领域负责。

也许是另一位领导（B 领导）对管理员工有着匪夷所思的激情，她是一位伟大的领导，人们拥护她，而她勤奋地发展自己，这将得到更快速的提拔，她可能会达到执行官的级别，并被要求在公司的一个主要业务板块内，在水平方向上领导一个重大变革。

重要的是你拥有一群长期为你工作的人，而你无需怀疑他们在被提拔后的表现，因为你已经对他们在目前的岗位上进行了足够长时间的观察，作为一位相信现地现物的经理，你观察他们的工作并真正知道人们是如何做出反应的。

这种做法排除了猜测，而且并不是一个人就能对晋升作出决定，最起码的要求是如果你是这名员工的上司，你得让你的上司和人力资源专员都参与其中。

在丰田公司人力资源起着关键的作用，人力资源部得真正了解人们的表现如何，他们的技能水平如何，他们是如何进行领导的，他们是如何尊重他人的，以及他们是如何实现具有挑战性的目标的。他们对员工的职业生涯发展负责，就像员工的经理一样，他们和很多人见面交谈，不仅仅根据排名或者某一次年度审查时谁提了问题，而是根据他们的密切观察。

再次说明，这是丰田在日本的做法，因为在那儿人们预期自己的整个职业生涯都在丰田度过。当丰田来到其他国家的时候，例如美国，他们遇到了更大的挑战。在这些国家，如果你是即将走出校门的年轻工程师，你会被告知，假如你在一个公司停留超过三到五年，你的职业生涯就算进入死胡同了，公司就像职业生涯梯子上的步级。当你来到丰田后发现，在三到五年里你不会承担设计汽车任一部分的主要责任，在这段时间里，你要学习并证明自己的技能水平。五年以后，这些人中的雄心勃勃者相信他们应该管理别人了，于是就为跳到下一家公司做准备。

这种情况也曾发生在丰田美国技术中心，他们意识到他们当时正流失年轻的工程师。他们在过去几十年里实行了很多个 PDCA 循坏，他们问，问题出在哪里？问题是，年轻的美国人不希望在公司里停留很长的时间来发展职业生涯，而在日本几十年很自然。为此他们开发出对策以加快培养周期，但同时认为留有足够的时间来正确地培养人才是非常重要的，这意味着新人需要在那儿停留一段时间，如果他们早早离开，那么你要问他们为什么要早离开，是否雇用了不对的人？或许丰田选择了喜欢短平快职业目标的人，当他们走出校园的时候，看起来棒极了，然而他们的职业目标是得到比丰田能提供的更快速的晋升。最后丰田不得不调整选择的过程，以确保他们不会选择那种人。

你也可以问问你所提供的工作条件有没有问题，你提供的薪资是否在行业内有竞争力，有多个因素需要你去测试，而不是一步到蹴。丰田通过多次 PDCA 来提高保留率，丰田技术中心其实拥有可观的保留率，但还达不到丰田的标准。他们对这个问题的一个关键策略是积极参与合作办学项目，让本科是工程专业的学生能在课余时间到丰田工作，最长可以达到四年，这样大学生可以在他们获得第一个长期的工作承诺之前就和丰田彼此了解。

该系统基于至少有一个专注的，长期的，值得你进行投资的员工核心群，丰田很少会去外面从另一个雇主那里寻找具有高潜力的员工，并把他们安置到管理岗位上。因为他们可能没有丰田基因，把他们安排到高位可能非常具有破坏性，因此丰田尽一切可能从内部培养人才。

丰田希望尽量避免薪资系统受到破坏，即使你是一名在关键项目中担纲的人物，当其他公司给你提供一个更高的职位以及三成的薪资涨幅，丰田仍然会问你为什么要离开。他们会和你面谈，但如果你真的要离开，他们会祝福你但不会匹配加薪。如果他们匹配了外界提供的薪资，丰田的整个薪资结构会被打乱，对其他员工不公。领导力和技术人才的培养真正得依靠那些对丰田公司有归属感，认为丰田能够让他们继续学习和发展的员工所作出的不断的实践循环。

通过 *守—破—离* 三阶段取得专精知识

自我发展需要耐心和谦卑，也许你是一位高管或者一位高级经理，除非你在一家精益公司的内部在专家的指导下成长起来，否则你得回到学校学习如何成为一位精益领导者。就像那些在丰田公司获得培训的员工一样，你必须把自己的发展交到一位教练手中。

从 13 岁到 29 岁我几乎每天都会弹吉他，然后我停了 30 年；之后，我参加了古典吉他的课程，恢复了练习。我现在是密歇根大学的教授，在世界各地发表过演讲。然而，当我上吉他课的时候，我的老师，一位教了一辈子吉他的音乐教授，开始教我练习最基本的东西，例如如何解读音乐和节奏，如何打拍子，这是我在自学阶段从来没有学习过的。我开始练习基本功并且不得不放低自己的姿态。

最难为情的事情是，他让我与他任教的本地一所普通大学的本科生在一起开研讨会，坐在那里听讲，然后弹奏，并在他的学生面前进行表演。我可以告诉你，我在生活中做过的最可怕的事情之一就是为十个孩子进行吉他表演，我的手在颤抖，我无法记住乐谱，我不断重复练习，让自己逐渐适应，但我仍然会在表演前夜失眠。

当你必须学习一项从来没有接触过的新技能时，你真的得把自己豁出去练习，天天运用它，直到你在自己的职业领域中成为这些技能的专家。要做到这一点你得和其他学习任何一种复杂技能的人一样从头开始，在教练的指导下从基础开始，教练会给你布置看似琐碎的练习，你按照教练的叮嘱去练习，就会对这些技能掌握得越来越好，你无法在教室里学到技能。

通常情况下，我们会把高管或潜力人才送到公司外面去做培训，他们到哈佛，麻省理工，或者密歇根大学商学院学习，他们享受着奢侈的食物，住所和健身中心，他们严格地评论教授，一周后他们离开课堂，公司会认为他们已经脱胎换骨，修炼成新的领导人才了。这是绝不可能发生的，他们可能还是表现出自己在日常工作中的所作所为，只是在课堂上他们与其他高管或老师组成了小组在练习。当他们回到公司里，他们还会有教练吗？如果有的话，这位教练会否每天继续教他们那些在大学中学习到的新行为？

通过 *守—破—离* 从新手到高手

有一种学习新技能的方法源自武术练习，称作为 *守(Shu)—破(Ha)—离(Ri)* 循环（参见图 4-8）。很多学习模式殊途同归，我们在第二章中学习了丰田套路，这是基于类似 *守—破—离* 这样的系统性模式的学习改进和指导改进方法。

图 4-8 守-破-离循环

假如你是一位武术教练，在*守*阶段你希望学生能够严守套路。你尝试教他们一种独特的站立方式，一种特别的姿势，一种特别的出手和踢腿的方式，你希望他们依葫芦画瓢地复制你让他们做的动作，任何偏差都不可以出现。

作为学生，你得准确地学习，服从师傅的教诲。师傅是对的，你是错的，你需要准确地练习师傅传授的技巧，你得服从，勤奋地练习师傅所教的所有内容。

在*破*阶段，你已经掌握了那些套路，基本功已经变得自然而然，你甚至不需要去想它们，你可以开始偏离这些规矩，在套路的框架下作一些即兴发挥。

最终，在*离*阶段（有时也称为抛开套路），你就可以真正自由地学习表演艺术了。但这并不代表你忘记了所学的所有套路，而意味着，你的学习过程是水到渠成的，你甚至不必去想它。现在，形式已经被掌握，你就可以把重点放到加深技能和理解上面了。

在空手道中，当你试图理解并回应对手的时候，你已经处于*离*的阶段。你在构筑方法库用以理解现实情况并作出反应，你在试图不断地让你的头脑和身体更好地融合，把他们融为一体，而不是互相攻击。

问一下世界上最优秀的小提琴家或者吉他手，他们是否仍在练习基本功，他们会告诉你，他们的练习总是从音阶开始的，会把重点放在技术练习上——他们在*守*阶段所学习的同样的事情。你不会真正去除掉这个阶段，并忘记它，你会不断地重复这些阶段，但每一次都在更高的层次上。

现在我们把这种练习方式应用到发展领导力上，我要你把精益领导力的技能写出来，针对每一种技能，问自己："什么是*守*阶段？"什么样的领导力基本模式用于培养这种特定技能？

其中一种技能是主动倾听，实际上这个概念非常模糊，主动倾听是什么意思？你需要把主动倾听分解成多个部分，对每一部分你都要有一种方式来教导别人——某种练习方法——你必须监视他们是否在*守*阶段进行了正确的练习，直到他们最终掌握了主动倾听的技能，进入*破*阶段，然后再进入*离*阶段。我敢打赌，你很难在你的公司里找到有人在学习一项简单的技能如主动倾听的时候能达到一名 10 岁的小孩学习小提琴演奏的高度纪律性和专注度。图 4-9 展示了培养精益领导者在*守——破——离*循环中需要完成的事情。

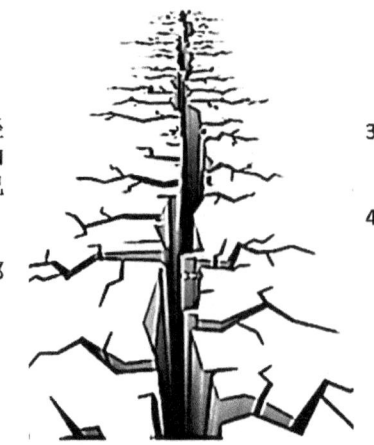

图 4-9 有效地培养精益领导者的条件

高级管理人员仍然需要自我发展吗？

以下的范例展现了丰田对培养人才（哪怕他是经验丰富的高管）的热忱。多数公司都有从外部招揽高管的经验，但很少有公司能够像丰田一样投入那么多的时间和资源去教育和同化新招入的人员，把他们带入丰田模式中。以下是史蒂夫·圣安吉洛（Steve St. Angelo）的故事，他最后成为了丰田拉丁美洲的首位美国人CEO。

几年前史蒂夫被任命为肯塔基州乔治城丰田工厂的总裁，他曾经在通用汽车工作了30年，他早期在通用汽车的一个职务是对口新联合汽车制造公司的协调执行官，这是一家丰田与通用合资的公司。

他是通用汽车在新联合汽车制造公司的最高阶执行官，那时，加里·康维斯是工厂厂长，史蒂夫受到的对待和其他协调执行官一样，他会被邀请去参加会议，也可以去他想去的任何地方，观察任何事物。然而，这种"眼看手勿动"的模式让他感到非常压抑，他是个喜欢亲自动手的人，他想动手做事。

当他见到加里·康维斯的时候，问道："我可以做什么参与到管理中来？我想管理一些东西，并真正第一手地体验丰田生产体系"。

加里客气地说："史蒂夫，我欣赏你的意愿，但是你的工作是协调执行官，负责协调事情而不是做些什么，这样吧，你可以去你想去的任何地方，我们可以让你看所有事物，回答你的所有问题，你就别亲自管理事情了。"

史蒂夫对这个回答并不满意，他是一个喜欢亲力亲为的人，他不断地找加里，给他施压："加里，我想管理一些东西。"

充满困惑的加里最终给史蒂夫分配了一个任务，并且预计他会拒绝接受它。他说："史蒂夫，如果你想学习丰田模式，你就得和我们所有人一样从底层干起，这就是说，你得从生产操作工开始做起。"他希望这能让史蒂夫知难而退。

史蒂夫回答："好的，我去做生产操作工。"

加里于是再把难度提高，说："你得每天学习不同的工作。"

史蒂夫回答："好的，我每天学习不同的工作。"

加里见他那么坚持，于是继续刁难道："你得做两个班的工作。"

史蒂夫说："好的，没问题。"

加里当时并不知道史蒂夫刚进通用汽车的时候就是从生产操作工开始干起，渐渐蜕变成一位能完成生产领域中所有工作的通用型人才，有需要时，他也曾经连班工作过。

加里故意安排操作工的工作给史蒂夫做，预料他很快就会受不了，然而，他每天都在倒班中学习新的工作，而且表现出色。史蒂夫渐渐获得加里的敬重，在给他安排下一个工作的会议上，加里把他提拔为组长，这是丰田最低级的领薪水的管理岗位。加里把工厂中生产质量最差，工作态度最坏的那一组分配给史蒂夫，他说："史蒂夫，作为组长你的任务是把这个组带成这个工厂里最好的一个组。"

史蒂夫说："没问题。"

在几个月内史蒂夫领导的这个组成为了工厂中表现最好的几个组之一，而史蒂夫也渐渐地在工厂的管理层中获得晋升，这是第一次有协调执行官完成这个目标，他后来回到通用汽车公司从事工厂运营，开始运用所学的东西帮助通用的工厂进行精益转型。

后来，加里被调离新联合汽车制造公司，他的新岗位是丰田公司在肯塔基州乔治城的工厂总裁。然而，他并不是一开始就担任总裁的岗位，当时的总裁是一个日本人，在成为第一位美国人总裁之前，他先被安排到执行副总裁的位置上。

这位日本总裁告诉加里："我们把你调过来期望的就是日后你能成为这个工厂的总裁，但是你首先得学习这里的文化，亲自动手做事并证明自己能够胜任。所以，我会留在这里与你重叠地担任总裁，你的任务是去学习工作，了解员工，了解丰田，你有一年时间来完成这些，假如一切顺利的话，你会在一年后担任总裁的职务。"最终，他们用了大概 6 个月的时间让加里成为了丰田乔治城工厂的第一位美国人总裁。

由于加里的离开，新联合汽车制造公司现在亟需一位新的执行副总裁，他们邀请了当时已经回到通用汽车公司的史蒂夫来担任临时执行副总裁，管理整个生产运营。由通用的人来管新联合汽车制造公司？这可是闻所未闻的事情。

史蒂夫在新联合汽车制造公司持续出色的工作，赢得了丰田高管深深的敬意，当加里后来从丰田退休的时候，他们希望史蒂夫到肯塔基州乔治城工厂接手。由一个从来没有在乔治城工厂甚至没有在丰田工作过的通用汽车的外来者接管丰田工厂，这可是件大事。

这到底是怎么发生的？加里为史蒂夫的任命施加了影响，他也和史蒂夫约法三章，正如那位日本总裁在加里接受乔治城工厂前所做的一样，加里继续带着自己的人运营工厂，史蒂夫先做执行副总裁，在一年内尽可能地学习。

史蒂夫举家搬到了肯塔基州乔治城，他开始时是执行副总裁，他希望能成为总裁，但这并没有保证。他获得的第一样东西就是他的培训计划（参见图 4-10），从四月至九月，他们跟进他的进展。从表中能看到他必须吸收大量的信息，他必须到现场观察—通过走访各个丰田子公司来了解现地现物。

推荐的高管教育，史蒂夫·圣安吉洛，执行副总裁

课程/主题	下次计划安排	时间	状态
肯塔基州丰田职能概述	4月–6月，2005年	3个月	完成
北美丰田职能概述	7月5日	2天	完成
丰田质量方式	2005年5月6日	1天	完成
TPS课堂培训	2005年8月18日	1小时	8月18日完成
TPS现场培训	8月19日、8月22-26日、8月31日，9月7-9日、9月25-30日	20天	8月19日到9月30日完成
走访供货商	视情况计划	每次半天	完成
全球问题解决	2005年5月	1天	5月5日完成
执行主管发展计划	2005年9月11-16日 & 10月3-7日	2周	9月16日及10月7日完成
丰田方式学习图	8月(大约)	2小时	8月11日完成
健康检查	视情况计划	1小时	
人力资源政策（系统）	2005年10月18日	1小时	完成
继任计划过程	视情况计划	1小时	8月2日完成
劳动力 - 历史/目前评估	视情况计划	2小时	完成
现场管理发展系统	视情况计划	1小时	6月17日完成
主管40小时培训	2005年6月(大约)	2小时	6月8日完成
生产线工作	视情况计划	塑料车间 车体车间 总装车间1和2 涂料车间1和2 冲压车间 动力总成车间 质量控制 维护保养	大部分完成
流程诊断	视情况计划	(2) 4小时课程	9月2日完成
参观丰田北美工厂	视情况计划	10天	完成
丰田销售客户满意部门	2005年11月	3天	11月11日完成
丰田科技中心评估	视情况计划	1天	完成
跨部门走访	视情况计划	每次半天	完成
去现场看螺栓计数器，扭矩改进，可追溯性	2005年8月8-9日	1天	8月8日到8月9日完成
媒体培训	2005年9月20日	1天	完成

来源：肯塔基丰田汽车制造公司（TMMK）

图 4-10 给史蒂夫·圣安吉洛量身定制的执行高管培训计划

他走访了技术中心，北美总部，和丰田汽车销售公司，他还就如何回答记者的提问接受了专门的媒体培训，但最深入的培训是在肯塔基州乔治城工厂观察现地现物。

从上面的培训计划可以看到，史蒂夫只花了一天时间参加丰田生产体系的课堂培训，之后他却参加了为期四周的现场培训。在这四周中他参与了改善活动，他在活动中的身份是团队成员而不是领导。我参与过一些公司的改善活动，我们希望能让高管们到现场去，让他们连续五天在手机关闭的状况下参加改善活动，但是相当困难。而作为入职培训的一部分，丰田竟然让数十年来对改善身体力行而且真正管理过新联合汽车制造公司的史蒂夫花上四周的时间来参与改善。

他也参加了解决问题的培训，丰田希望他能花上几个月的时间运用丰田解决问题的模式来解决一个问题。他去了日本完成了高级管理人员培训项目，此外，尽管他曾经在新联合汽车制造公司轮岗工作过，丰田希望他能在现在的工厂里再次进行轮岗。在肯塔基州的丰田工厂里，他要到每一个部门去完成生产工作，具体工作时间由他和各个部门商定。

为什么他们要这样做呢？为什么要让史蒂夫•圣安吉洛这样一位本来就是做生产出身的，又通过了在新联合汽车制造公司轮岗的老兵在肯塔基州乔治城工厂继续到生产岗位上轮岗？可以说，他至少已经处在守的发展阶段，也许已经达到或者接近破的阶段。在此情况下，他们并不是想测试他的工作能力，或者让他学会如何焊接或组装，这是让他沉浸到现场去，认识各个部门的人，获得他们的信任。他将是6000名在肯塔基州乔治城丰田公司工作的人的总裁，他将要管理一个小镇的人口，他需要走进他所代表的员工的工作生活中，像一位同事一样和他们谈话，渐渐了解他们的想法以及这里的企业文化，与他们建立关系。

这一切都完成后，他对哪里有差距，哪里有弱点，他就任总裁之后该干些什么，产生了很多想法。即使在加里退休后，史蒂夫全面执掌乔治城工厂，他身边还留着一位日本协调执行官，继续指导他，在其他地方你可能不会看到这样的情况。

乔治问："当史蒂夫接受培训的时候，他身边的人是否已经知道他即将成为下一任的总裁，还是认为他只是一位普通员工？"

杰夫："当他来到肯塔基的时候，他被宣布就任执行副总裁，每个人都知道这个在通用工作过的外来者将会被保送到总裁的位置上。"有些人发牢骚，认为一个通用的家伙怎么可能理解丰田模式及精益领导力，还有一些人是在工厂里一直晋升上来的，他们一直认为自己会成为下一任总裁。会有一些人感到失望，另一些人感到疑惑，他必须消除这些负面影响。

那六个月的时间对史蒂夫非常关键，他必须在员工间建立桥梁，他们有些人敌视他，另一些人却想给他一次机会，那是一个调整和赢得信任的关键阶段。开始的时候大家对待他和其他人并不一样，他去参加改善研讨会，大家都知道他是谁。

我对改善研讨会的经验是——我敢打赌其他人也有这样的感受——当一名高管放低姿态把自己当成团队的一分子，穿上工作服，和大家一起清理地面的时候，大家很快就会把他当成一名普通人来看待。假如你是一位执行副总，当你和一位比你熟练得多的焊工一起干焊接工作的时候，这位工人会有一种优越感，通常而言，只要你足够谦虚，他们就会照顾你，告诉你窍门，帮助你赶上进度。我曾经在新联合汽车制造公司做了两天的生产工作，那时我真切地感受到这种氛围，尽管工人们并不理解为什么一位教授要跑去做操作工。史蒂夫刻意把自己的姿态放低，这样他就有了机会建立起来自那个岗位的信任。

在突出的企业中成为成功的领导者的重要因素

一位在丰田汽车销售公司服务了几十年并最终成长为执行副总裁的前丰田老将作出了以下的总结，他说："成功最重要的因素是耐心，关注长期的而不是短期业绩，持续地对人、产品和工厂进行再投资，以及对质量不讲情面的承诺。"

如果这成为了你的思考和行为方式，那么你就能成为一位精益领导者。自我发展需要耐心，需要长期的关注，需要把重点放在培养他人，即使你无法立竿见影地看到投资这些人所获得的结果，还需要对客户和质量充满激情。

这里是另一个家庭作业，想一想你的组织，也许是整个公司，也许是你所在的部门。图4-11列举了前面提及过的成就精益领导者的关键条件，请对照你的组织和这里的描述之间是否具有严重差距（1分），你甚至可以把自己当成一名领导者来用这些描述衡量自己，4分代表有微小差距，5分意味着你已经达到了*离*的阶段。如果有人在任何一项上达到了*离*的阶段，都会令我感到惊讶。

你的公司中的领导力现状

1=严重差距，2=重大差距，3=一般差距，4=微小差距，5=达标

1. 领导者有规律地到现场观察现实状况与正北之间的差距
2. 每个层级的领导者都能接受资深教练对领导流程改善的指导
3. 组织里有精心设计的教导在岗培训严谨地解决问题的课程
4. 领导者用心地练习流程改进，每天提高自己的技能

图4-11 你公司中的领导力现况

第一个问题是你的组织里的领导是否能够经常到现场去观察人和流程，对当前的情况与正北之间的差距了然于心？这当然意味着他们对正北愿景拥有清晰的共识，这是一道多选题（并不是一个好的问卷调查里的问题，然而这并不是一个研究项目）。

第二个问题是你的组织里的领导是不是流程改善的专家？如果他们把流程改善的职责转嫁给下属工作人员或者精益教练，这可不算，如果他们上过一些培训课程，拿到一些认证，但却很少在实际工作中运用所学的内容，这也不算。要记住的是，流程改善不只是做一些算术，填一些工作表，或者运用精益工具，而是意味着你真的能改善流程，影响人们有纪律地学习并遵循新的流程。这还没完，要直到流程能在一个新的更高的水平上运作，成为了对执行流程的人的常规标准工作，这才算是稳定下来。

第三个问题是你的组织里有没有精心设计的通过在职发展（OJD）的方式教育精益领导者严谨的解决问题的课程？领导者们是否拥有专门的教练，就像我的吉他课程那样？每个礼拜我都会去上课，我会演奏本周所学到的乐章，我会得到反馈，然后获得新的练习，新的功课。在你的组织里有没有这样的机制指导你如何成为一位能通过流程改善达到更高目标的领导者？

最后一个问题，领导者们有没有用心地进行学习和自我发展？如果我在两堂课之间不做任何练习和功课，我的吉他老师也会无能为力。在你的组织中对自我发展的关注是不是一种普遍行为？

如果你对以上四个问题的评分都在 1 到 3 之间，也就是有一些严重的或者关键的差距，不必感到沮丧，这表示你的公司是一家中规中矩的企业，因为很少的公司会大力地培养精益领导者，即使是丰田，他们也有很多弱点。

最终你需要开发一个个人计划，作为领导者你该怎么样开启自我发展之旅？有一部分需要依靠教练，你无需马上跑到老板面前说："请给我找一位职业精益教练。"你必须自己去找教练，可以通过各种各样的方式去找。我有一个朋友，通过一个社交网络平台找到一位精益专家，并问她是否愿意在线上辅导他，这位专家感受到尊重，于是同意了。她完全改变了我这位朋友的命运，他从组织底层渐渐做到了公司在美国一个地区的所有精益教练的主管。

可以有许多创造性的方式去寻找教练，精益领导力研究院有一个网站（www.LeanLeadership.guru），可以为学员们提供教练，作为课程的一部分。请把握任何寻找和运用教练的机会，你可以随时提高自己和他

第五章

学习指导与培养他人

在自我发展的同时开始学习如何培养他人

在开始培养他人之前,你需要把自己发展到一定程度,图 5-1 所示的精益领导力模型让这个过程看起来是按部就班地推进的,但事实并不是如此。实际上这个模型中的四个阶段有互相重叠的部分,你得不断地反复推动这个循环,让自己和组织变得越来越强大。

本章的问题是怎样从自我发展过渡到指导他人进行自我发展,实际上,我们可以从这里开始,问应该如何指导那些精益新手,让他们终有一天能指导其他人。尽管外界有很多绝佳的范例,例如,指导选手参加体育比赛,指导学习音乐和艺术,以及指导学习手工艺等等,不幸的是,在工作组织中却很难找到高质量的范例。

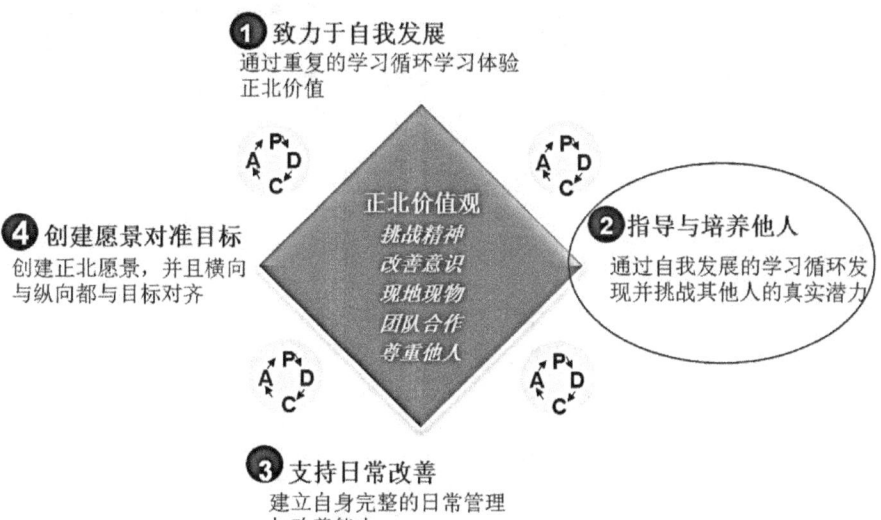

来源:《丰田模式(领导力篇)》

图 5-1 精益领导力培养模型(钻石模型)

当我们用丰田作为发展领导力的样板时，在很大程度上我们可以追溯到日本古代常见的师徒关系（参见图 5-2）。在这种关系中，师傅就是师傅，徒弟应该是谦逊的，毕恭毕敬的，渴望从师傅那儿学到本事的学生，师傅基本上可以让徒弟做任何事，而徒弟只能照做。如果学习打铁的第一课是拿一根牙刷清理地面的话，你就得用一根牙刷清理地面，你觉得师傅让你这样做一定是有原因的，从中你会学到一些东西。

图 5-1 师傅传授徒弟手工艺的方式

这种方式深远地影响了丰田的文化，这就是丰田佐吉学习木工的方式，也是今天丰田公司培养人才的方式。现在丰田称这种方式为"在职发展（On the Job Development）"，但本质上在丰田公司内部传授技能的方式还是通过师徒关系。当然并不是在每个地方都能做到这样，我不断地重复说，*丰田公司是由人组成的，而人本来就不完美*，各种各样的事情都会在丰田这样的全球性企业发生，无论是好的还是坏的，然而"在职发展"的原则是基于从工作中进行学习，在此过程中比你经验更丰富的人看着你，分析你做的事情，并给你反馈，他们向你提出具有挑战性的问题。丰田把领导者的最重要职责定义为教导。

学习培养他人

至此一直在进行自我发展的领导者已经学习了如何体验价值，如何通过重复的学习循环来实践"计划—执行—检查—调整"。每当你遇上一个新问题，你需要和不同的人打交道，你得展现尊重，接受挑战，每次你这样做的时候，你就完成了一次学习循环—正如学习和演奏一首新作品一样，下一首的学习应该比较容易一点，你的表现也变得更好。现在，你准备开始进入下一步，这就是教导别人学习你所学到的东西，你不必成为一个真正的培训专家才去教别人。事实上，如果你是诚实的，谦虚的，你可能永远不会感到自己已经准备好了。

丰田认为没人能称自己是专家，没人通过丰田模式认证，他们认同活到老学到老的理念。当你的学识技能达到一定程度的时候，你必须决定自己是否需要或者是否已经准备好开始培养他人，如果你在学习如何教授一门课程，你要做的就是保持领先于学生，你总是比他们领先一章。

一个古老的格言说，老师总是要比学生学得更多。当你试图教导别人的时候，你会发现自己开始质疑存在于自己的理解中的空白，因为你想知道：假如他们提出这个问题，我会不会不知道答案？所以，你会在给定情况下质疑自己的判断，当你这样做的时候，你就会填补漏洞，加深自己的理解，此外，你会变得很积极，因为你试图教导别人和负起责任。学生也应该积极参与投入，但是他们往往处于比较被动的局面。

老师通常总会不断提高自己的能力，你不想等到你绝对相信自己已经完全准备好了才开始教别人，当你认为你有一些东西可以提供给他人的时候，应该接受挑战，重要的是得有一位教练来帮助你批判性地反省自己的教导工作。现在，你是教练，那还有位学生，你的教练会观察你的教学状况，然后等教学结束了再给你反馈。

教学技能和学习技能有所不同，作为学生，你得聆听，你要实习，你会遇上具有挑战性的提问来帮助你看清自己的弱点和下一步该做什么；作为教练，你必须培养挑战与引导学生的技能，而不是代替学生去思考。

指导和培养他人需要不同的技能

你不断地学习，练习，自我反省，并从老师那儿获得反馈，让自己在改善流程方面变得更好，你该如何将这些技能传授给别人呢？

如果你曾经有位好老师，你就有了一个榜样，你可以观察这个榜样，并借用老师的有效方法来指导他人。然而，你的老师是通过很多次的 PDCA 循环让自己变得如此好的，她有自己应对新情况的方法，你不可能简单地模仿老师的成熟的教导水准，即使它看起来很容易。

第一项要学习的技能是看出别人的真正潜力。你要客观地，深刻地观察人，就如走进他们的头脑中去真正理解这个人是怎么想的，这个人是怎么思考问题和当前状态的？他们对目的有清楚的了解吗？他们是否选择了正确的问题？他们是否善于作根本原因分析？他们是否有足够的耐心来执行解决问题的所有步骤，还是自以为是地定义问题并快速寻求解决方案？他们是否善于倾听？他们是否善于使用教练？

因为你需要因材施教，所以你必须回答以上的问题并作出判断。回到音乐这个范例上，如果你已经演奏了五年，你参加过夏季音乐节，而且是同龄人中的明星演员，你的老师就得用不同的方式来教导你，不像对待一个刚开始的初学者。

这项技能是关于衡量学生的成熟程度，解决问题能力，人际交往能力，和待人处事的态度。他们是拥抱学习的还是双臂交叉持抵抗态度的？你必须区别对待各种学生，让他们展开自己的双臂。这是一个关键的技能，就像到现场观察实际情况是关键技能一样，图5-3展示的是对一个人而言什么是合适的挑战。

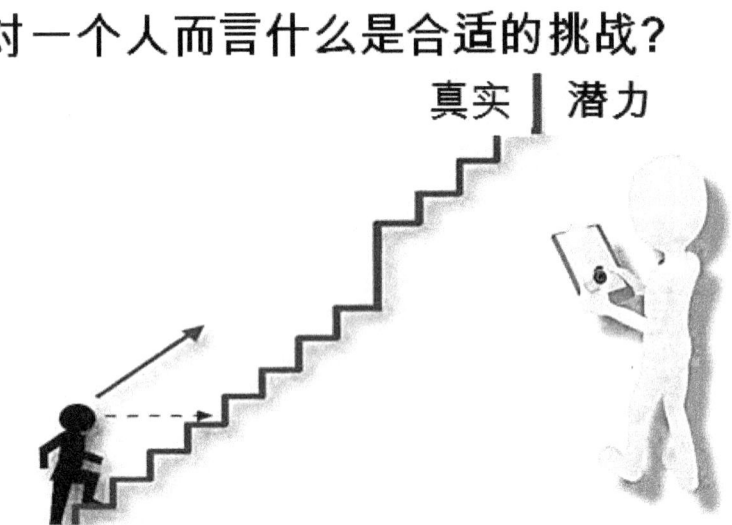

图5-3 为学生确定合适的挑战

这就是一种好的指导和教学

如果你曾经是一位教练，也许是年轻人组成的运动队的教练，你有时候可能会想说"等一下，这听起来像是好的指导和教学方式，但它听起来并不是丰田公司发明的。"如果你有这样的感觉，那么你是对的。我在这里谈及的内容很少是由丰田公司发明的，事实上，丰田从不同的地方找来最好的东西，然后把它们组合到一起，再融入他们自己的系统中。

作业指导书培训就是在教练的指导下在实践中学习

在指导和培养员工方面丰田的一大创举就是从美国国防项目中的"工业内部培训"（TWI）开发出所谓的"作业指导书（JI）培训"，这是在二战期间美国开发的两个快速教育平民接替参战者原来的工作的模块之一。这种在二战结束后在美国几近绝迹的方法却在丰田公司里发扬光大（因为精益思想的传播，最近 TWI 在美国再次被提及），这种培训方式的重点在于在教练的指导下在实践中学习。

和很多大企业不同，在丰田公司的历史长河中从来没有中断过师傅—学徒的培训模式，这种模式是丰田公司发明的吗？答案显然是否定的，但他们在整个公司中贯彻了这个概念，无论是在产品设计这种知识性工作中还是在生产制造这种重复性工作中。

开始指导和培养他人的步骤

领导者必须把自己发展成持续改进的教练

我去过很多国家，接触过多个行业，也曾经为海军，空军，政府部门以及卫生保健行业工作过，精益以不同的形式存活了超过 30 年，而这个概念至今仍在不断流传和推广。我相信我们可以合理地把精益称为一场运动，然而，我仍然认为在这场运动中的一个关键弱点是领导层无法确保它可持续的生存，领导者需要被培养…最好是由该组织的其他领导人来培养，这是持续保持优势的唯一途径。

成为有效教练的六步法：

第一步：评估他人对目前状况的了解程度和技能水平

第一步是评估你要教导的人对目前状况的了解程度和技能水平，从宏观上考虑，假如你在人力资源部门工作，你的任务是给数百名经理人进行精益领导力的培训，很自然地你会做一个评估，这个评估需要通过纸笔测试或电脑测试来完成。

这并不是我们要讨论的内容，我们要谈的是师徒关系，一对一的指导，即使你拥有一个由五到十个人组成的团队，你也必须为每个人定制个性化的教学计划。你不应对统计平均值感兴趣，你应对每一个个体都感兴趣，但你不易通过纸笔测试来评估他们，你可以通过观察他们在工作场合的表现来评估和了解他们。当你开始教导他们时，你对他们的技能水平就会有更深刻的认识。

在丰田公司，他们称这种方式为"到事情发生的现场里浸泡"，你必须把自己沉浸到人们工作的场合里。在丰田他们甚至会给你这样做的时间，就像上一章里史蒂夫·圣安吉洛的范例所示，当一名管理者被调动到另一个部门的时候，他们会给予他几个月时间熟悉情况，理想情况下是 3～6 个月，而新部门原来的经理也会留任一段时间，帮助新经理掌握形势。他们得了解正在发生的事情，争取了解流程和员工的优势和劣势，他们会开发一个课程计划来确定谁需要做什么。

第二步：培养他人严格遵守解决问题的步骤

第二步是培养其他人严格遵守你自己一直在执行的解决问题的方法，你已经重复地实践过 PDCA 的所有步骤，现在你得挑选一个人，指导他来推动这些步骤，并一起选择改善项目。这位领导改善行动的学员得通过所有的阶段，从定义挑战，了解当前状况，定义目标，到推动 PDCA 循环，向目标迈进。只要重点放在达成具有挑战性的目标上，并且你已经把整个学习流程分解成可管理的片断，你可以选择使用第二章里介绍过的丰田套路，A3 思维，或者你自己的解决问题方法。

对你所使用的改进流程，学员们需要一定程度的指点，但不要认为在课堂上他们就能学会任何解决问题的真功夫。实际上，如果你给一群学生正式地在课堂上上课，你或许得先给他们强调："警告：今天的课程结束后你并不会学到真正的技能！这堂课的目的只是在于启发你的改善意识，技能需要在现地现物中培养，每次前进一步，而我会在现场与你们在一起。"

第三步：分解任务，分配工作以增进技能水平

什么是各人合适的任务？你的学生必须与团队合作，找出问题，并把它分解成可以分配给各个团队成员的较小的问题，并以提升他们的技能水平为目标。你的学员们必须团结一致，聚焦于一个共同的方向，积极地完成他们承诺的任务。

在解决问题的第一次会议中，不管是半天或是一天，你要作演讲，要像传统的老师那样活跃。你给他们传授知识，检查他们的理解程度，多向他们提问，让他们开口是有好处的，你可以运用案例分析或者模拟来让他们积极思考并提供给他们纠正反馈的机会。

在初始的精益意识培训后，你就要转到在职发展（OJD）的模式。假设你是一位手工艺大师，带着一位对基本工具一无所知的徒弟，你希望给他安排第一个任务，你想教这个人什么东西？要紧记的是，人不是被教出来的，他是学出来的，学习是从内而外的，这就是自我发展。

有时候思考一下如何传授一些普通的技能是有帮助的。例如，你开始教小提琴的时候得从音阶开始，学员首先得让琴弦发出动听的声音，他们得用正确的姿势握琴，显而易见，你得教他们如何握琴，你得给他们展示正确的拨弦技术，你可以让他们使用开放式的弓弦，以便他们把注意力集中在音质上而不是分心到音符的变动上。

当你发现他们拉出可怕的声音时，你会怎么做呢？你当然可以说"把琴给我"，然后把他们的小提琴拿过来，自己拉一遍，然后把小提琴还给他们，说："瞧！这就是你们要做的事情。"猜一下下面会发生什么事情？他们还是会拉出可怕凄厉的声音。观看你的演奏并不会让他们学到太多东西，而且你还给他们施加了压力，这样阻碍了他们的学习。

一个更好的方式是告诉他们"试着这样来拿弓，以这个角度，再来试一次。"这时他们拉出了一个好的声音和一些糟糕的声音，他们有了小小的进步。然后，你让他们再拉一次，并说"记住，我示范过你怎样拿弓和角度"，继续这样下去，很快他们就能拉出更多好声音。在教学过程中自己接触小提琴越多的老师并不是好老师。

以下的说法清楚地说明了这种状况：

- 告诉我，我会忘记
- 向我展示，我或许会记得
- 让我参与其中，我就会理解

第四步：通过提问而不是告诉来施教

现在你要向他们提问了，例如，用本章结尾部分将要介绍的指导套路的五个问题来提问。在最初的精益意识课程中你会作出一些阐述和解释，现在你要转变这种模式，让学员们启动项目，你必须让他们挣扎一番，然后你要向他们提一些问题来检查他们的理解程度，而不是直接把答案告诉他们。你必须让他们挣扎一会儿，犯一些错误，但不能犯太多错误，不然的话错误的方法就会深深地刻画在他们的脑海中。假如你是在教小提琴，你给他们布置练习的功课，他们得在你不在的时候做好每天的练习，直到下一堂课开始。同样的，你要给你正在指导解决问题方法的领导者布置作业，他们要练习，最好你可以每天检查他们的进度，脱离了练习，他们无法深入学习。

通过提问而不是告诉来教学是一种艺术，你可以把它想象成一种苏格拉底（Socratic）教学法。通过这种方式你可以找出学员知道什么，能发现什么，能推断出什么，如果他们能作出推理，进行脑力劳动，他们就会加深自己的理解。如果他们只是在听你讲课，他们最终只会简单地鹦鹉学舌，而你成为了唯一一个在思考的人。指导套路是比较容易上手的，开始的时候你可以完全按照书本上的问题来提问，当然你也可以增加一些带有澄清性质的问题，随着你的技能水平的增长，你能即兴发挥的程度就越高。

通过提问来教学并不意味着你什么都不用告诉他们，你要告诉他们的内容是以简短句的形式。"这样来拿弓，以这个角度来拉琴弦，现在试一下用放开的琴弦。"然后，你要向他们提出一个又一个的问题，或许给他们一些提示，然后再让他们进行练习。而你作为教练，会通过这样的练习变得越来越优秀，尤其是在你自己的教练的指点下。

第五步：和你的学生建立互信关系

不同的教练拥有不同的风格，你们都听说过或者经历过喜欢惩罚人的严苛的上司或者教练，他们会斥责你，直到你把事情做对。在大多数情况下，如果有人斥责你，你的反应会是防御性的，或者你会闭嘴，或者你会感到紧张，你会试图掩饰自己的错误。更好的一种方式是建立相互信任的关系，如果我是学生，我对你的信任并不是因为你从来不批评我，而是因为你是为了我好才批评我。

这不是因为你的自私或者你想展现作为领导者的控制力，而是因为你想教我一些东西，因为你关心我的发展和我本人，如果我是这样认为而信任你，即使你严厉地训斥我，由于我知道你期望我能获得成功，所以我能更有效地接受反馈。大野耐一就是一位严厉的导师，他让他的学生在日本取得了伟大的成就，一部分是因为当地的文化，另一部分是因为他的崇高信誉，还有很大的一部分就是学生们知道他深深地关怀着他们。

第六步：在赞扬和批评中取得平衡

信任是非常重要的，要注意的是，不能把信任和总是做好人和说好听的话混为一谈，而另一方面，在向某人作出反馈的时候你需要在赞扬和批评中取得平衡。每位好教练都知道不能用同样的方法来指导不同的人，一些人只推崇批判性反馈，而另一些人则对此反感，他们需要你对他们做得好的部分作出表扬。

当丰田公司的日本人刚刚来到美国设点的时候，他们发现在日本适用的那套指导方式在美国会引发一些问题。在当时的日本，大野耐一那种严厉的方式被广泛地接受，下属会低头鞠躬，当他们感到更加愧疚时，头会更低，然后他们会尽力而为。他们会作出反省，并说："下一次我要做得更好。"师傅会说："嗯。"你很少会听到师傅表扬徒弟，那是非常少见的，如果这种事情一年里能发生一次，你会在日历上记下这个特别的日子。"我的上司终于说了一些好话。"

当丰田在 1980 年代在肯塔基州乔治城设立工厂的时候，一些日本教练的严厉风格让很多美国人接受不了，他们感到不安全，纷纷跑去找人事部。美国人领导于是向日本人指出了这个问题，他们没有对这个反馈作出防御性动作，而是把它当成一个事实，从中学习。

他们遏制问题的第一步是制定一个培训美国人的标准规则：当你对一件事作出批评的时候，你得先说三件正面的事情，他们发现，这个比率似乎行之有效。首先，找出三件好事，例如，他们快速地学习新知识，他们达到了高质量水平，他们很好地执行标准化作业，然后话锋一转，说："但是，你可以在这件事情上努力一下，我认为这会让你获得更大的改进。"

拉里·米勒（Larry Miller）查看了这方面的一些著作，他找到一个研究把师生之间的互动分成正面的（赞许，表扬，等等），中性的，和负面的（错误的答案，纠正行为）。当老师的正面回应和负面回应的比例达到 3.57 时学习的效果最突出（http://www.lmmiller.com/blog/2014/06/28/corporate-culture/coaching-kata-2/），这和丰田教练的直觉感受非常一致。

同样，正面的做法会对一些人行之有效，而其他人会说："为什么我们要玩这些游戏？你为什么要告诉我这些我早知道自己已经做得很好的事情呢？告诉我哪些事情还需要改善！"随着时间的推移，当他们对老师越来越信任的时候，我认为更多人会表现出这种态度。"我真的渴望获得批评性意见，因为我感兴趣的是如何让自己获得进步。"

如何在现场指导和培养他人

一位伟大的教练是如何建立常胜团队的？

图 5-4 文斯·隆巴迪再一次赢得胜利

文斯·隆巴迪（Vince Lombardi）（参见图 5-4）是美国绿湾包装工（Packers）美式足球队的一名教练，美国人绝对仰慕的伟大教练。他说了一句非常出名的话：

"赢并非偶然事件，它是无时不在的必然事件。你不会偶尔赢一次，不会偶尔做对一次事情，你会时时刻刻都做对事情。赢是一种习惯，不幸的是，失败也同样是一种习惯。" ——文斯·隆巴迪

你或者你的学生都可能有赢或输的习惯。在我们这里，赢可能代表我完成了项目，我们获得了改进，我达到了自己的目标，所以我赢了，那是一种可能性。

另一种可能性是我走完了整个流程，尝试了一些事情，其中一部分失败了而另一部分却成功了，无论是否达到了最终目的，我们都取得了很大的进步，我们彻底地进行反思，从中学习到了很多东西。

对于隆巴迪而言，在练习和常规赛的时候，他期待球队不断地学习，变得更好，他也希望他们能赢。无论如何，输球都不能被看成成功。而在我们持续改进的比赛里，尤其是在改变文化的早期阶段，所有的行动都是与学习相关的，你要做的就是形成用正确的方式做正确的事情的习惯，这样你可以赢的次数就会变得更多。无论输赢，你都可以回顾走过的路，反思下次怎么才能做得更好，下一场比赛总是会来临的，你要全力专注于如何让自己在下一场比赛中打得更好。

伟大教练的特质练习

当我在课堂讲课的时候,学生们会围在一起讨论以下问题,我建议你也暂停一下,想一想这两个问题,甚至把你的想法记录下来。或许你曾经担任过教练,经历过胜利或失利,或许你是某队的球迷,知道什么时候该队有个好教练,你也许会对糟糕的教练决定感到生气或者沮丧。问问自己以下两个问题:

- 伟大的教练拥有怎么样的特质?
- 他们做了什么事情让球队变成长胜军?

随着时间的推移,培养一些好习惯,自然地释放自己的适应和创新才能

好的教练要做的就是找出薄弱环节,并要求你重复练习,避免重复自己犯过的错误。很多人都有跳跃式前进的自然倾向,总是觉得"我已经懂了"或者"我只做错过2次,但我做对了10次,我已经足够好了",然后继续前进,但教练会把你拉回来。最终,你要养成一些不假思索就会自然地遵守良好的习惯,突破守的阶段。你已经拉了多年的小提琴,每次开始练习时,不会说"我应该把我的手指放哪儿握弓才正确?"这时你会拿起弓,很自然地就能以正确的姿势握弓。

偶然你也许要重新从基本功开始练习,但大多数时候你已经形成了一种习惯,你知道各个音符在哪里。你无需思考"C调在哪儿?"当这些事情都变成惯例的时候,正确的方式就深深地刻画在你的脑海里了,现在你可以开始思考该如何解读作品了。在我们的工作中就是有创造性地应对问题,然后再思考自己需要多少时间来进行原因分析直到你觉得已经找到了问题的症结,或许你需要在头脑风暴上花更多时间来找寻其他解决方案,或者说服那个仍然固执己见的人。你可以真正创造性地解读,回应和适应形势,而不必困惑于"我是不是正确地遵循解决问题的第四步?"

通过10000小时的练习来掌握复杂的技能

10000 小时的练习才能使人成为某种复杂的技能的专家,这是老生常谈了,当然这是对于一些特定技能而言的一个大概的规律,而不是准确的物理定律。然而,10000 小时代表大量的时间,假如你每周练习10小时,那需要1000周,如果你每年休息两周,那你需要20年的时间来掌握这项技能。

这并不是说我们一定要练习20年,或者决定不值得这样做而放弃尝试。这应该看作是鼓舞我们以谦虚的态度去争取掌握这么技能,同时认识到自己和完美之间的巨大差距。

实现精益领导力的关键是在现场培养他人

图 5-5 通过教导来增强别人的知识与技能

我用上了"精益领导力"这个词汇，而精益领导力的关键特性之一是你在不断学习的同时也能在"事情发生的"现场培养别人（参见图 5-5）。我想要强调现场这个概念是非常广阔的，有人认为现场就仅仅是完成核心增值工作的地方，在制造业中，工厂有时会被认为是唯一的现场。在美敦力（Medtronic）在佛罗里达州的一家高度精益的工厂里，工人必须通过餐厅才能进入厂房，他们在通往厂房的门上贴了一个标志"欢迎来到现场"，他们想强调支付帐单的增值工作是在工厂里完成的。

另一方面，对于厨师来说厨房就是他们的现场—他们准备和递送餐点的地方。会计师和人事专员都有自己的现场。对于人事专员来说，现场就是员工所处的地方，也许在餐厅，也许在办公室，或者在工厂车间里。对于销售人员而言，现场就是客户所在的场所。现场有很多种，总而言之，现场就是对于你所从事的工作而言由客户所定义的增值的场合，无论是内部还是外部客户。当你真正地达成目标的时候，你就实现增值了，例如你高效地为客人送上高质量的餐点，或者你的客户在使用你的产品的时候为它的可靠性感到满意。

运用丰田套路每次指导一个人

该如何在你的组织里推行呢？

无论是在一个小范围内的深度推广，如只是高层，或只是中层，或只是下层，还是跨越各个管理层级的广泛推广，你都可以有多种方法来推行。无论是何种状况，你需要的一个共同条件是要有足够多的教练来指导学员，我认为合理的比例是一位教练面对最多五位学员，如果你想指导 100 个人，你就需要 20 名教练。这个要求立刻就会让某些人打起退堂鼓，说："等一下，我可没有 20 位拥有高深技能的教练。"

我的建议是缩小你原来的计划并把重点放到你所拥有的资源上让其发挥出色。你可以从外面招揽教练，但你必须非常小心地选择他们，他们必须拥有教导能力而不仅仅是做事能力。他们要像酵母那样发挥作用，你无法在缺乏酵母的情况下把面团发起来。此外，如果我只有能发一个面团的酵母，我没法同时让15个面团发酵。你必须从某个地方开始，你需要了解问题，找出差距以及根本原因，制定计划和对策。你必须让现有资源与你试图完成的任务相匹配，然后作尝试，检查效果，然后再作出调整并决定下一步计划。现在的问题在于你希望领导们拥有的技能与他们目前所拥有的技能之间的差距，你要运用PDCA的流程来培养他们，只要你能按照这个流程去做，你就能取得显著的进步。

用指导套路（Coaching Kata）来传授改善套路(Improvement Kata)

实施丰田套路传授改善和指导技能的一个值得推荐的方式是从"先遣组"开始。先遣组是由一些对部署套路负责的高管所组成，先遣的意思是他们必须首先学会改善套路，通常是在外部教练的指导下（参见图5-6）。然后他们得学习成为自己组织中的第一批教练，即使他们成功地把一些员工培养成下一批的教练，他们也不能就此消失，他们还得不时地到现场去检查流程，作出调整，做出下一步该如何培训，多少人需要培训，以及部署速度等决定。

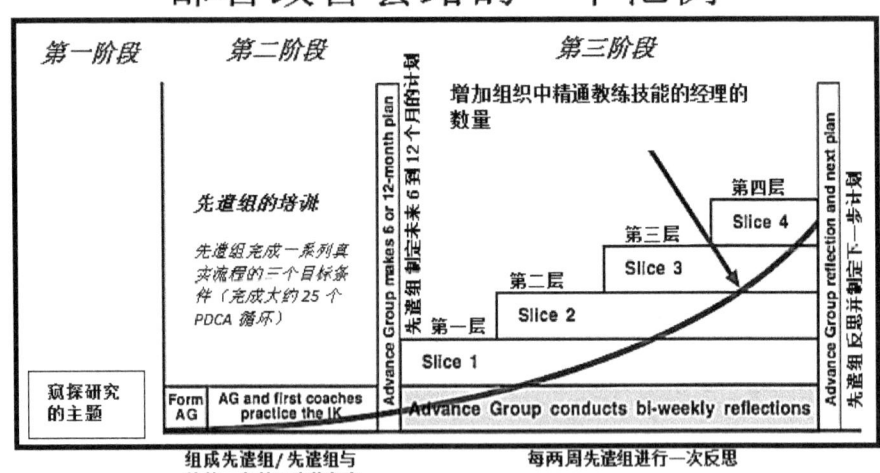

来源：迈克·罗瑟

图5-6 部署改善套路的推荐方式

在第二章中我们总结了在迈克·罗瑟的《丰田套路》中所提及的改善套路思想，他同时也开发了指导套路以对教练习惯进行专门的练习。正如丰田的在职发展（OJD）是丰田业务实操的镜像一样，指导套路可以简单地看成为一种人员角色的逆转，改善套路的学习者变成了教练，教导一位新的学习者运用改善套路。

总要有一位教练负责培养一位领导特别项目的学员，学习者会用上改善套路的某个具体模式，而教练也拥有一个跟进的模式（参见图 5-7）。教练会紧密地引领学员从确定方向开始一起走完改善套路的四个步骤，而这个方向应该和组织中更广泛的业务目标相一致。

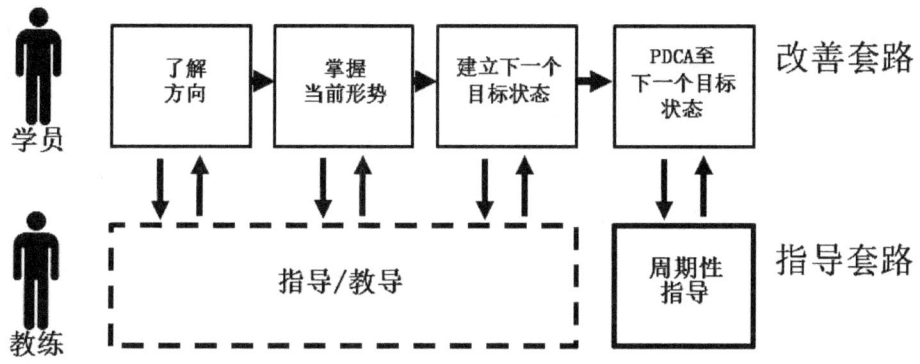

资料来源：迈克·罗瑟

图 5-7 改善套路和指导套路互为镜像

第二章中所展现的学员故事板是一种文档记录方法，教练和学员在故事板前面会面。到了第四步，在下一个目标状态建立起来之后，重点要放到 PDCA 循环中的实施上面（参见图 5-8）。在 PDCA 循环里学员要计划并实施下一个试验，然后检查试验结果，并反思从试验中学到的内容，然后为下次试验做准备，这些试验的焦点就是下一个通向更广泛挑战的目标状态，当一个目标状态达成后（也许是每两周），下一个目标状态就要被确定。

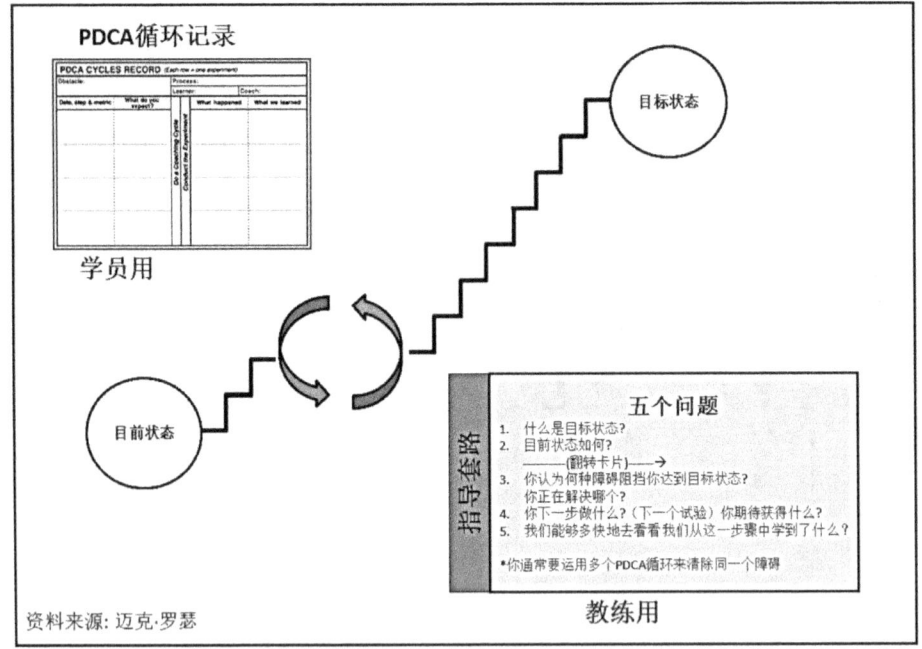

图 5-8 在 PDCA 循环的第四步中教练为达到下一个目标状态所定义的例行问题

在 PDCA 循环阶段，教练的标准化作业是非常清楚的，他得专注于准确地提出图 5-9 所示的问题。你和学员一起站在改善套路故事板前，学员要回答你的问题，回答问题所需要的所有资讯都已经总结在故事板上，教练提出问题，学员指着故事板逐一作答。教练有一定的回旋余地，如果感到答案不如人意，教练可以进一步提出澄清性问题，教练还可以建议到现场去看看，以便学员能更好地解释答案。但大多数情况下，我们希望教练能遵循脚本学习整个模式，就像学员学习改善套路的模式一样。

要注意的是，教练向学员提出关于项目的一般性问题，让他们思考当前状况和目标状态之间的差距，然后，他们只需要对最后一步进行反思。他们得花时间思考自己从这一步中学到了什么，然后确认阻碍他们达成目标状态的其他障碍并向教练描述下一步计划，对完成的期限做出承诺，然后整个流程又再从头开始。

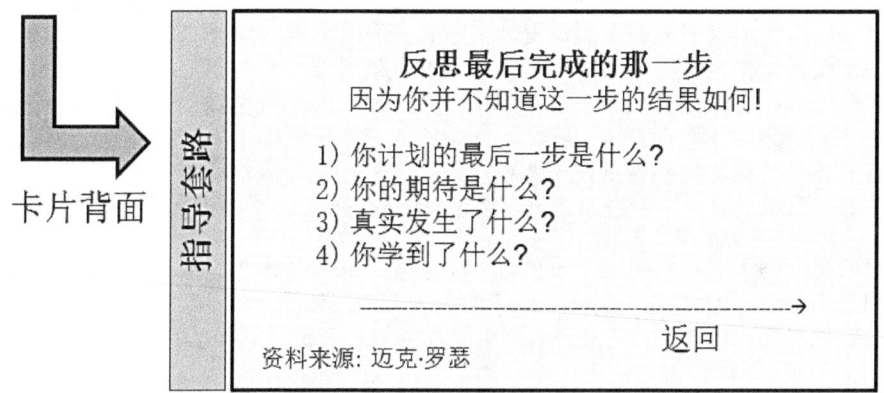

把卡片翻过来反思最后一步/试验

图 5-9 问题卡片是教练的标准化作业

精益领导者必须学习的三部曲

精益领导者需要学习的三部曲

1. 身体力行理念的核心价值—《丰田模式2001》
2. 成为一个严谨的解决问题流程的榜样—丰田业务实操（或是改善套路）
3. 成为一个严谨的解决问题流程的老师和教练—在职发展（或是指导套路）

你可以在我写的《丰田模式》中找到第 1 步所提及的原则的范例；第 2，3 步你可以看麦克·罗瑟的《丰田套路》，他解释了该如何运用改善套路（与丰田业务实操相似）和教导如何实施"在职发展"的指导套路。

回顾这三部曲—精益领导者需要学什么

领导者需要学习的这三部曲实际上是三个解决方案，在丰田得到广泛的应用。早在 1990 到 2000 年的时候丰田就发现有必要在日本以外的地区把培养领导力的模式明确化。在 20 世纪 80 年代他们派了很多日本教练到北美，这些日本教练非常深入细致地指导每一位领导包括班组长，他们是美国学徒们的师傅，到了 80 年代末他们纷纷从美国和加拿大撤到别的需要他们的地区。他们发现，即使接受了很多高强度的培训，很多美国人仍然处于守的阶段，有一些学习得比较深入的美国员工跳槽到了别的公司，很多公司想要经过培训的丰田领导，这导致丰田只能从外面招进新人或者内部提拔仍缺乏深厚知识技能的员工。

第一个解决方案是将丰田的核心价值观用白纸黑字记录下来，在日本文化中长大的人都能潜移默化地了解到这个无形的核心价值，自从丰田纺织公司建立以后，这些核心价值就一直在发展演变，但它们一直没必要记录下来，因为他们是通过师徒关系来传授这些核心价值的。"现在我们需要用一种更加积极和公开的方式来教授核心价值，我们得把它写下来。"丰田的成长与全球化使得把核心价值记录下来的必要性不断增加，最终，一本名叫《丰田模式 2001》的小册子问世了，它阐述了持续改善和尊重他人两根支柱，其基础就是我们所说的五个核心价值：挑战，到现场去，培养改善意识，尊重与团队合作。

他们把它写下来，对每一个价值进行了描述，并发展出下一级价值，收集范例，创始人和领导的名言。然后，他们开设一个培训课程，通过案例分析的形式学习这些价值观，这样丰田的经理人学会了如何运用和探讨这些基本价值。

他们首先对执行副总裁这个层次的高管进行培训，逐步向下直到组长。在他们推动这种培训的早期，也就是对高管进行培训的阶段，他们就意识到了它的威力，人们开始谈论并用一致的语言来表述丰田模式，然而却还缺乏足够的"行动"来让这些人把这些价值转化为日常惯例。那么他们需要做什么才能形成这些日常惯例呢？答案是他们需要严谨的实践。

这导致他们开始开发丰田业务实操（TBP），也就是在第二章里讨论过的解决问题八步法，这种解决问题的方法逐渐发展成丰田在全球所有分支的标准。每一步都有定义的价值，你通过实践中学习以正确的方法执行每一步，例如，第一步是定义问题，公司的一个核心价值是客户第一，当你定义问题时，你得用一种方式将客户放到第一位，从这个流程中客户希望获得什么？

再之后，丰田开发了一种"在职发展"的正规方式，这是在美国开发出来的，因为美国人已经学到了很多，而且他们不是日本人，他们理解为什么其他国家需要一个明确的学习过程。"在职发展"和指导套路有大量类似的地方，尽管没有那么详细。

通过改变行为来改变文化

我是从精益企业研究所的负责人约翰·舒克那里得知这个模型的，这并不是他的发明，但是他清晰地阐述了这种想法。他认为普通的方法（参见图 5-10）是尝试直接改变人们的思考方式。我们需要进入他们的头脑，假如他们能够正确地思考，就会正确地行动。我们教导人们思考的方法是把事情告诉他们，"我是领导者，我以正确的方式思考，现在我要把自己的知识灌输到你的脑袋中，我在学校里的学习方式就是老师站在前面演讲我在下面听，现在我就是你的老师。"猜猜会怎么样？这不可能奏效。

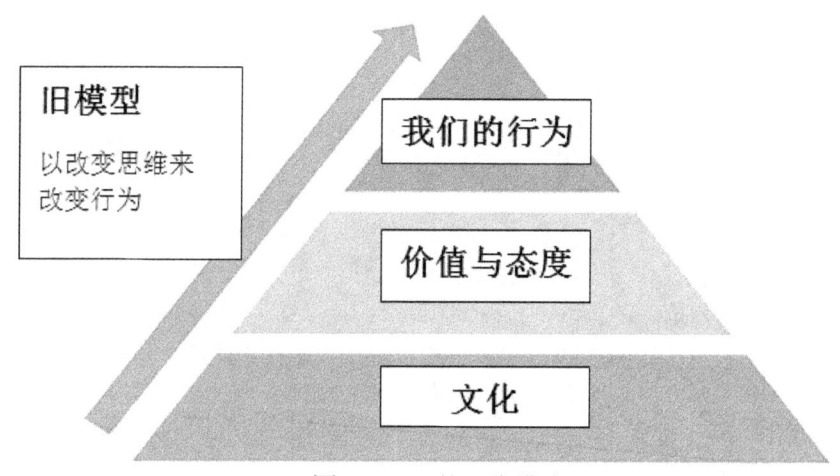

图 5-10 旧的思维模式

任何熟悉酗酒者戒酒过程的人都会承认，改变任何复杂的行为和思维模式得一步一步地进行，你得和教练会面，自己做一些改变，然后再回来向教练和支持团队汇报。这也是二战期间出现的通过改变饮食习惯来减肥的模式，这后来发展成为瘦身的基础，这个模型同样适用于精益领导力。

约翰进一步解释说，如果你想深入文化层面，你得先从行为开始（参见图 5-11）。新的模型是先改变行为，这样人们就能直接体验一种新的工作方式，领导方式，行为方式，从而推动思维方式的转变。酗酒者开始体会到在没有酒精的状况下生活可以过得快乐，他们感觉越来越好，逐渐认识到"我的天啊，原来那些大家多年来对我讲的大道理是真的，它让我的生活变得更好了。"如果他们总是喝醉，他们是不会明白的，不管别人说什么。

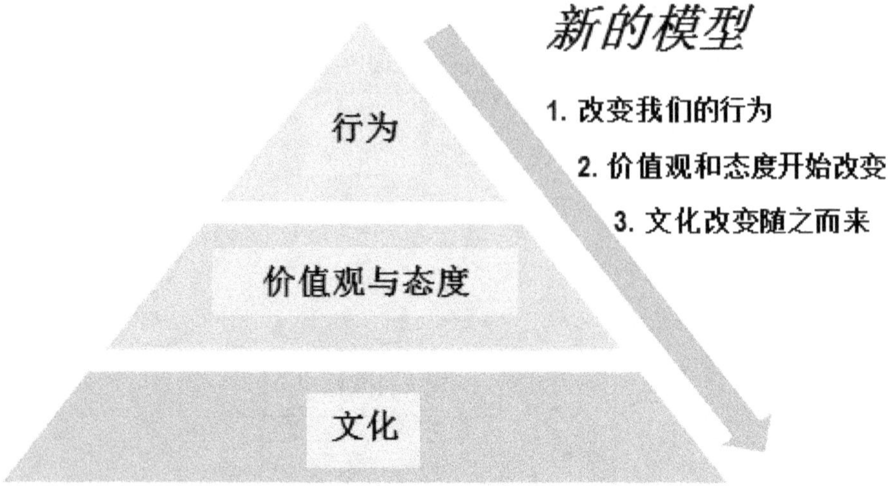

新的模型

1. 改变我们的行为
2. 价值观和态度开始改变
3. 文化改变随之而来

（金字塔：行为 / 价值观与态度 / 文化）

图 5-11 新的思维模式

当你改变自己的行为，你的世界观就会发生改变，约翰对此有一个深刻的描述："通过行动来达到新的思维模式比通过思考来达到新的行为模式更加容易。"这和丰田模式不谋而合，正如丰田喜一郎从在他父亲指导下的辛勤工作中学习到的一样。不知何故，这一理念在大多数美国公司里迷失了，我们试图通过告诉别人事情来改变行为模式。

如何在你的组织里运用这个新模型培养他人？

对组织领导力进行评价

现在我们首先要做的是你把你所在组织的表现和我给出的丰田理想形象作比较。我必须在此说明，并不是每个通过丰田模式培训，丰田业务实操培训，和在岗培训的领导者都能成为明星，某些人学习得很深，而另一些人却流于表面。一些组织的做法通常是在早期阶段结束后，只留下一个北美级的领导教练小组，并认为这些领导可以指导下一个层级的员工，而且随着时间的推移，需要的员工支持会越来越少。是否这样每个人都会获得完美的培训，能够开展良好的指导工作？答案是否定的。连丰田离完美也还有很远的距离，但他们仍非常努力地改善自己，事实上，他们的付出比大多数公司要多得多。

我请你评估一下你的组织，因为在多数情况下它和理想状态有着非常大的差距。在上一章里，你定义了你的组织的理想状态，哪一位理想的领导该是什么样的？现在我对这个问题作出一些假设，例如，我假设理想状态下领导者应该扮演老师和教练的角色，我不希望你否定这一点，因为这是精益领导力的一个基本假设。在守阶段，你是学生，我是师傅，我告诉你领导者应该成为老师和教练，但是你们的领导所示范的核心价值可能有所不同，请用你自己的语言来描述一位理想的

领导在培养人时应该怎么做，怎么思考，怎么表达？与这种理想状态相比，目前你的领导力状态如何？（参见图5-12）

你的公司领导力的当前状态

图 5-12 目标

1=严重差距，2=重大差距，3=一般差距，4=微小差距，5=达标

丰田也许有多一些的微小差距，而你可能有更多重大差距。评估时，请认真问这是不是一个严重差距呢？这是否真的是一个紧急的重大差距？同时，你也可以问这是否是一个不那么紧急的一般差距？是否只是微小差距？总之，你要问达到目标了吗？假如你在以下任何一个问题上回答，你已经达到目标了，我都会告诉你你给自己的评价太高了，因为没人真的能达到理想状态。另一方面，如果你只有一些微小差距，那就很不错了，多数人会在以下问题上拿到1到3分。

1. 领导者有否被培养成老师和教练？

在你的组织的所有层级中是否所有的领导者都擅长和主动进行教育和指导改善行动？如果你的回答是肯定的，那么我建议你到现场多看一下，请回归原点，站在圆圈里观察，告诉我他们是否真的在教育和指导。

2. 各阶层领导珍视人才培养，给予他们足够的空间和时间在实践中学习。

在撰写《丰田模式危机篇》时我采访了丰田章男，问他们从这次召回危机中，从美国人的反应中，从所有丰田的负面公关形象中学到了什么？我也注意到，有一些分析人士争辩道，丰田的问题是他们成长得太快了。丰田章男同意这种说法吗？

他说："不，我不同意我们成长得太快了，成长是好事，我要说的是业务增长速度比培养人才的速度快了。"丰田跌倒在培养人才的速度和质量上，因为他们迅速增长，他们招收了很多新人。他不承认以合适的速度培养人才是不可能的，他只承认，他们做得不够好，他们得做的更好。

丰田章男给我举了一个例子，那是他第一次到丰田公司上班的时候的事情。他父亲同意他可以到公司里工作，但前提是他得和其他人一样从底层开始做起。他的父亲希望他能够承担起最艰难的任务，当时最艰难的工作位于运营管理咨询事业部（OMCD），这里可是学习丰田生产体系的新兵训练营。

那里有着严厉的老师，他们会派你去供应商那儿，给你交待一项看似不可能完成的挑战，或浮或沉一切都看你自己的本事。丰田章男说："在那次和供应商合作中，我最初拿到的任务是了解根本原因，这花了我三个月的时间。"他说："如果由我的上司出马，他能够轻易地在三周的时间里完成任务，而他的上司可能只需要三天，而 OMCD 的老总可能只需要三分钟。"

从三个月缩短到三分钟是一个巨大的鸿沟，假如你是 OMCD 的老总，你拥有一群需要三个月才能完成你在三分钟里就能完成的任务的项目经理时，你该怎么做？当你看着他们被困在其中而项目却没有进展，而你的上司又在不断催促结果的时候，你会感到非常困惑。自然的反应是什么？告诉他们答案，让他们尝试干三天，然后告诉他们答案。丰田章男说，在 2000 年的时候丰田的成长非常迅速，这样的情况频繁地发生，他们没有给员工足够的空间去奋斗，并真正学习到如何找到根本原因。

作为对策，丰田回归到教育和指导的基础上，同时增加了相应的管理层级。例如，在工程设计部门，他们在成长期一位经理可能要带 20 至 25 名工程师，这不是一个很好的师生比例，所以他们增加助理经理这一级的管理层，每个经理助理的目标是带五名工程师，丰田就此回归到他们曾经熟悉的方式上。

3. 各阶层领导都积极地参与到基于领导能力，教育能力，以及指导流程改善能力的未来领导者选拔和培育过程中。

每个人都是不一样的，每个人的学习步调都有所不同。不是所有的人都会以均匀的速度进行学习的，也不是所有的人都拥有同样积极的态度，坚定的信念和明确的目标。你需要观察人员，如果你能在现场观察他们在一大段时间内的所作所为，那么你的收获一定会相当丰富。这可不是一个三天的面试流程，在此期间你在一个人为的环境中观察他们，然后作出一个重大的雇佣决定。你现在可以拥有更多的时间来观察他们，你可以根据他们对公司价值观的认同，执行力，领导和教育别人的能力以及他们的潜质来决定该提拔什么人。谁已经准备好指导和教育更多的人？谁得继续在原来的位置呆着继续发展自己的能力，直到他们可以为别人负起责任？

4. 各阶层领导对公司核心价值观身体力行,以身作则。

选拔和培养的过程需要很多年,如果你的组织没有在十年前就开展这一进程,你很难期望在这项评估中获得高分,大部分的得分会是一至三分。得一分的紧迫感显然比三分要高,如果你确实只有微小的差距,你应该感到自豪和幸运,因为你的公司是如此的不同寻常。

这仅仅是一个对你公司领导的一般性的定性评估,如果你决定把它改造成一项面向几百个人的正式问卷调查,你可能走得太远了。如果你决定"让我把一组人聚集到一起,大家对每个人进行单独打分,然后,我们在团队中展开讨论,对五分制的评定达成一致,"那么,这将会是一个很好的过程。

总之,请对以下项目进行评分:

1. 领导者被培养成老师和教练。
2. 各层级领导珍视人才培养,给予他们足够的空间和时间在实践中学习。
3. 各层级领导积极地参与到基于领导能力,教育能力,以及指导流程改善能力的未来领导者选拔和培育过程中。
4. 各层级领导对公司的核心价值观身体力行,以身作则。

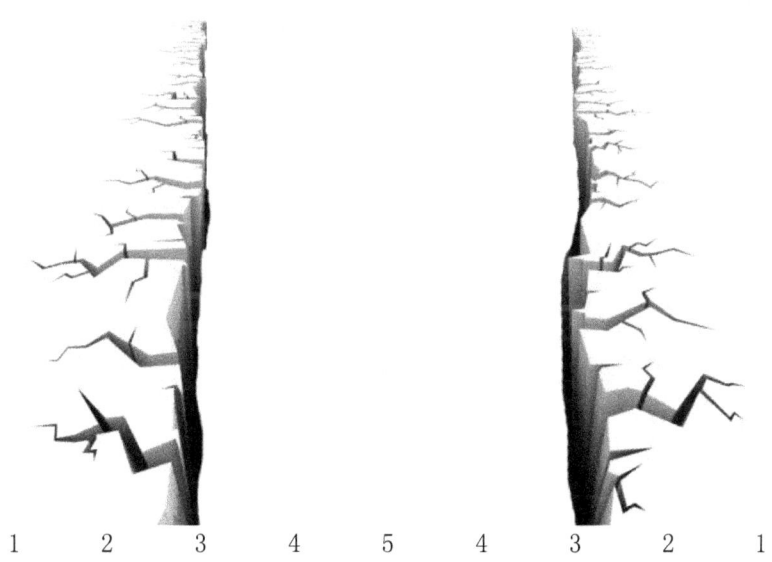

图 5-13 弥补差距

获得精益领导力的下一步是什么？

这里我对成就精益领导者愿景的要点作一个总结。

首先是找差距（见图 5-13），然后问自己，如何将以下要点应用到你的组织中，你是否已经准备好参与在职发展或指导套路的正式训练过程？

- 将你听到过的精益领导者如何指导他人的关键点总结起来。
- 你要怎样将这些关键点运用到你的组织中？
- 哪些是你可以首先去处理的有针对性/可衡量的项目？计划是怎样的？

当你考虑该如何将这些要点运用到你的组织中的时候，请思考改善的过程，不要一开始就集思广益，把 100 种可能的把它运用到你的组织中的方式列举出来。多想想你的组织的当前状态和理想状态之间的对比，思考如何将较大的差距分解为有针对性的，可衡量的挑战，并把它当成你的第一步工作，然后，运用我们前面所描述的改善流程。

如果你认真遵循 PDCA 流程，你就能朝着自己的愿景迈出开始的头几步，之后你会取得进展。问题不在于"我现在这里，领导们不是教练，他们不知道如何教育别人，也不知道如何解决问题，而我想去那里。"问题是"我看到了理想的愿景，我知道我们离愿景有多远，而我需要有一个清晰的初始目标来引领最初的步伐。"如果你能这样想，问题就不会显得那么大，而变得可控了，这样练习得越多，这种思维方式就会在你的组织中扎根得越深。

第六章

支持日常改善

把精益领导力带入工作小组

回顾自我发展和培养他人

在第四和第五章中我们讨论了如何培养能进行自我发展，进而能教育与指导他人的领导者（参见图 6-1）。我们从精益领导力模型的前两步出发，在这两章的结尾部分我都向你们提问，请你们将这些领导力原则与自己组织中的真实状况作对比。第一步要考虑的是自我发展，如何开始提高你的技能，尤其是解决问题的技能，第二步要考虑的是怎样开始指导和培养其他人。我希望你一直都有在做这些练习，你要对自己进行评估，找出差距和机会，我希望你能专注地投入到提高自己技能的努力中。

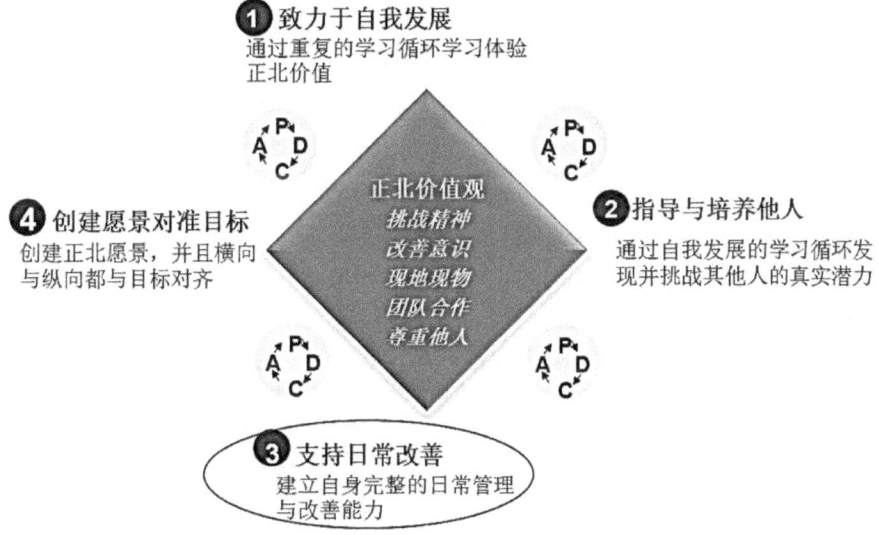

资料来源：《丰田模式（领导力篇）》
图 6-1 精益领导力培养模型（钻石模型）

在通常的情况下和我们合作的组织会邀请我们去见一位可能是副总裁或以上级别的高管，然后他会将我们委托给一位负责持续改善的经理或总监。我们直接和持续改善团队一起工作，他们变成了我们的学生，而我们则会辅导他们，使他们能够自我发展。每一个项目组都有一位领导者，这可能是一位软件开发流程领导或制造工艺领导，或者是客户服务中心的领导，我们通过指导他们在实际改善项目中运用PDCA的方法对他们进行培养。我们培养教练，也培养经理，通常我们是自上而下地开展行动的，这里的自上而下指的是自一个组织的中层往下，比方说，一个部门的经理就是该部门的最高领导。

假设我们这些活动开展得很成功，在训的教练和领导者已经在开展学习，项目组的成员已经完成了一些培训，并参与了持续改善活动。这时，如果是一个三十人的部门，它需要很多的辅导，所以我们通常会先关注该部门的某个特定领域以及在这个区域工作的人，然后，我们会转移到部门里的另一个领域，渐渐地把越来越多在各个层面上工作的人都包括进来。

到了某个程度，许多领导者已经培养成可以领导具有挑战性目标的改善活动，而他们的团队也积累了足够多的改善经验，达到了自给自足的阶段，这时他们可以每天开会讨论前一天的工作成果以及他们今天需要改善的地方，这就是我们所说的日常管理或者日常改善。要达到这种状态需要时间和实践，尤其是在一个缺乏改善经验的，或者在僵化的只允许由黑带高手领导项目的组织中，要从零开始来进行，我们就得试图渗透到运营组织中，先培养经理和主管，然后培养完成核心工作的人。

以上描述的过程是从组织的中层开始往下推行，理想情况下，其实应该从高层开始推动。我们当然希望获得高层的坚定承诺，但在现实中，我们可能需要在工作层面获得一定的成功，才能够获得高层的关注，并提醒他们：＂嘿，如果你能不时地在工作现场露个面，让人们知道你为什么在这里，这就好了。＂这正是我们想要达到的。不幸的是，我们经常看见的错误是某位高层了解到"持续改善"的理念，看过我的或者别的精益专家写的书，喜欢上这个理念，特别是有关让工作层面上的人自己解决问题的理念。但问题出在他们不明白如何从他们当前的状况去创建持续改善的文化，也不知道这到底需要他们自己多大的投入。

挑战—把事情做对而不是做快

我们曾经和一家大公司合作，该公司的首席运营官（COO）对精益感到非常兴奋，我们把他带到另一家和我们合作在精益方面已经相当先进的零售连锁店里参观，回来后他说：＂我们要变成这样，我想建立和他们一样的体系。＂然而，他向往的体系是经过五年的努力才建立起来的，他们从各种各样的痛苦中学习成长，并一步步达到今天的状态，但这位首席运营官现在就想要结果—就像速成布丁。

参观中有件事他注意到，主管们会和员工在指标展示板前面开会，每块展示板都有相同的关键绩效指标（KPI）标题，他还看到他们会用图表表达"这是我的目标，这是我向目标进发的途径，"还有足够的板面让员工记录他们自己的改善建议以及如何实施的,这就是他想要的,然而,他看到的却只是全面认真实施过程中的一个点。

假如你是一位主流连锁零售店的首席运营官,参观回去后你会做些什么呢?上述的那些人认为自己没有很多时间,他们喜欢照着做,买一大堆展示板。我们还没有和他们一起做多少工作,我们的合作合同开始还不到一个月,这位首席运营官就在一次电话会议中兴奋地说:"你们一定会感到兴奋的,我买了150块展示板,让每个部门都装上这些板,我们要制定标准的指标类别了,我们等不及你们来做指导了,我们现在就开始。"

我没有在电话中说出我的真实想法,我的脑子在想:"我的天啊,你们把自己陷入坑里了吗?这些家伙要怎样用这些展示板呢?他们没有技能,没人和他们一起干并辅导他们。"这就像给一个从来没有碰过高尔夫球杆的人买了张记分卡,就期望他们能取得高分一样。这是一个常见错误的范例,那只是些有形的东西,你看到的是展示板和指标,你也可以看到人们在开会,一位分管这项业务的高管可以强制要求从现在开始每天早上每一个部门都要花十五分钟的时间在指标展示板前面开会。

从另一家公司我听到一个关于建立他们自己的丰田生产体系的故事,有车间工人说:"我们每天来工作,工作量比我们能完成的要多得多,我们知道今天结束前我们就会有麻烦,但我们还得站在那些愚蠢的展示板前开15分钟的会。"很明显,这不是你想要的,你不想让人们站在展示板前面听一位没有接受过培训的主管谈论每一个指标:"大家都知道我们要做什么,那么现在就返回工作岗位去干吧!"这一章要阐述的是你要如何进行真正的日常改善,而不是收集一堆指标展示板和让一群人围在这些展示板前面开没意义的会,浪费他们的宝贵时间。

丰田公司的工作小组乃是持续改善的中心

指标展示板上的每天的挑战能有效地帮助工作小组

你该怎样回答那个问题,"为什么我们要浪费时间在每天的例会上?"答案是有效地运用时间,让人们不再浪费他们的时间。

他们觉得他们在浪费时间的原因是因为那位主管没有接受过如何有效地主持会议,有效地运用指标展示板,有效地改善流程的培训,人们都被卡在展示板那儿了。说真的,这个问题应该归因于那位首席运营官,而不是工作层面上的人,我们看到了一位具有机械式思维的高管所做出的错误决定所导致的后果。"我见过一些人在展示板前开会,他们做了大量的改善,我也想要大量的改善,因此我要这些板。"这是简单的因果思维,展示板让事业获得进步,这些板一定是经过了魔术般的处理—或许是抹了一种大脑刺激涂层。这位高管所缺失的是人家五年时间的训练和培养,使主管们真正地理解到该如何有效地领导持续改善活动。

我很少听到工作层面的人在抱怨，如果他们正在改进某些东西，看到我们在开会，在会上发现一个问题，当天内就会有人去解决这个问题，到了第二天，问题得到了改善。这也许是一个人体工学的问题：工人得把腰弯得很低才能拿到一个零件。参与的人会告诉你"第二天当我回来的时候，这些零件已经被安放到合适的高度，人们不再需要弯腰去取了，这样我就有了参加这些会议的动力。"如果流程是有效的，那么展示板就会成为推动这一进程的助力，它们并不是持续改善的原因。

可视化控制让问题无处藏身

设置展示板的目的是要提供可视化控制，我们在第三章中学习到可视化控制实质上是展现**当前状态**与**希望达成的状态**之间差距的一种方法。你希望能达到的状态可以用一个标准来表示，这可能是一个质量标准，或者如何完成工作的标准或工作顺序，或者你用来开展工作的诀窍，它也可能是生产效率目标，安全目标—我希望把事故发生率降低一半，将工作效率翻番。它可以是任何一种愿望或结果—这就是我想达到的目标，而这个指标展示板应该能通过一个简单的清晰的方式向你展示自己实际所在和理想状态之间的对比。

任何类型的可视化控制都希望能做到这一点，例如，看板方框就是一种可视化控制的形式。让我们一起看一个供应商—客户关系的范例，我们要求供应商在方框空出来的时候生产零件或者发送制造信息，库存的标准是这个空间最多能放置三件在制品（参见图 6-2），假如所有三个方框都被填满了，你就得停产，这样的看板方框对我们是否应该制造下一个产品提供了一个简单的是或者非的答案。如图 6-2 所示，我们看到三个方框都被填满了，然后又有一个零件被生产出来并被置于三个方框以外，这显而易见是偏离标准的，**在此情况下，我们清楚地看到了过量的生产，一种根本上的浪费。**

如果你能看出问题，你可以问为什么，第一，为什么产品被堵在这里了，没有按照预期的步伐被我们的客户消耗掉？第二个问题是，在工作站的员工已经获得了一个明确的停产信号，但他们还在继续工作。简而言之，可视化控制是一种沟通工具，告诉我们工作应该怎么做，我们有否偏离标准，以及我们是否拥有真正的领导者在领导技术精湛，态度积极的员工。如果是的话，他们就会努力解决这些问题。

运用可视化控制让问题无处遁形

在工作环境中使用可视化控制可以让我们知道该如何完成工作以及当前的状况有否偏离标准

图 6-2 空的看板方框是准许生产的视觉信号,在此图中方框外零件属于过量生产

工作小组结构

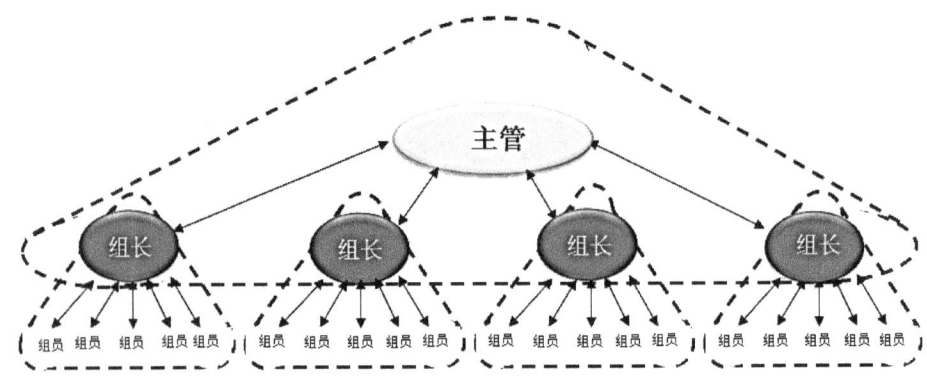

来源：莱克与贺修斯（Hoseus），《丰田文化》

图 6-3 主管，组长和组员之间的连接

这是一个典型的丰田公司的组织架构（参见图 6-3），丰田在全球的各个子公司都采用这种架构。我在丰田的电话客户服务中心看到过，我在设计中心看到过，在那儿，组长由负责某个特定的汽车部件的助理经理担任。在工厂中，特别是在一些重复性的流程中，这个架构最一致最严密。在传统企业里一个最基本的概念是，假如你管理着一组员工，而你的工作就是检查他们能否按照预期进行生产，如果产量不达标，你就惩罚责任人，这样你可以毫无问题地让 20，25，甚至 30 位员工向同一个人汇报。只要你拥有非常清晰的标准，非常清楚的措施，你就不会遇上太多问题，生产会正常地进行。当主管在巡视的时候发现人们做错了事情或者不产出，他就会惩罚员工，这就是命令与控制模式。

相反，假如你正在向精益模式转变，你期待你的经理们变成教练和老师，在问题发生时进行观察并且帮助员工解决它们，那么 "扁平化"组织这个流行的观点就不一定奏效。丰田得出的结论指出领导（教练）和学习者的理想比例是一比五，也就是每五个做增值工作的员工有一个领导带，但这并不一定意味着要提拔一堆人来做经理。

在丰田的工厂中他们创造了一个由具备领导潜力的计时生产工所担任的"组长"岗位，主管从团队中找出有潜力的组员，鼓励他们参加组长培训，精心指点他们，直到他们拥有足够的技能去领导一个四到七人的小组。他们的时薪稍高一点，并保证有加班工资，这样他们便能在生产开始前就到达岗位，保证一切准备就绪，当开始生产的信号发出后，生产可以准时启动，一切从第一分钟开始就顺利进行。

当他们的组员发出安灯信号时，他们是第一个赶到现场的人，生产滞后了，超前了，或者物料短缺，各种各样的问题都得到处理。无论是什么原因，当组员看见生产偏离标准的时候，他就要拉下一根绳索，一盏灯伴随着音乐就会亮起来，现在必须有人过来帮忙，而组长通常是第一个到达现场的，当然，这就表示组长不能进行生产工作，否则他就没法对安灯信号作出回应了。

还有，组长得在每一班结束后确保所有东西都已经准备妥当，以迎接下一班的到来，或许他们还要进行改善工作。一天里他们总有一些间歇的时间，那就是安灯系统不发出信号的时候，那时他们会进行一些改善项目的工作，或者顶替一位正在参与改善工作的组员来进行生产工作。经常有公司问我他们怎样能让计时工开展改善工作，因为班里的每个人每个时候都有自己的工作，有了组长这个位置的设立，班组中就有人能够随时出来进行改善工作。

可视化控制与安灯系统支持改善

建立缓冲库存使安灯流程发挥作用

有时候准时化生产会被误解为零库存，诚然，单件流是最理想的，但实际上，缓冲库存需要深思熟虑地被考虑安排到有需要的地方以应对波动。如果没有波动，就不必设定缓冲，但如果没有波动，我们也无须建立安灯系统。我曾经给一家美国的汽车公司辅导，他们在工厂里完成了很多精益活动，但他们没有教会专门设计工厂布局和安置设备的制造工程师们精益思维。这家公司要求我们和这些制造工程师一道工作，以便他们能够制定出精益生产线。我们发现的一件事是，他们对生产中止系统的理解只停留在表面上，他们曾经参观过丰田的工厂，他们认为当工人拉下了安灯线时整个装配线就会停下来。

实际的情况是，当工人拉下安灯线时，黄灯就会亮起，生产线会继续运转直到车辆到达下一个工作站之前的某个"既定位置"，在车辆到达这个"既定位置"之前，人们都可以再拉一次安灯线以取消停线决定。假如在车辆到达"既定位置"之前没人再拉一次安灯线的话，这条生产线就会停下来，但不是整个工厂。事实上，只有生产线中的一部分会被停下来，而特意设置的区间缓冲会让生产线的下一部分继续运转，直到缓冲区的所有车辆都消耗完为止。

这些制造工程师不理解在固定位置停线能让生产线继续运行到下一个区间，他们也不知道丰田特意在生产线两个部分之间的区域设置一些车辆作缓冲的方法。我们确实是处于一个奇怪的境地，一方面我们提倡在问题出现时立刻停线，另一方面我们又向工程师提出挑战："你疯了吗？你真的想在问题出现的时候立刻将生产线停下来吗？"

"当然，丰田不停生产线吗？"

"不会立刻停。"

当我们解释丰田的这个系统时，我记得有一位美国的工程师回应道："丰田骗人，他们声称会在遇到问题的时候停线，但他们并没有地真正履行，他们设立了缓冲，而这并不是真正的精益。"

我回答道："理智地说，这是常识啊，如果你拥有100个串联的流程并教导所有的操作工在有问题的时候都可以拉安灯线让生产线立即停下来，你有可能生产出一辆汽车吗？"

重要的是生产线能够被停下而且领导者能严肃对待安灯系统，如果这是一个组长在生产线运行时就可以处理的问题，那么他就该让生产线继续运行，同时解决问题。如果不行，那就让一部分停下来，生产线两部分之间的库存能提供8到10分钟的缓冲时间。假如要解决一个严重的问题，这些时间是不够的，所以生产线还是会停下来，而如果生产线一直都不会停下，我们就可以减少缓冲库存了。

持续改善指的是每天变得更好一些

理论上从字面看持续改善指的是每一秒，每一微秒你都在改善，很明显，这是不现实的。另一方面，如果你每一个季度只组织工程师们进行一次改善项目活动，这离持续改善有很大的距离，我们认为一个合理的定义是每一天在组织中的每个区域进行某些改善。

来源：丰田工厂

图 6-4 持续改善展示板

一个丰田工厂里的指标展示板展示了一个工作小组的关键绩效指标，即考核指标（参见图 6-4），这是当时一个新版的围绕着方针管理所建立的展示板，在第七章中我会对方针管理展开讨论。当你阅读这个展示板的时候，你会发现总共有五个考核指标：安全，质量，生产效率，成本，人力资源发展，具体的指标会随着时间而改变，例如，在某些时候你会非常关注人力资源发展方面的士气调查，在另一些时候，你会把重点放在人员培训上，让每个人都能掌握四项工作。在这些领域中针对你所需要提高的那部分，你得运用不同的指标。

最通用的衡量结果会在展示板的顶部列出，例如，在安全方面，这可能是需要登记在案的事故数量，或者是需要向政府报告的实际事故情况。从展示板的上方到下方计量指标变得更具体，越来越聚焦于流程本身。你可能认定减少受伤的最佳途径是建立一个早期症状调查流程，好让你在某个带有早期症状的人在其真正受伤之前介入并寻找问题的根本原因。例如，他们的手腕可能扭伤了，他们的背部可能带有轻伤，你可以立刻行动，而不是等到他们去医院里做手腕或者背部的手术的时候。你可以检测症状，深入发掘根本原因，这个根本原因可能是工具没有摆放好，以致他们无法以正确的方式拿起工具。你开始检查工具的摆放是否正确，以便工人以一种正常的姿势拿起来做事，当工人在完成工作的整个过程手腕总是保持正常的姿势，你就获得绿灯过关了。

随着你的工作进展，从上而下展示板的信息从高层次的结果变成更加仔细和具体的流程措施—也许是一些关于流程改善的 A3 报告。

造就一位能造就出相当数量精益思考者的老师

主管获得支持经营一家小型企业

经理们需要接受培训，以便他们能够对主管进行培养，而主管则要培养组长和组员。在自我发展与培养他人的早期阶段，我们通常把重点放在经理们身上，然后我们与他们合作在一个称为学习试点的可控的区域内培养主管，之后，我们开始把此经验扩展到其它区域。

实际情况并不像上面描述的那么明确，但这是理想的方式，你培养出一位老师，他培养出一位学生，这位学生成为老师，他再培养出一位学生，这个过程不断地进行着，当我们达到了相当数量的时候，我们就拥有了很多老师来教导新入职者，让他们更好地融入文化中。

工作小组有一系列的流程，如果你是布满设备的区域例如金属冲压车间的主管，你负责管理一些冲压机器，你的任务是进行生产，保持高质量，保障员工安全，保证机器在一个高水平上运转。由于客户要求你进行小批量生产而不是大批量生产，你必须确定自己可以快速地更换冲压模具，这全部都属于主管的责任，主管实际上就是一个拥有十几台冲压机的小型企业的所有人。

主管的职责包括：

- 生产运营
- 保证高质量
- 保障安全
- 保证机器高效率运转
- 快速换模
- 提高士气

那么支持组的角色是什么？比如，机修组的角色是什么？机修的任务就是支持生产主管，生产主管是机修的客户，作为机修人员你需要成为一个好的服务提供者，而好的服务提供者同时也需要好的客户。例如，机修必须要求生产组每天进行预防性维护工作，"检查液体水平，检查过滤器，更换过滤器。"在丰田的工厂里生产组自己要完成这些事情，如果他们真的照做了，机器正常运转的时间就会得到提高。另一方面，假如机修人员对生产组提出了预防性维护的要求，但却没有获得生产主管的重视，生产组不遵守规定，机器就会坏掉，机修工就得花更多的时间来照料机器，而公司就需要增加机修的岗位。

从长期来看，肯塔基州乔治城的所有标准关键绩效指标一直在提高，他们每年都会制定一套新的具有挑战性的目标来推动组织迈向更高的水平，多数的工作组都能达到或者超越这个新水平，而之后，另一套更具有挑战性的改善目标又会在下一年出炉。当他们导入新产品的时候，流程会被打断，某些绩效指标也许会有所下降，他们必须重新回到正轨上。因此他们的提升不是线性的，但每年结束的时候他们普遍要比年初时更好，因为他们已经通过正确的培训培养出有效的工作小组，在管理层和支持组正确的支持下，他们不断地获得提高。

在一个庞大的组织中积累一定数量的关键员工

假设你是一位精通精益的工厂经理，你正在运营一家拥有700名员工的完全没有精益经验的工厂，很多班组长是通过旧的方式培训出来的，员工也从来没有参与到持续改善中。你会问：我要花多少时间才能在工厂中看到有效的会议和真正的每日改善？我何时才能在工厂里四处走动的时候看到重要的改善活动？我的经验是，假如你是一位真正拥有熟练技能的工厂经理，你大概需要两到三年的时间来让工厂整体达到初级的改善能力水平，而要把你的主管和组长培养到你可以完全依赖他们来达成目标，你至少需要五年时间。

将主管和组长都保留在原来的岗位上可是一个严肃的承诺。假如你培养好他们后，公司的销售业绩开始下滑，领导命令你进行大规模裁员，你会解雇谁呢？通常而言最先被解雇的是组长，因为生产方面并不需要他们，你需要一些主产管理人员，但你并不需要组长与员工之间一比五的比例来生产出产品。这个角色消失了，改善也随即开始倒退。组长还是主管的未来人选，他们的离开意味着你失去了一批潜在的主管人选。 这种决定可能会让整个业务分崩离析，一些在三到五年的下行周期里大量裁员的公司会在业务量重新增长的时候重新开始雇佣人员，这会让他们一直都处于一种不稳定的状态之中。他们达到了某个程度，然后开始倒退，他们再次达到某个程度，然后再次倒退。

如果这位优秀的工厂经理因管理出色在三年后被提拔了，她在另一座工厂里获得了新的工作岗位，某个不懂得如何成为精益领导者的人来取代她的位置，工厂的精益水平就会下降。在一段时间内，如果团队运作的不错，他们会继续这样运作下去，但是向前发展的驱动力会慢慢地降低。

丰田考虑的是长远发展，他们愿意花时间培养完全合格的包括组长，主管，经理在内的所有岗位。在美国启动新厂的时候，他们已经在已建的工厂里培养出一大批经验丰富的员工，他们会委任一家已建工厂来担任新工厂的母厂。例如，当他们计划启动密西西比（Mississippi）工厂来生产卡罗拉（Corolla）轿车的时候，他们让拥有生产卡罗拉轿车经验的加拿大工厂来担任母工厂。他们挑选母工厂中最优秀的经理和主管，把他们送去密西西比，这让他们能够在设备还在布局，生产还没有启动的时候就可以开始培养组长们了。

丰田公司 B 级劳动者的角色是对工作小组的补充

丰田对工厂员工的分类

A 级劳动者：进行增值工作的生产一线员工
B 级劳动者：从生产一线释放出来的员工
C 级劳动者：技术支持人员
D 级劳动者：管理团队

丰田把工厂里的雇员用 A-B-C-D 来进行分类。A 级劳动者是进行增值工作——制造汽车的生产一线员工；B 级劳动者也是生产操作工，但是这个时候他们不进行一线生产工作，而是被分配到特别的改善项目中工作，当他们回到一线时通常会成为组长；C 级劳动者是技术支持人员，例如，机修人员等；D 级劳动者是整个管理团队。这种分类很有意思，因为人们通常认为 A 代表成绩好，D 代表成绩差，在丰田的范例中，A 的确是最重要的员工，因为他们在进行增值的工作，从 A 到 D，随着级别的下降，你需要工作得更努力来增加价值。所以如果你是 D 类员工，你最好想办法做些事来帮 A 类员工更好地完成他们的工作，否则你就完全没有在增值，这也是为什么你得花时间到现场去的原因。

B 类员工是从生产一线释放出来专门从事改善的员工，他们通常会被分配到项目组中工作两到三年时间。例如，丰田一直致力于推出新车型，当一款完全重新设计的凯美瑞在生产中启动的时候，产品设计团队已经开始着手于为期一年的改善行动，以及两年后的"换脸"行动，让凯美瑞的外观大为改变，大概四到五年后他们就会推出一款全新的凯美瑞。谁来负责这些生产变更？在其他工厂，这是工程师的任务，这也许是总公司层面的工程师，或是过程工程师，也可能是工厂里的制造工程师，他们都很忙，他们在推出新产品的同时要把设备调试好，他们和生产部门平行地工作，而生产操作工并不会太多地参与到这个过程中。

在丰田有一组由 B 类员工组成的试产团队,为全面投产做准备,他们为新型号的投产或者一系列新的变动进行试验性生产,而他们全部都是生产线上的员工。他们制定初步的标准化作业,让生产线达到平衡,对工具和设备进行布局,他们甚至还会审查新的尚处于粘土概念的模型。是的,生产一线的操作工甚至会在产品开发的最早期阶段飞往日本,去看那些仍处于最初开发阶段的新车型,并提供意见:"这种设计也许会让我们在车体冲压成型的阶段遇到困难,我们可能会在车体上留下皱纹,而这个位置的特殊设计可能会让焊接工作难以进行。"

这是一项发展和培养的任务,通常的情况下,在试产组工作三年以后,他们会回归到生产担任组长,甚至有可能直接成为主管,也有可能被转移到别的特别任务上。

每一位总经理至少要管理几百名员工,在他们的预算中包含了一定数量的 B 类员工以组成改善团队,改善他们负责范围内的工作。他们也许是冲压工厂的总经理,在冲压工厂中,有一定数量的该级员工,大概 5 到 8 人,由一名工程师负责,在改善项目中工作。生产方面的改善不仅仅来自于能提出合理化建议的生产组员,也来自于组长,主管,以及这些负责更大规模改善活动的 B 级劳动者团队。

这里让我们一起参考一个由丰田乔治城工厂车体车间的 B 类员工通过循序渐进的改善最终获得革命性转变的范例。

创造材料物流的革命(米诺米案例)

米诺米指的是不带容器的零部件运输概念

在《丰田模式(领导力篇)》一书中我们对一个改善范例作了长篇的描述,它对肯塔基州乔治城的丰田工厂车体车间具有深远影响。在那里工人们把各种零部件组装焊接起来,然后他们应用一种名叫米诺米的工具,在没有容器的情况下运输零部件。通常情况下,你会将一些零部件一起放到一个容器里进行运输,如果要运输像冲压车体那样又大又重的组件,你也许需要一辆叉车把它运到另一个车间进行装配,然后再将组合件存放到别的地方,它们或许会被放置到一个倾斜的货架上以便人们可以利用重力来更轻易地取件,然而在日本丰田却把注意力放到完全消除容器上。

实用指南

图 6-5 达纳卡车零部件工厂—不带容器的轮轴组装件的运输（米诺米）

上图（图 6-5）展示了位于一家达纳卡车零部件工厂的米诺米系统，当加里·康维斯担任达纳公司的首席执行官时，他把丰田公司的一些人员带了过来，在一些工厂里他们设计了米诺米系统。

在这个案例中你看到轮轴组装件被放置到带有滚轮的传输带上，它们没有被放置到容器中，传输带安装到带有轮子的运输车上，再由一台自动导航车送至待装配区（参见图 6-6），然后零部件借助重力自然地滑动到货架上，无需通过人工干预。

图 6-6 达纳工厂自动导航的运输车在无需容器的情况下运送轮轴组装件

从员工的角度来看这种创新有什么好处呢？以前他们用巨大的容器来运输零部件，工人们必须弯下身体才能从容器中取出这些部件。通常在一个看板系统中你至少需要两个容器来进行轮换，当一个容器被取走替换时，你就要用第二个容器中的物料来进行生产。如果你拥有较大的，例如占地四英尺的容器，你就得准备八英尺的空间来放置这两个容器，在取件时，你至少需要走上八英尺的路，然后你还得把零部件拿到装配线上去。如果你在开始时只要走两英尺就能拿到一个零件，而之后却要走上四英尺才能拿到另一个，那么标准化作业就会产生变动。此外，弯腰去拿容器中底层的零部件从人体工学的角度来说是个不好的动作，这会伤害你的身体。在精心设计的米诺米系统中这些问题都被解决了，在这个系统中，工人站在一个定点，零部件会自动地抵达这个定点，这样你在做标准化时工作就有了相同的循环周期时间。

将米诺米移植到肯塔基乔治城的车体焊接车间

在加里·康维斯担任丰田肯塔基工厂总裁的时候，他听说了中央汽车公司这家丰田在日本的子公司，他们是钢车体方面的专家，他们在也许是日本最小，最密集的车间里，制造出令人难以置信的种类繁多的车体。

这个车间被认为是效率最高的车体车间，加里参观了这个车间，在这里发现了米诺米，他被这个装置打动了，"这太棒了。"他开始憧憬用上米诺米装置的肯塔基乔治城工厂会变得多么高效。这时候如果是一位非精益领导，他就会派几名工程师带着订单过去："我们要在所有的地方都装上米诺米，你们去搞清楚他们是怎么操作的，然后订下那些装置，把它们布置到工厂的每个角落。"但加里接受过良好的精益培训，那么他是怎么做的呢？回到自己在美国的工厂后，他召集了一个主要由 B 类员工加上生产工人和维修组成员组成的、由一位名叫 VJ 的工程师领衔的小组。VJ 是一位神奇的工程师，或许是工厂里最优秀的一位，但他也比较粗犷，不擅长与人交往。加里明知 VJ 的能力和性格，于是给他下达了一个任务，由他带领一队焊接工人前往日本学习两个星期，这可是一个不寻常的举动，有多少美国公司会把生产操作工派去日本呢？

他们的任务是去中央汽车公司(Central Motors)实地考察，当他们认为自己已经看够了之后，回到自己的工厂，首先在一个试产区域里进行试验。在第一阶段，由于 VJ 和他的团队对他们在日本所看到的情况印象非常深刻，他们完全复制了日本的做法。中央汽车公司使用的系统类似屠宰场挂肉的挂钩系统，想象一只火鸡被挂在一个带钩子的传输线上，当它被取下后，另一只被钩着的火鸡就因为重力滑动过来。在 VJ 的这个案例中，冲压零部件以及车体部分被挂在钩子上，而钩子上面是一套带滚轮的传输带。当工人拿下一个部件后，它后面的另一个部件就会因为重力滑动过来，当带轮子的架子装满零部件后，你只需将它推到焊接生产线，这样你就无需使用容器了。尽管这种方式在中央汽车公司运行良好，但在肯塔基却并不奏效。

为什么会失败呢？首先，当他们移动吊挂着零部件的货架时，零部件会互相碰撞到一起，表面会产生微小的凹陷和划痕，中央汽车公司的焊接系统拥有气动夹具可以把这些零部件紧紧地夹在一起，然后在焊接时通过熨烫的方式将缺陷修复，而他们在肯塔基乔治城的焊接系统没有这种功能，因此会产生缺陷品。第二个问题是，由于这些部件会在微风中左右摇摆，工人取件时可能会把手放到这些部件之间，造成夹伤，这可是一个安全问题。

在第一阶段，复制并没有奏效，在第二阶段，他们必须提出一个对应措施。一个创意是把悬挂零部件改变成将零部件从货架底部开始堆放，并通过类似手指的装置逐层固定它们，他们想到了存放 DVD 的架子，从下而上的堆叠起来的 DVD 被架子固定住，他们按照相同的原理，在一块金属板上焊接了一些金属立杆来固定零部件，就象上面所述的 DVD 架子一样。这个装置非常有效，零部件也变得更加稳定了。

有趣的是第三阶段，当中央汽车的员工听到这个故事后，他们来到了肯塔基观察并总结道："这是一个比我们更好的系统"，他们回到日本后就开始试验。他们发现的情况是，他们可以在冲压车间运用机器人卸料并装载零部件到运输车上，实现流程的自动化，这个机器人可以轻易地拿起零部件，把它装填到卡格里面，这样他们就可以节省一名专门为冲压机器卸料的员工。丰田肯塔基工厂随后复制了这个方法，减少了冲压车间的体力劳动。现在他们在互相学习，不是所有的主意都是从日本传递到美国的，另外，冲压车间也参与其中了。

在第四阶段，肯塔基工厂将这个自动化系统从冲压车间推广到焊接车间，并添加了自动导航运输车（AGV），就像上图中达纳工厂里用的一样。机械手臂将零部件从冲压机中拿出来放置到货架上，货架随后自动滑到推车上，然后被一辆导航运输车拉到焊接部门的正确位置上。

在第五阶段，他们花了几年而不是几个月时间，创建了丰田所谓的成套零部件系统（SPS）。在这个系统中，组成一个产品的 A，B，C 等零部件并非分别单独地以批量运送，而是按照产品不同的组合要求来配送相应的 A，B，C。在这种情况下，他们会用一辆推车把一辆特定的汽车对应的引擎盖，车门金属板和其它需要的零件一起拉过来组装引擎盖组件，而不是一辆推车装引擎盖，另一辆推车装车门，还有一辆推车装零件，生产组员可以直接从一辆推车上领取组装一个组件所需的各种零部件，就像沃尔玛贩卖的需要自己动手组装的家具一样。

运送整套零部件的工作最初是由人力来完成的，最终在第六阶段，他们用自动导航运输车代替了人工运输，但仍需增加人手来为每个订单备件装车，然后让自动导航运输车来运送，但是，生产线上因为这个措施而提升的生产效率要比人力成本的增长要高。

当他们把这个系统推广到工厂中的各个区域的时候，他们需要更多的自动导航运输车，这时他们从 B 级劳动者身上取得了很大的效益，因为有一位很有实际想法的生产操作工提出说："为什么我们需要为自动导航运输车付那么多钱呢？一台可要 3 万到 4 万啊，我们可以用少得多的投资自己制造自动导航运输车。"

毕竟他们都接受过焊接培训，自己就可以把推车焊接起来，他们只需要购买一些小型的移动机器人，关键是这些机器人身上的可编程计算机版会告诉自动导航运输车"停到这里，在这里卸货，停到那里，等等..."一位爱好编程的操作工说："我想试一下自己来编写控制程序，只要给我一块未编程的计算机版。"他真的完成了这个任务。

当第一辆自制的自动导航运输车造好后，他们举行了盛大的庆祝典礼，在摆满气球，食物，非酒精饮料的车间内人们聚集到了一起，加里·康维斯也下到车间，亲自登上一辆自动导航运输车，让它带自己在车间里走了一圈。从此以后，制造一台自动导航运输车只需要花费几千美元，为公司节省了大量金钱，这一切都是由愿意把手弄脏，希望把事情做好的团队成员自己完成的。

第七阶段，也就是最后的一步，是连接供应商，他们以前都是用大箱子来运输零部件的，现在也开始使用米诺米系统了。假如供应商能让零部件按客户需求来排序运送，这又是一种进步，当然这需要一些时日。

这个案例经历了许多阶段，在这些阶段里，通过很多单独的改善活动最终创建了一个高度自动化的系统来将正确数量的正确物料运送到正确的地方，工人们只需从推车上领取所需的物料。这种方式提高了焊接工的生产率，提高了材料运送的效率，而且还节省了大量基于新产品引入所需的生产线切换的时间和费用。

米诺米项目的结果

那么这一组由优秀的工程师 VJ 带领的 B 类员工所负责的米诺米项目最后结果如何呢？他们淘汰了 40 辆叉车，释放了超过 100 个工作岗位，而且团队在整个工厂所有需要使用自动导航运输车的地方自行制造车辆并编写运行程序，这为公司节省了巨额成本。这些成果仅仅来自于半个冲压车间，而后续的改善还在继续，在另外半个冲压车间他们又会淘汰 40 辆叉车，释放 100 个工作岗位。还有一个关键的成果是领导能力的培养，通过领导这个活动，VJ 渐渐成长为一位领导者。

在这些阶段都结束以后，我和 VJ 到工厂里走了一趟，在焊接线的不同部分，你仍会看到不同的发展阶段，对比非常强烈。让我印象深刻的一点是，当我们在车间里走动的时候，VJ 和每一位员工都打招呼，而他们每个人都会叫 VJ 过去，希望得到他的帮助，"VJ，我们有个主意来改进你放到这里的米诺米系统。" VJ 于是在笔记本上记下这个主意。他一路上都在和员工拍掌握手，看起来就像工厂里最受欢迎的人一样，而几年前他可是个公认的不近人情的家伙，现在，很多焊接工都想加入 VJ 的团队中，而他则可以从一长串的候选名单中按照严格的要求选择合适的人选。

人们希望加入他的团队的理由是他们能在改善活动中获得良好的培训和发展，这些成果都归因于加里·康维斯，他每周都会和 VJ 的团队会面，真的把他们的工作当一回事。加里·康维斯，作为一位主管 6000 名员工的总裁，事必躬亲地参与到精益转型的每个阶段当中，当他在日本看到精益的结果时，他没有犯直接复制的错误，他建立了一个改善的流程来试验，并花时间学习，他在别人的经验的基础上发展创新继而超越。这是一个落实改善，展现 B 级劳动者价值，以及对 VJ 般突出的领导者的培养方式的优秀范例。

米诺米项目的成果

- 首先减少 40 辆叉车
  - ➜ 然后再减少 40 辆叉车
- 释放 100 个生产线上的岗位
  - ➜ 然后再释放 100 个生产线上的岗位

团队学会了自制自动导航运输车并为它编写程序，这让每辆车的成本从 25000 美元下降到了 4000 美元，而 VJ 通过训练和培养一个小组的操作工人而成为了一位领导者。

标准化作业支持工作小组的改善

巴士线路的标准化作业

2005 年,我们获得了一个支持汽车租赁公司赫兹(Hertz)迈向精益之旅的机会,我们推荐的一个工具是对每一项在赫兹租车行内所能看到的工作确定标准化作业,我们通过辅导内部变革推动者与每项具体工作的负责人合作来落实标准化作业。在美国的众多机场,赫兹都提供免费来回于机场与赫兹停车场的穿梭巴士服务。

他们向客户保证等待时间不超过十分钟,为了做到这一点,巴士必须准时发车,并要在规定的时间里走完整个线路,这要求所有的巴士司机遵循标准化作业。在这里,我们展示了所有的流程,比如巴士离开顾客上下车地点,行驶到麦克纳马拉航站楼,等等(参见图 6-7),每一步都是非常清晰的。我们也展示了完成每一步需要多长的时间,潜在的安全隐患,需要进行质量检测的地方,以及整个路线图。这是一个典型的标准化作业表,走完全程需要 25 分钟,因此他们需要三辆巴士来满足小于 10 分钟等待时间的承诺。

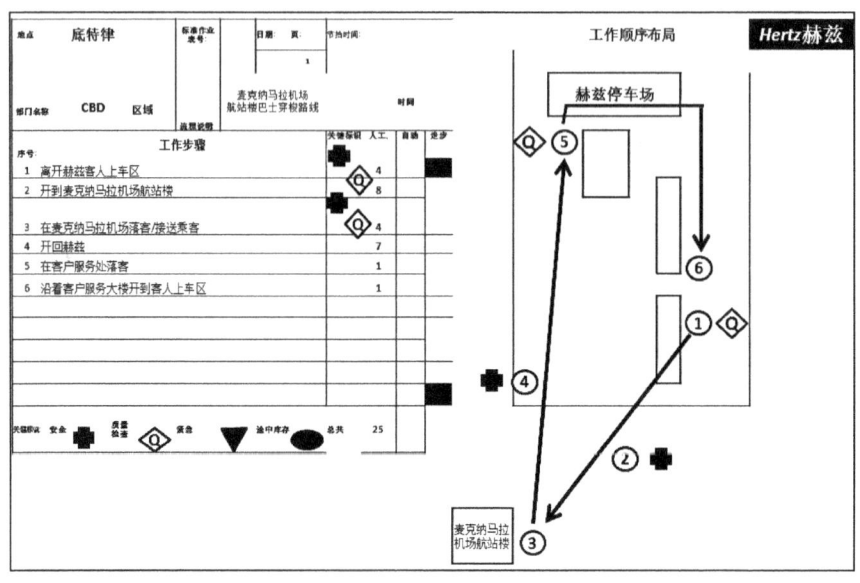

图 6-7 赫兹(Hertz)巴士线路标准化作业表

为培训进一步将工作细分

丰田还有另外一种叫工作细分或者作业元素的表格,这种表格存在的目的是为了培训员工。标准化作业在总体层面上告诉你要做什么事情,需要多少时间,然而,你需要将一些比较大的步骤细分成更小的步骤以方便培训。对每一个小步骤,我们要清晰地描述该怎样完成它,关键点及其理由,例如质量或安全,都必须包含在内。在本例中,作业元素表乃是培训巴士司机的一种工具。

实用指南

Hertz	WORK ELEMENT SHEET		
	Date _____	By _____	
	Job _____	Dept. _____	
	KEY POINTS Safety: Injury avoidance/ergonomics, danger points Quality: Defect avoidance, check points, standards Technique: Efficient movement, special method Cost: Proper use of materials		
IMPORTANT STEPS	KEY POINTS	REASONS FOR KEY POINTS	
Step # 1 Leave Hertz Customer Loading Area	1) Play "talking bus" 2) Check Mirrors 3) Raise bus if lowered 4) Open gate using opener	1) Customer safety, destination, and luggage warning. 2) Watch for customers or traffic. 3) Prevent mechanical problems with bus. 4) Prevent bus delay and damage	
Step # 2 Drive directly to the Mackamara Terminal	1) Obey traffic laws 2) Yellow light stop observance. Brake unless unsafe. 3) Watch for merging traffic 4) Obey speed limit 5) Play "talking bus" as entering the terminal.	1) Customer and Driver safety, as well as other traffic. 2) Michigan Traffic Law 3) Customer and Driver Safety. 4) Safety and Michigan Law. 5) Give the customer vital information.	
Step # 3 Drop Off/Pick up Passengers at the Macnamara Terminal	1) Aid Passengers needing assistance 2) Watch for proper luggage placement 3) Watch for approaching customers 4) Close door and activate "talking bus"	1) Customer relations 2) Customer safety 3) Customer service 4) Customer information	
Step # 4 Drive to Hertz Lot	1) Obey Traffic Laws, 2) Yellow light stop observance. Brake unless unsafe. 3) Watch for merging traffic 4) Obey speed limit 5) Play "talking bus" as reaching Point 5 6) Watch for traffic pulling away	1) Customer and Driver Safety as well as other traffic. 2) Michigan Traffic Law 3) Customer and Driver Safety 4) Safety and Michigan Law. 5) Give the customer vital information. 6) Safety of all concerned	
Step # 5 Drop customers off at Customer Service Drop Off Area	1) Visually inspect to ensure all luggage taken off 2) Watch for customer before closing door 3) Watch for pedestrians and vehicles 4) Obey 10 mph Speed Limit	1) Customer does not forget something. 2) Customer safety 3) Safety and Vehicle damage 4) Hertz regulations	
Step # 6 Pull around building to Customer Loading Area	1) Park in Designated Area if 2 buses are in loading area 2) Pull up to the Pick-Up Area as soon as it is open. 3) Lower bus (optional) 4) Leave Bus running	1) Customer relations 2) Customer safety 3) Customer service 4) Customer information	

图 6-8 赫兹巴士线路作业元素表

图 6-8 是作业元素表的部分放大图，例如，在你离开赫兹上下客地点前，你得向乘客播放一段简短的乘车须知录音，如果巴士因为方便残疾乘客上下车而倾斜车身的话，你就得先把车身升到正常位置，然后用遥控器打开大门。每一个关键点的背后都有一个理由，如果你要培训一位巴士司机，现在你就拥有了培训的大纲。你不断地重复描述，展示，让学员自己去尝试，然后再向他们深入解释关键点，然后让他们再次尝试，这种培训方式称为"作业指导培训"，这就是二战期间美

国国防部创建出的"工业行业内部培训"，这种培训最初是由美国人传授给丰田公司，《丰田人才》对这种培训方式进行了详细的描述（大卫·迈尔和我的合著）。

为培训而制定的作业元素表

- 把标准化作业分解成更加细致的元素
- 把如下关键点包含在内并解释为什么
    - 质量
    - 安全
    - 诀窍

运用草图来对某些作业步骤进行可视化描述。

主管的一项核心工作是成为教练，假如你是一位主管或者组长，你就要培训员工实施标准化作业，并审核他们的标准化作业。当你发现偏差，你就得问为什么，这个为什么可能会揭示出员工们可能拥有一个更好的方法，可以把它加到标准化作业中，这样做实际上给予了这些领导者一条通过改善来增加价值的途径。

一个接一个地修正偏离标准的偏差

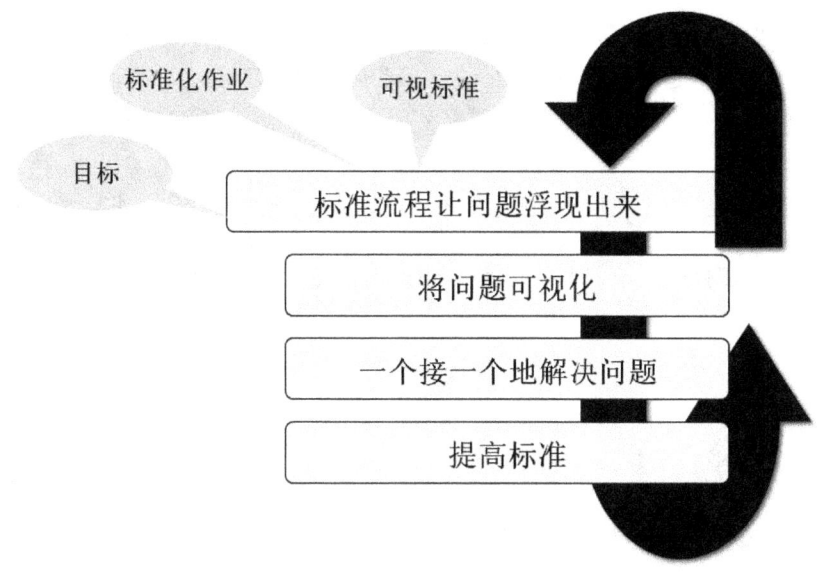

来源：迈克尔·巴勒

图 6-9 精益系统让偏离标准的偏差浮现出来以便我们一个接一个地解决问题

当我们拥有了清晰的标准（参见图 6-9），能分辨出偏离标准的偏差后，我们就能让问题浮现出来，让它们变得可见。现在，问题被定义为现状与标准化作业之间的偏差，这样你就可以在问题出现的时候就着手解决它了，而不会让它们积累起来，否则，当你回顾过去三个月的统计数据时，你基本不可能知道那时到底发生了什么。理想的状况是一个接一个地解决问题而不是一次性解决一批问题，这样我们就拥有了更多的运用 PDCA 的机会，这样员工，组长，主管和经理们就能获得更多的学习解决问题的机会。

标准化作业的任务和职责

所有这一切都取决于人们对制定，遵循和提高标准的责任，谁负责，任务是什么？做具体工作的组员的主要任务是遵循标准，按照标准上写的方式去做，并要寻找使之更好的方法，以杜绝浪费，并提出建议修改标准化作业。专家和工程师们是在新产品推出时建立初期的标准化作业，我们讨论过在丰田由生产工人组成的试制组的作用，他们也是这一过程的一部分。专家们还将审查可能对质量，产量和安全有技术影响的任何大的改动，现场主管也可以要求专家人员帮助那些超出了他们的经验之外的东西，此外，专家将定期审核标准化作业。

组长要接受培训如何使用作业指导方法，即把标准化作业分解为最基本的元素，教导组员，但他们必须通过认证成为一个能使用作业指导方法的教练。他们还要创建作业元素表，监测组员，比如说每天审核一个不同的组员看他是否遵循标准化作业的所有元素，并与其他组员和主管一起开发新的标准化作业和寻找新的改进思路。

最后，主管也通过正式的审核监督标准化作业，他们会审核组长审核过的结果，有时会与组长一起。他们还要评估改变标准化作业的建议，协调新产品的推出，协调所有的培训，组员的发展和一些改善，每个人都有围绕关注标准化作业的任务。

即使是经理和助理经理也介入行动，他们不会坐在他们的办公室或整天参加会议，他们下到车间，检查标准化作业，作业指导方式，以及改善活动在他们管辖的领域内真正地在执行。他们也具有足够的技能能够观察工人是否按照标准化作业在做，他们经常这样做，并训练组长和组员，检查看标准化作业是死板的，还是在改善。

组长

- 用作业指导方法训练组员标准化作业
- 创建作业元素表
- 监督组员遵循标准化作业
- 与组员和主管一起开发新的标准化作业
- 寻找消除浪费的方法

主管

- 监督组员遵循标准化作业
- 评估组员对改变标准化作业的建议
- 协调新产品的推出
- 协调所有的培训和组员的发展
- 寻找消除浪费的方法

经理/助理经理

- 保障标准化作业和作业指导方法在整个车间被遵循
- 定期下车间检查组员遵循标准化作业情况
- 审阅和批准所有对标准化作业的更改

主管姓名 (GL)			组长姓名			
姓名:	杰夫	关键标识	麦克	玛丽	马克	玛格丽特
部门:	组装	◯ 0%				
日期:	01/01/08	◐ 50%				
		● 100%				
	流程或技能					
1	第1组流程		●	◯	◐	●
2	第2组流程		◐	●	◯	●
3	第3组流程		◯	●	●	●
4	第4组流程		●	●	◐	●
5	时间/出勤		●	◐	◐	●
6	安全工作队		◐	◯	◯	●
7	质量领先团		◯	◐	●	●
8	成本委员会		●	●	◯	●
9	废料处理		●	◯	◯	●
10	设备维护		●	●	●	●

图 6-10　多功能员工培训表

标准化作业和作业指导培训也被用作为认证谁有什么样技能的记录（见图 6-10）。多功能培训表中显示的组员，如果他们有一个完整的黑圈，表示他们有 100% 的技能水平能做那种作业。你可以看到，不同的人在不同的工作培训到不同的程度，这是搞清楚你是否满足你的用工需求的一个很好的工具。我们可以显示有多少人应该在每一个岗位进行培训，有多少人已接受培训。这实际上也是指派人员的工具，如果有人没来上班，我们必须调其他人员来补位，主管可以看这个图，轻松地找到谁有资格来做每项工作。

什么是领导者标准作业？

在丰田模式中，管理者就是一个老师，从武术角度来看老师就是师傅而下属就是徒弟。这张特殊的照片（见图 6-11）是在丰田德克萨斯工厂拍的，它正好是拍到有人教我他们是如何在大衰退期间教解决问题的，那时他们的组员仍然来上班即使他们没有装配卡车的工作，他们每天都教员工新的技能。这时导师的作用是向你提出挑战—挑战你的思维方式，挑战你的行为方式—给你任务，并仔细看着你做，很多时候根本不给你任何反馈，让你挣扎，然后最终他们会给你反馈，并会给你一个具体的任务。

图 6-11 现场学习

这种几百年前很常见的师徒关系从来没有离开过丰田，当你被分配一个新的工作，总会有人来教你，这人通常是你的上司，如果你是在做一个特别的项目，那个人可能是丰田生产体系的专家，你尊重他们就像徒弟对待师傅那样。

例如，当史蒂夫·圣安杰洛去肯塔基州乔治城做执行副总裁，最终成为总裁，起初他仍然是一个学徒，他有各种各样的大师—日本人，以及加里·康维斯—是他们教他成为肯塔基州乔治城工厂的总裁。尽管有几十年作为通用汽车和新联合汽车（NUMMI）的主管的经验，他心甘情愿地甘拜下风，在学习做工人的工作时他向全体职工请教学习。这种通过在职发展，一对一的教练是你在工作中学习的方式。

最近在精益界涌现出了一个时髦的运动称之为"领导者标准作业(Leader Standard Work)"，在许多情况下，它是基于一个简单的假设—如果我们能让领导者去走现场，并给他们一些要问的问题或一个寻找事情的清单，他们将会成为精益领导者。从理论上讲，领导者标准作业是一个很好的概念，它真正指的是一个代表当前计划和控制业务流程的已知最佳方式的重复活动模式。

标准化作业是工作中的常规部分

每一位领导者工作中的一部分可以是非常常规的，图 6-12 至 6-14 是前丰田经理托尼·麦克诺顿（Tony McNaughton）给出的显示每个领导者工作中重复的部分与独特的部分的百分比，它很大程度上取决于领导者的级别。随着你在组织中的级别的提高，你要应对特殊情况即兴以恰当的方式作出反应的情形就越多，而如果你越接近领导从事增值活动的组员你的常规作业部分就越大。

例如，丰田的组长（见图 6-12），他们不在生产线上工作但他们要回应每个安灯。组长在如何回应安灯方面得到非常详细的培训，当指示灯亮起时会发生什么？现在你要负责——作为一个组长你成为众矢之的，组员只是简单地拉灯线，他就完成了，他呼吁注意问题，那你首先检查什么？你可能接受过对这种情况的相当常规的方式的训练，但在现实中，每个你面对的线上情况会大有不同，需要超越死记硬背套路的较高技能。

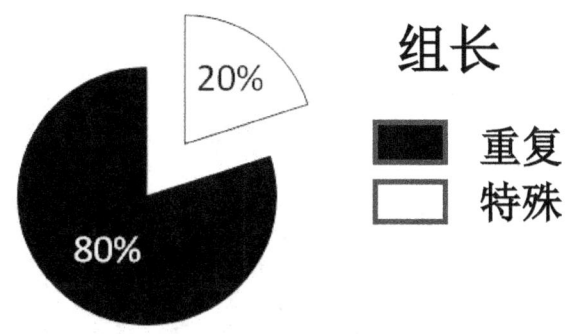

图 6-12 组长工作中特殊和重复部分的理论比例

如果缺失一个零件会发生什么？如果组员出了质量错误会发生什么？你怎么判断何时你需要让生产线停止或是你第二次拉线让生产线一边运行你一边解决问题？如果问题比你想象的大，你不能处理它，你需要求助时，你该怎么办？这里有定好的例程来应对这些情况，尽管有时也要临场发挥。

作为组长你还有一些常规的工作像检查并确认工具在质量范围内，例如扭力扳手的扭力是否在可接受的范围内？你要做质量检查，你要收集张贴在小组会议板上的数据，在轮班开始之前有些事情你应该寻访，作为组长你要早到，确保一切设置正确以便生产线开始运行时一切就绪。大致上，你工作的 80% 是相当重复的，有 20% 左右你必须在特殊情况下随机应变，比如一台机器以你从未见过的方式坏了，你必须临场发挥，假使是这样，在精益体系里，近在咫尺的主管会来帮忙。

我们建议主管的例行和非例行工作比例为 50/50（见图 6-13），主管是一线管理者，典型的一天可能会从审查前班主管的日志开始，然后与组长一起走到生产线看看情况如何，还需要做什么，以便准备开始生产。当组员们抵达时，你用他们的名字和他们打招呼，看着他们的眼睛，问他们感觉如何，寻找任何异常，有时某个工人没来，你必须与其他主管进行劳动力调整。你确认 5S 检查清单，以及员工是否戴了安全防护具，然后，你制定今天一天的计划，包括小组会议，安全讨论和质量讨论。

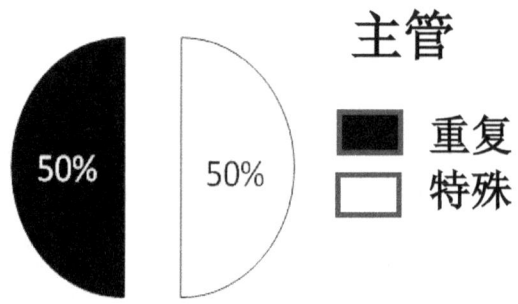

图 6-13 主管工作中特殊和重复部分的理论比例

在生产期间主管的工作更多涉及到生产线上巡视，响应异常，也有常规的东西，比如检查工人是否遵循标准化作业，是否做预防性维护。完工之后，要做各种纸面或电脑的清点记录工作，报告，并填写日志给下一班，这个时候往往也是安排进行持续改善活动的时候。

当你到了经理级，我们说，你也许只有 20% 做的是重复的，80% 是处理特殊情况，适应人们的需求。我们真正相信应用领导者标准作业，即使一个经理也可以利用这 20%，通过标准化，使工作变得非常有成效（见图 6-14）。这相当于在五天工作周里一天的工作时间，你可以做相对常规的活动，那就是你要标准化的部分。在那段时间内你应该学习教导人们进行改善的常规方法，可以将一些提问标准化，但需要额外的培训来问探讨性的后续问题，引导学习者探索更深的改进方法。

对于其他部分——工作的诀窍部分，则需要通过在职发展的方式，从一位导师那里经过多年的学习获得，而不能像程序一样写下来。诀窍的部分，你是在通过处理很多不同情况的经验中学到的，你学会了一套技巧，知道如何对付那个经常旷工的组员，你掌握了某种神奇的方法应对那台坏掉的机器，不然可能会导致停产一整天，你懂得了如何跟那个没有按时交货的供应商打交道，你能带领跨职能部门来达到支持公司战略所需的突破性目标。这些事情你以前做过多次，虽然每一种情况不同，但它们类似于你在过去所做的，这样你在为你 80% 的工作开发一套技能，而另外的 20% 是比较常规的，具体的，重复性的工作，你可以把步骤写下来。

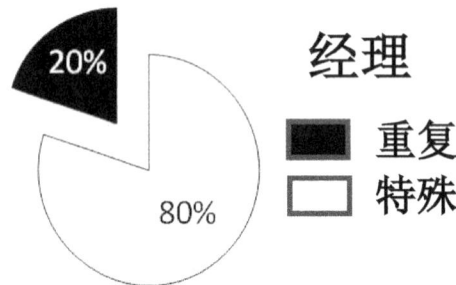

图 6-14 经理工作中特殊和重复部分的理论比例

领导者标准作业是在现场

精益领导者日常工作的一部分应该是每日到现场，我们这里显示了一个工厂经理每天在工厂巡视和检查流程的例子（见图 6-15），他们每天都会做，除非有一些紧急情况。图中标有一个区域他们决定，"我今天要在这里做一个深入调查"，"对于这个工作组，我会多花点时间"。他们每天更改这个区域，但是每次去的地方都有他们要寻找的事情。

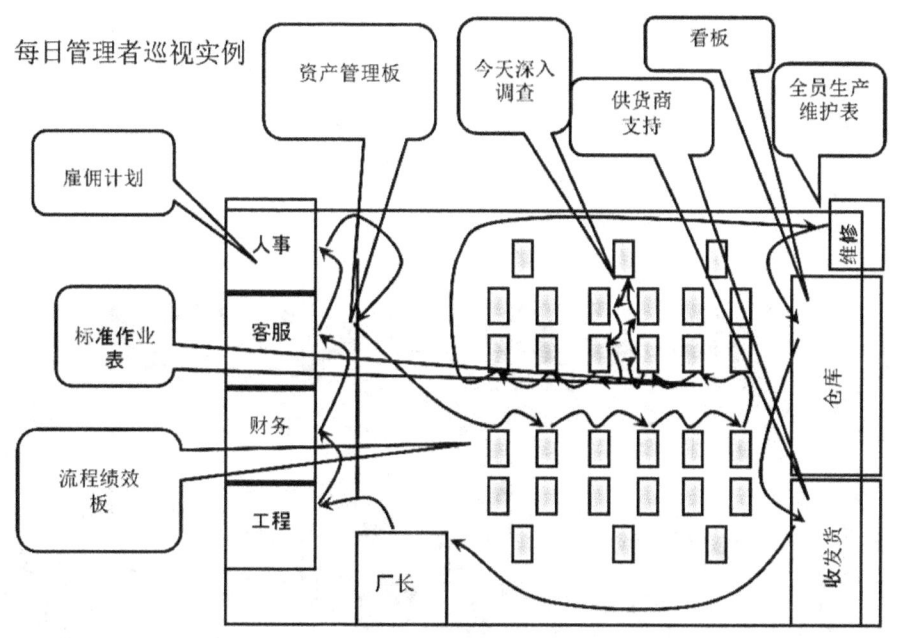

来源：托尼·麦克诺顿，前丰田经理
图 6-15 一个工厂经理的每天现场巡视实例

在每次的访问区域，他们确定了一些具体要关注的事情，但会随着时间而改变。例如，在人力资源（HR），这可能是招聘计划，他们会问些问题，如果是可视化的，他们能看到状态，那么他们会很容易提正确的问题并挑战人们的思维。

为领导者写好的标准作业是有用的，但这仅仅是第一步，用来帮助领导者最终成为自然的精益领导者—也就是直到他们已经发展到他们知道怎么做，他们不需要把它写下来，他们不需要把它变成正式的书面的标准化作业。领导者在现场应该做比巡视更多的事，他们应该系统地检查流程和教导人，仔细界定标准和可视化工具，以清楚地显示实际与标准之间的偏差，他们需要有一个巡视计划以及明确的目的，这样管理者就变成了老师和教练而不是自由徘徊随意发号施令的人。

我们所描述的领导者标准作业是一个普通的用于巡视及检查工作场所的指导文件，指导进行标准与实际间的比较，其目的是用于教。在第五章中讨论过的指导套路，提供了另一种类型的领导者标准作业，它是专为重点在确定的目标状态下执教改进项目而开发的深层次的例程，重点是教练与学习者的关系，它更加严格的制定出实施改进的日常工作，而不是普通的巡视及检查工作场所。

工具汇总

标准化作业，可视化**管理和**领导者标准作业**都是相互关**联的，标准提供问鼎的努力方向，实现**减少**变异和在高位运行。可视化管理是一种工具，可以**用来**轻松地看到与标准的偏差以便解决问题。领导者标准作业**是培养**领导者具备到现场检查系统和人员的惯例的方法，依赖于标准化作业和可视化管理，领导者可以基于现实明确指导重点。

让我们看**一个**设置了上述管理工具的**工厂，他们**有工作**小组**所用的所有重要文件的可视板，我们看到一个组长在**一个工作**单元（见图 6-16），**你可以看到他们**有很多的可视化管理。

图 6-16 一个设置了所有现场管理工具的工厂

在可视板上，他们张贴了每个作业的标准化作业表（见图 6-17），依据目前劳动力的工序平衡图，一个培训矩阵展示谁被培训了什么，还有一个趋势图，显示他们按班在一段时间内的标准化作业审核结果，很容易看到这块展示板对经理和主管做他们的标准化作业来执教工作小组是多么宝贵。

实用指南

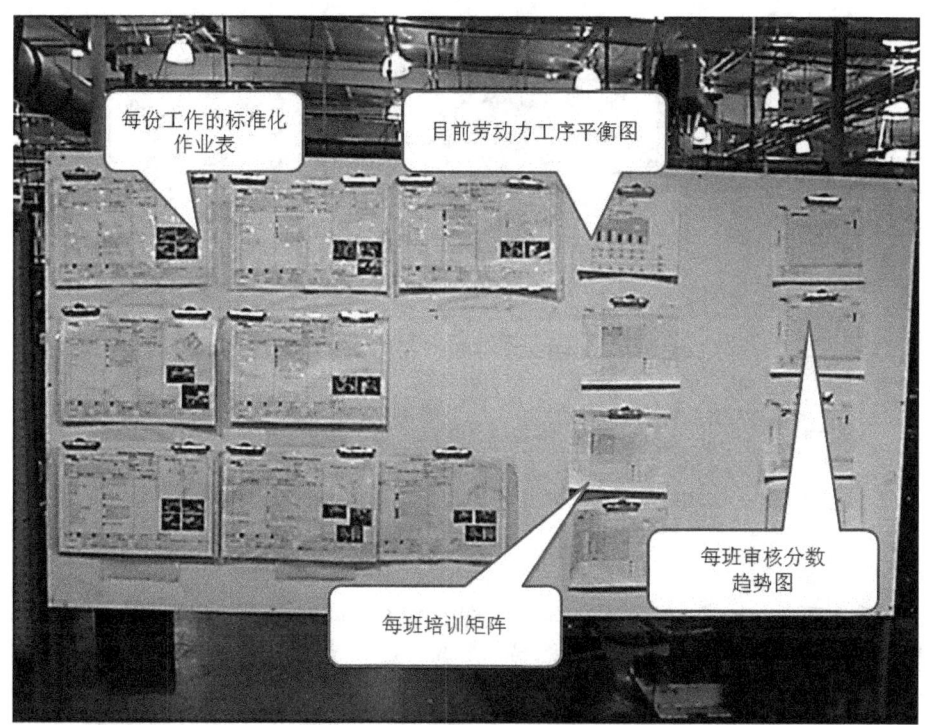

图 6-17 标准化作业可视板

图 6-18 是一个放大的标准化作业表，按丰田的做法必须由主管和组长签字，在这里，他们有三个班都签了字，意味着，"我同意这个，这就是我们将如何执行此作业"。之后，如果它改变了，他们都必须签署他们同意更改，然后他们利用作业指导培训方法训练更改后的标准化作业。

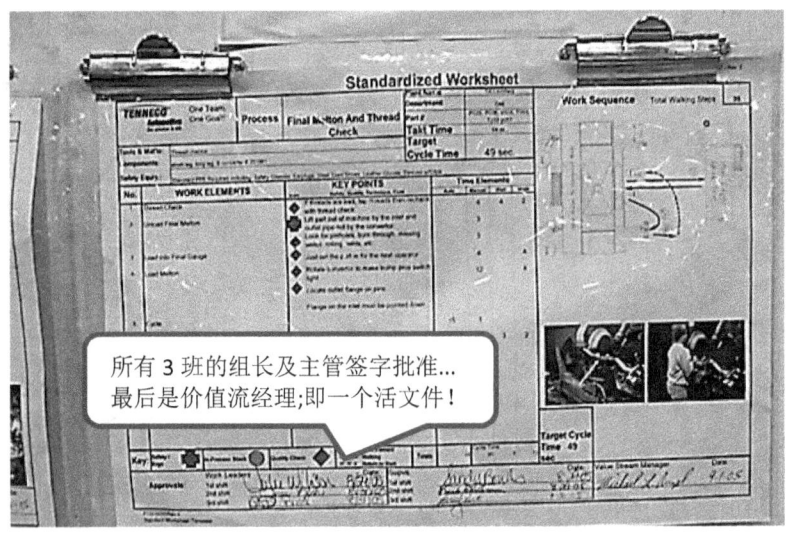

图 6-18 标准化作业表

之后我们看到了一个简单的审核卡（见图 6-19），请注意，它只有回答是/否的问题。"标准化作业是在正确的地方吗？是或否？""是不是最新的，获得批准了吗？是或否？" 在本案例，它尚未批准，你简单地把回答是的答案相加就有了总成绩。这是有意简化的，你也可以把它用五分制来度量（1-5 分），这样就比较复杂化了。标准化作业是否做对了，它在那里或者不在，它是在正确的位置或者不在，它是最新的并批准的，或者不是，或者衡量它被更新的程度，然后，你可以把总得分绘成图，一目了然找到那些有红色，黄色或绿色的地方。

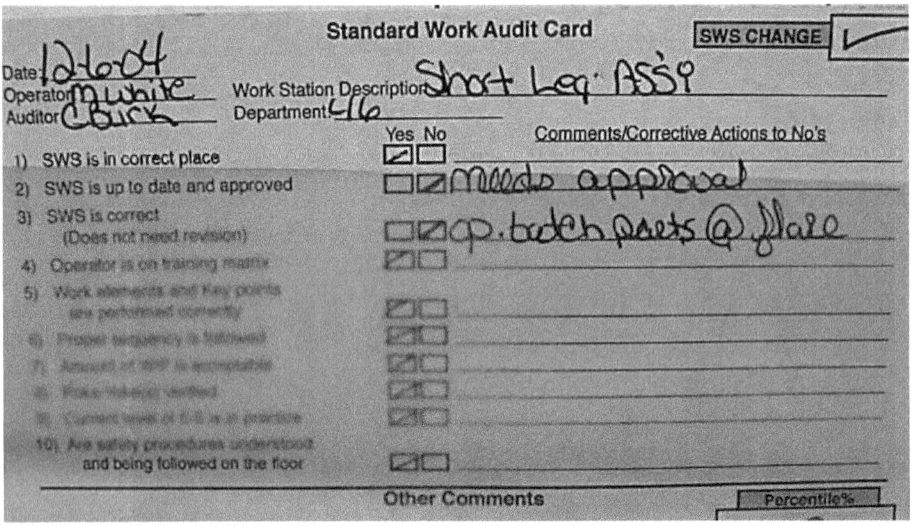

图 6-19 标准化作业审核卡

你的组织的当前状态是什么？

我们现在讨论的是你的公司如何达到日常持续改善的地步，这里的关键点是，如果没有标准，要系统地改进流程是非常困难的，可以说是不可能的，因为我们把问题定义为与标准的偏差。标准可以是那些你按顺序步骤做的标准化作业，可以是工具按 5S 的要求应该始终放的地方，或者可以是一个技术质量标准。标准还可以是针对关键绩效指标的具有挑战性的目标，如从一个部门每班 10 个缺陷的旧标准提高到每班 5 个缺陷的新标准。它可能是一个图表上的数字，也可能是你可以看到的实物诸如可允许的最多数量的在制品库存箱。

此外整个团队必须明白他们的角色—工程师，主管，组长，组员和经理，每个人必须清楚他们在制定，检查，维护和改进标准以实现公司要求他们达到的目标的过程中的作用。工作小组的架构保证了大量持续改善活动的进行，各特定工作区域的持续改善主要是工作小组的责任。请根据你的组织的情况来评价以下问题（见图 6-20）。

你的公司日常改善的现状

1=严重差距，2=重大差距，3=一般差距，4=微小差距，5=达标

1. 一线主管和团队成员组成工作小组。
2. 标准化作业存在并定期更新。
3. 标准化作业是员工培训的基础。
4. 关键绩效指标是在每个工作小组可见的，并有明确的问责制以达到具有挑战性的目标。
5. 工程项目被看作是组员们都支持的长期的持续改善活动。

图 6-20 评定日常改善的问题

第 1 条，我们只是简单地陈述你有工作小组，许多组织都有。但只有当你的领导者与组员的比例类似于丰田建议的—每个领导大约有 5-8 个组员，你才能评个高分，不然的话，你就没有足够的领导来教导和支持组员。

第 2 条是说，标准化作业存在并定期更新。它可能是存在的，但可能不是每次你去的地方都已更新并用作改善的工具。

第 3 条是说标准化作业是员工培训的基础。你应该有一些如作业元素表之类的文件，但要像作业指导培训那样以一个非常结构化的方式注明关键点和理由，培训所有员工，通常这也是不太可能的。

第 4 条，我们期待关键绩效指标是在每个工作小组都可见到，并有明确的问责制以达到具有挑战性的目标。

最后第 5 条一个工程项目被看作是由组员们都支持的一组长期的小的改善活动（正如我们在米诺米案例中看到的），你有一个大的目标及很多小步骤来实现这一目标。

如果所有这些你都得高分我会感到非常惊讶，你可能在你们公司某些领域得到一些 4 分，那是做得非常好的地方，但许多其它地方还达不到这一点，可能才刚刚起步。

有趣的是，丰田的工厂也有差异，他们的主管也不尽相同，这取决于他们被训练的如何。随着时间的推移，如果因为引进一个主要新车型，工厂经历了很多动荡，就会有变化，每个人都在加班，生产像疯了似的。你可能会看到，标准化作业没有得到及时更新，作业指导训练方法没有严格使用，持续改善在下降，这时候，你会在丰田听到"我们需要回到原点"。

当你评估完自己，你看到你的差距，再想想你在这里已经学到的日常改善的关键点，应思考如何把它们应用到你的组织里。每个组织都是不同的，对于非重复的工作，标准化作业不会是详尽的，你可能更难创建出像这里显示的那样的图表，节拍也可能不会有明确的界定。这时的挑战是，你如何定义在你的工作类型的范畴内的标准是有意义的，有用的，可视的？然后你怎么使用标准化作业和 KPI 来创建一个正常运作的日常管理体系，使各个层面的管理者都参与到改进增值工作的活动中来？

第七章

创建愿景并通过方针管理对准目标

创建愿景和能力

把方针管理融入精益领导力模型

如果你在现实中真正做到了我们前面所讲的，你现在应该是自己发展到了每天会花时间到现场巡视，检查生产过程，并能够提出合适的问题教导员工。可视化管理在现场举目皆是，各类指标清晰，你对流程了如指掌，而你公司所有的领导者也都如此。作为一个领导你的工作就是走现场，检查流程和工人，并发现谁有可能胜任更有挑战性的任务，而谁仍在目前的工作中挣扎。你会不断提高你解决问题的能力以达到具有挑战性的目标，你的公司会越来越好。而在此期间，你的竞争对手却没有这个能力，所以他们会越来越落后。

这将是涅槃，当然不会在几个星期或几个月内发生，而是需要五到十年。当我们学习这个模型时，请记住我真的想要做的是让你熟悉这个模型并思考自身发展和发展他人的重要意义，把人视为你最有价值的，唯一增值的资产。同时，具备那种伟大的体育教练或交响乐指挥的纪律性，这时你要做的就是协调交响乐队中所有的乐器，然后让他们一起在交响乐中演奏出和谐的乐章。

现在，我们来讨论这个模型的最后一部分，和谐演奏。你一直在培养自己，发展他人，你现在有几个弦乐四重奏，他们可以自力，相对不必受管理，他们可以自己一起排练，练习，演奏得也越来越好，打击乐器组也一样，乐团的每个部分都在自我完善提高，这意味着你得提高你的指挥水平。

现在的问题是他们不在演奏同一个曲子，大提琴组在演奏巴赫的协奏曲而小提琴在演奏莫扎特奏鸣曲；每个部门都在演奏自己的曲子，放在一起听起来就很可怕。

什么是方针管理？

现在你真的需要让他们朝同一个方向前进，使他们拥有相同的演奏技巧和激情。他们应该希望成为一个团队，而且他们已经准备好成为一个团队。你必须让他们在同一时间演奏同一个曲子，你现在必须以不同的方式指挥乐团，你的工作就是帮助他们做好准备，使他们能和谐地，准时地在正确的时间以正确的音量来演奏同一首作品，一起共同发出同一个乐声。

在日本，他们想出了一个术语，叫做方针管理（Hoshin Kanri），它是早在20世纪50和60年代专注于质量的称之为全面质量管理（TQM）的全国运动的一部分。Hoshin(方针)的意思是方向，有时他们用指南针来比喻，比如我们演奏同一首曲，朝同一方向前进，而 Kanri(管理)是你如何做到这一点。在领导力发展中的一到三个阶段，你一直在培养这样做的能力，这样你就知道了怎样做，但你仍然要知道做什么，你仍然需要正确的方向，你还需要明确的目标把人们联合起来。

哪个在先？

这是一个鸡和蛋的问题，没有一个共同的愿景人们怎么能够强烈地专注于提升企业业务？而另一方面，可能更糟的是你给人们愿景，但他们却不具备能力。如果小提琴家水平很差他们拉不出音符，或鼓手击鼓击出的是错误的节拍，再好的指挥也没用。影片"音乐人(The Music Man)"中假指挥带领一群不熟练的孩子玩出漂亮的音乐，这是部很好的电影，但不现实。另一方面，如果你有水平高超的音乐家，但他们都演奏着不同的乐曲，那么听起来也很可怕，他们没有让他们的客户满意。

那么，什么是第一位的？是先有愿景和清晰的目标并把它们联系起来，让人们开始关注，并想办法解决问题，改进流程和完善自己，还是先培养人才，使他们有参与方针管理的能力，把愿景和目标联系起来呢？

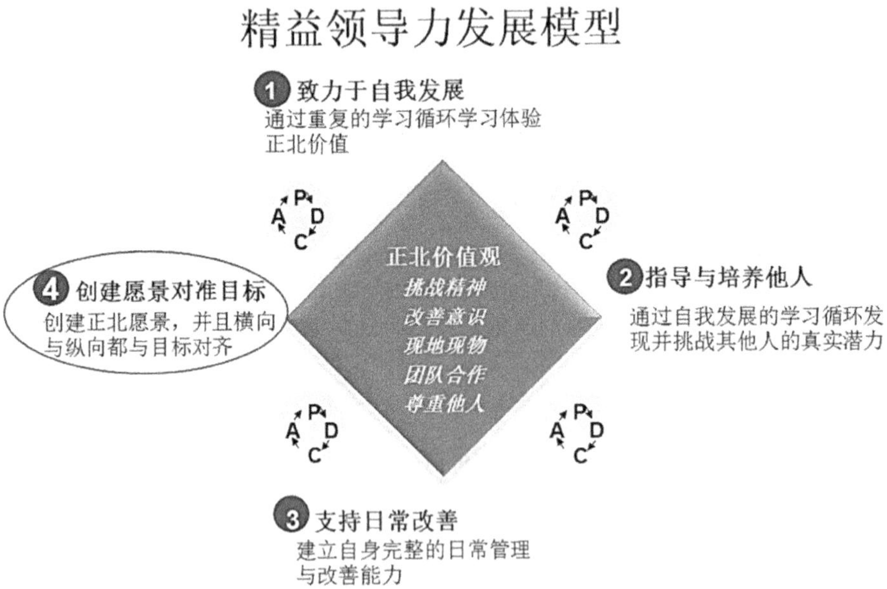

来源：《丰田模式（领导力篇）》

图 7-1 精益领导力发展模型（钻石模型）

精益领导力发展模型（见图 7-1）看起来很简单有顺序，你首先培养人，然后展开方针管理。而跟据我的经验，你如果把世界看成是任何线性的视图将会是错误的，真正的世界总是比它看起来更复杂。

本章的重点是第四阶段，假设第一到第三阶段已经学习实践过了，虽不够完美，但至少算是通过，就把这当成是一个又一个的循环，每个循环你通过 PDCA 过程学习。你计划，你执行，你检查，你行动，你越做越好，你们的人也越做越好；并有更高的积极性，更高的士气。在某个时刻，你应该准备好启动方针管理，至少开始让这些人向着一个共同的愿景。除此之外，你们的高级管理人员至少要起草一份合适的愿景，带领每个人经过流程弄清楚：" 我应该做什么？愿景对我来说意味着什么？" 它并不必须是一个完美的流程，事实上，起初它很可能是粗糙的，有争议的和需要多次的从头来，这毕竟是我们学习任何新东西的过程。

方针管理把精力集中在与目标一致的学习周期

方针管理的重点在对齐，将每个人丰富的知识和改进工作的技能对齐，使每个人都在合适的时候为企业做该提高的事情，为客户做该做的事情，步调一致。你不希望看到一个部门只专注于安全，而另一个部门专注于客户满意度，再有一个部门专注于提高生产率。这样你做不到在提供价值给客户与帮助公司集中精力之间取得协同效应。你不会有全面的安全，只会是局部的安全，生产力也一样。

这就是为什么你需要创建一个愿景并与所有目标保持一致，如果步骤一到三你做的越深入，这就越容易做。如果你有合适的人选，他们善于学习，会教别人和自我进取，那么你现在真正需要做的就是利用他们的活力并把它如激光束一样聚焦。如果一开始你不能驾驭他们的活力，你就不会取得想要的聚焦了的改进，虽然最终所有这些事情会配合在一起，但多少会有些逻辑顺序。这个过程，就是你要经历的学习周期，你希望个人层面的学习周期尽可能快使个人得到迅速反馈—PDCA 循环速度越快，学习也越快越深入，他们加起来就变成为越来越大的学习周期。

如果回头看，你可能会问，"我学会的第一个复杂的音乐作品的过程是什么？" 那么这可能看起来像一个长达一年的学习周期。然而，嵌入在整个学习周期中可能有数百个学习周期，其中你做了实践演练并把乐谱分成小音节不断地训练。学习周期是一个抽象的结构，如果你每一分钟都有意尝试某些事，你做了，并检查发生了什么，再据此做调整，你就可以在一分钟内经过一个学习周期，甚至每次你演奏一个音节这可能是一个 10 秒的学习周期。

关键是你需要一个学习方法，称为 " 刻意练习(Deliberate Practice)"，就是特意要努力学习一些东西。你知道了目的，你就想方设法来试，当你做错了，当演奏出的声音不是你想要的，你就设法找出原因，然后你就可以做调整，再试，这就是刻意练习的循环，这个过程中可能需要一个教练来帮助识别错误的原因和做必要的调整。

刻意练习的反面是随便玩。你可以玩但不会提高，你不停地玩只是奏出有趣的声音，你感觉不错，因为足够的重复会使声音开始变得好起来，最终你也可以演奏一个乐曲，但那是低水平的，你可能不会再变得更好。

当领导者培养了带领改进的技能，就可以通过方针管理达到越来越高水平的协调改进，在某些英文书中这也被称为"策略部署(Policy Deployment)"。每一个学习它的人都急于马上开始，但事实上真的很难找到有公司从上到下，反复多次通过阶段一至四做的好的案例。

日本企业在方针管理方面的经验，周期是一年，一个年度计划。对你来说，也许在第一年你没有准备好任何方针管理，即使是非常弱的版本，但是你的改进项目有明确的与公司业务需求有关的挑战。那么在第一年内，你的重点可以在第一到第三阶段(一些组织在尝试方针管理之前专注于第一到第三阶段可能好几年)，到了某个时候，你会打算要尝试一下，当你真要做尝试时，可以把它认为是你的第一个实验，一件你在整个职业生涯中将要不断努力完善的事情。

丰田的方针管理
人与共同的业务目标一致的问题

你怎样发展拥有技能和动机的人并使他们朝向一个共同的愿景？

这是古老的管理问题，我敢打赌，你会发现它在希腊或者更早的著作就有。领袖们总是摸着头脑问："为什么没有人做我需要他们做的事，并有激情地把它做好呢？我告诉他们我们要成功所必须要做的，他们为什么就不做呢？好了，人天生抗拒改变，他们没有被带好，他们是懒惰的。" 成为一个领导者的定义是你有追随者，如果他们都朝着你的愿景而来，那就是天堂。

如果我把这个机会呈现给世界上任何CEO，他们都会同意："我们想要它。" 然后我会问他们："你怎样得到它？" 他们可能会有雄辩的答案，但大多是基于对动机和能力的简单化的看法。他们可能会说："我告诉他们我的要求并激励和鼓舞他们，我们有一个良好的工作环境，员工待遇也不错，因此我期待他们干一天的工作挣到一天的工资，并努力实现我们为他们设定的业务指标。"这听上去很好，但怎么做到呢？这番话并没有真正回答你怎么做的问题，它仍然假设，只要你有舒适的环境，领导说清楚他们需要什么，员工就会想办法完成它。

而本书的基本主张是，应该有一套可以通过刻意学习而得到的用于改善的技能，就像你刻意学习任何一种其他技能一样。不会因为有魅力的领导给出慷慨激昂的演讲，待你不错，还提供有吸引力的薪酬水平和安全的工作环境，把目标说明确了，一切就会自然而然地发生。人们需要一个架构来制定计划，使之与目标一致，然后需要纪律，技能水平和领导力每天来执行计划。总而言之，要实现目标，需要周密的计划，各级人员要有动机和技能来执行。因为这个世界太复杂，该计划不能一成不变，事实上，计划和执行需要不断地经过PDCA循环。

丰田方针管理的历史

1961年丰田开始方针管理的旅程，那时日本各大公司已经使用方针管理作为全面质量管理的一部分，丰田汽车公司在其它方面也已经取得了很多成就，丰田在内部制定了丰田生产体系（TPS），而且运作良好，他们的直接供应商大多得到了TPS培训，亲自动手的工程师们不断对设计进行改进，推出新车。

他们有很多聪明，勤奋的人，但丰田的领导者仍然认为"我们还不是一个现代化的全球公司，我们是一个很好的本土公司，如果我们要实现我们的长远目标，成为一个成功的汽车公司，我们需要规模，而规模来自于全球化。"

他们决定，他们需要运营的现代化，当时的社长丰田英二，丰田喜一郎的堂弟，确定了两个基本要求。首先，他们需要明确目标，具体的讲，丰田当时在质量方面不是很有竞争力，他们的质量是越来越好，但与美国汽车制造商比有一定的差距。通过明确目标，指的不是他作为社长需要把他的讲话搞得漂亮和清晰，而是他需要将目标变成为对做具体工作的员工们有意义的工作指标；其二，他们需要一个管理制度来促进跨部门合作，由上级向下级按层级的下指令是不够的，销售，工程，采购，市场营销和人事部门都应该有共同目标并一起努力去实现这些目标。客户买一部车是从概念开始到交付给客户端的体验，他们不是购买独立功能的服务。

只是挥舞着双手说，"我们需要高质量，少缺陷"肯定是不够的，即使指定专人负责缺陷和客户满意度目标也只是接触到毛皮。如果我在冲压车间，冲车身部件，我仍会说，"他要我怎么做？我们有对缺陷的检测，我们知道在工厂里有多少缺陷，知道有多少缺陷到了客户手里，知道他们不满意车身，有太多的噪音漏进车内，我们知道所有这些事情，那我应该怎么办？我应该干什么？"

一个像缺陷这样的指标太大，不能真正帮助在某个岗位上的人明确要做什么。丰田英二也承认，即使他能做好第一条基本要求，如果不能促成第二条，跨职能合作，是没有用的，这需要质量，人力资源，维护和工程等部门协同工作来实现高质量。20世纪60年代丰田公司发现了方针管理，并开始用比"我们希望取得优秀品质"更具体的目标来实施，该具体的目标就是赢得戴明奖。戴明（Deming）那时已经成为了日本的质量大师，传授统计过程控制和内建质量，而不是检查质量的理念，得到丰田的高度评价，日本还为此建立了用他的名字命名的奖项，这是一个非常难得到的奖。但丰田英二设定了挑战，"我们要把赢戴明质量奖作为一个具体的目标，整个公司全力以赴。"1965年他们完成了这个目标。

丰田方针管理的历史

1961年：丰田汽车公司确定需要现代化的管理运作以实现全球竞争。

   丰田英二的两个基本要求：

- 需要最高管理层明确的目标（尤其是质量）和员工参与
- 促进跨部门合作管理系统

1965年：丰田赢得戴明质量奖。

1972年：方针管理实践像今天一样成熟。

自上而下一致的可视化指标以满足年度计划

有一件早期你可以开始做的事是让人们把明确的目标指标从上到下张贴到工作场所，在第六章我们已经谈到了可视化指标在工作小组的重要性，我们谈到了工作小组如何需要在某个地方开会，直观地看到他们做的怎样，以及一步一步制定改进计划。管理人员应该到现场检查流程和工人是如何实现目标指标的，那些指标告诉了你的起点，"我们的目标是什么？我们现在哪里？哪里是表示目标与实际之间差距的红色所在？"这样你就可以开始指导了。

2008年2月在经济衰退期间，我参观了在印第安纳州的丰田工厂，他们已经运营了8年左右，制造卡车，小型货车和大型运动型多用途车（SUV），他们赢得了一个又一个的质量奖。在经济衰退时期，他们不得不停产三个月，因为他们有太多的卡车库存，而需求下降了很多，之后又经受经济衰退的打击，他们只能以大约60%的产能再运行八九个月。在这段时间里，他们没有解雇正式员工，而把工厂变成了一所大学，历时三个月，不生产卡车和大型运动型多用途车，教工人丰田生产体系，之后，工人一半时间工作一半时间学习。

一个他们侧重于教的方法就是用现场管理发展系统（FMDS）来培训方针管理，这个我们在第六章讲过——一个让员工天天碰头，发现问题及解决问题，并且每天都在做改善的小循环-PDCA，PDCA，PDCA。他们第一次引入从车间工作组一直到高级管理层对应一致的FMDS可视板（见图7-2）。这个系统大约10年前在日本开发出来，这些可视板用来促进方针管理和教人遵循丰田业务实操（TBP）。出乎我的意料的是他们表现得好像这些都是新东西，我已经在丰田看到这个有10年了，为何这个获得了多个质量奖的伟大工厂谈起探讨方针管理和现场管理发展系统好像它是一个新的东西？

答案是"我们一直在让我们的员工参与改善，我们有些操作工人在持续改善上比有些管理人员还好，我们之前销售了这么多的车辆，经常加班工作，忽视了对这些新工具的培训，我们真的从来没有系统地花时间培训方针管理，应用其完整的流程使整个工厂全过程真正保持一致，我们现在有时间这么做了。"

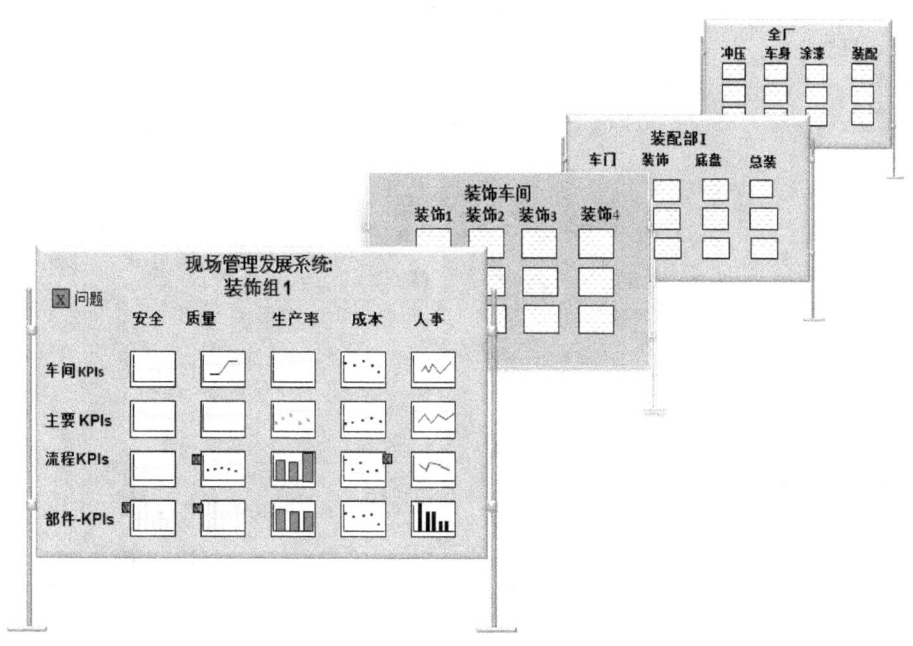

图 7-2 上层规划与车间指标对应一致的可视板

由主管和组长带领，他们最近刚刚在每个工作组安装了现场管理发展系统可视板（见图7-3）。举个例子，如果你是车体车间一个车门焊接组的主管，在看板的最上面一行，你放上整个车体车间的安全，质量，生产效率，成本和人力资源管理的主要指标，这些都是标准的类别，直接联系到车体车间负责人的方针板。

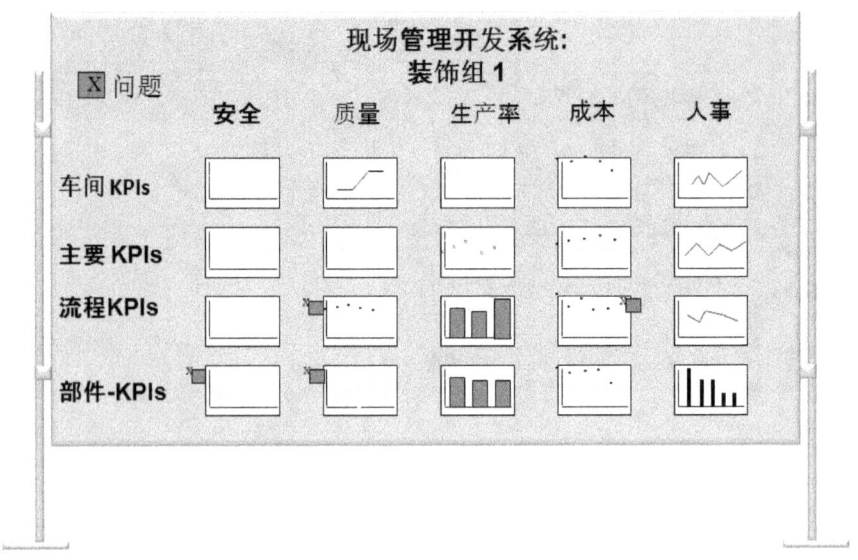

图7-3 现场管理发展系统可视板

在生产停顿及减缓时期，印第安纳工厂由公司总裁签署了所要达到的公司目标，以及相关的培训和发展的内在目标，其中重点强调的一个是质量，因为现在他们有时间可以集中精力，他们决定把下一年的质量目标提前一年完成。

最上面一级的指标是整个工厂每生产100辆车的缺陷，我说过，产生的缺陷是一个通用的指标，随着可视板往下，你必须把它具体化。在印第安纳州工厂他们发现的一个缺陷是所谓的车身的"毁伤（Mutilation）"，一个夸张形容车身的划痕，弯曲，凹痕的术语，他们在焊接冲压件的车体车间找到许多造成这些缺陷的根源，这样就有了更具体的车间KPI称为毁伤，相应的减少这些缺陷的目标也建立了起来。

车体车间的检测点使他们能够发现车身的毁伤和导致这些毁伤的具体过程，负责这些工作的工作小组现在可以将精力集中于那些造成缺陷数最多的工艺过程上。

现在他们做的事情就像是改善套路，他们观察到这些作业的当前运行模式，设定下一个目标状态，确定潜在障碍，并开始采取对策进行试验。他们是在实施PDCA循环，他们可以把正在做的事记录在FMDS板的底部或单独使用一个挂图或白板。在印第安纳工厂，当他们集中在工艺层面时，他们用了挂图，按照丰田业务实操对每个造成缺陷的过程工艺进行分析，这是主管，组长和组员们第一次学习丰田业务实操的机会，让他们在实现方针管理，提高质量的同时，也培养了员工。

这是一次极佳的机遇...有充裕的时间来培养人。讽刺的是，在此同时，在与那些因为销售下降而大规模裁员的公司的交谈中，我听到的却是"现在我们的工人没有什么事可做"，对他们来说，学习不是干活，不值得付出。

使公司全体人员在横向及纵向保持对齐

理想的状态是全公司在纵向和横向都保持对齐（见图7-4），方针首先是自上而下的，指令在每层级之间传递，然后是检查，自下而上经过全公司，这是纵向。还有横向，它是跨职能，跨部门以及具体区域间必须采取的协调工作。

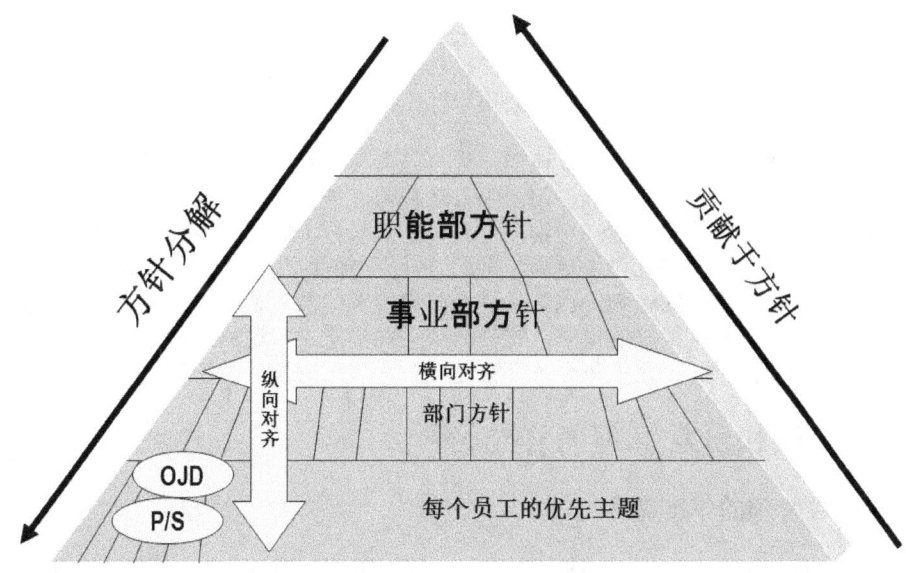

图 7-4 方针管理的横向和纵向

方针管理过程始终有一个清晰的领导人引导整个公司参与讨论，加里是在北美制造组织架构中减少保修索赔项目的领导，他必须把世界各地的其他组织的领导们召集在一起，这是最佳状态的横向协调。

即使是焊接的例子，没有一个小组是在隔离状况下工作，他们可能会发现一些来自冲压的部件有些变形，这可能导致部件配合不好而影响焊接。部件可能在公差范围内，但它们是在公差的极端处，你可以用力把它们装配在一起，但装配起来不容易且会对焊缝产生应力，时间长了焊缝就有可能损坏。

如果我是车体车间的主管，我只能控制我做什么，但问题起源于冲压部。最终，我可能需要产品开发部帮助，因为他们没有设计好公差，大部分部件装配时通常还正常，但有时不行，我该怎么办？我怎么让不同的职能部门横向保持协调？这需要将问题升至上一级部门，你不想让焊接主管东奔西跑到其他部门找合适的人，去说服他们改变工艺或产品规格。

横向的协调将贯穿整个管理团队，而纵向的协调可以通过FMDS看板按层级结构实现。所有部门的经理在其方针管理计划中有年度质量目标，这样使他们自然有一定程度的协调。一个新的跨职能团队可能会建立起来，由产品开发，冲压或焊接牵头专门关注消除车身的毁伤缺陷，那些团队成员可能会有一些额外的指标加入到他们的个人方针管理计划中。

这意味着每个人都需要具备解决问题的能力，他们是如何获得解决问题的能力的？丰田有一个简单的答案，它就是在职发展（OJD）。员工都认同，它就像溶在丰田的水中，如果你是通过OJD训练出来的，你会遵循丰田业务实操的精神和实践，自然想要与其他部门合作，以实现公司目标，你有能力有效地做到这一点。

公司希望在质量上更具竞争力，他们知道自己需要做什么，终极目标是客户的完全满意。这需要被分解成职能部门内的行动和跨职能部门间的活动，这些部门和跨职能团队必须再分解到更低级别的行为，然后执行，并检查他们做的如何，通过检查和调整，反过来助力于更高级别的方针。分解时你往下细分，检查时向上汇报，细分包括所有的计划，也就是我们如何做到，然后执行，把取得的收益向上级贡献。我们有个很好的模型，它是一个美好的愿景，这就是如果我们是一个完美的组织的样子，在这里每个人都会这样做，真正的挑战是把理想变为现实。

方针管理和日常管理怎样结合

丰田方针管理的年度循环

方针管理是一个年度循环，用来支持滚动的五年业务计划和十年全球愿景，说来并不奇怪，该循环本身在宏观层面上遵循"计划，执行，检查，行动"。你花三个月的时间开发筹备本年的计划，4月1日是丰田一个会计年度的开始，社长在一月的开始就致辞给出公司的总方针，它从讨论我们的十年愿景，五年计划开始，我们现在五年计划到哪里了，我们都做了些什么，当前的形势，我们的竞争对手在做什么，我们正面临什么样的环境挑战，有什么新事件发生，比如说今年的海啸，我们要面临新的挑战。我们的竞争对手以前所未有的速度推出新车，我们落后了。不管是什么，社长描绘了公司面临的挑战，然后重点强调说，"这是我们在今年年底前在全球范围内需要完成的目标，这是我们公司的年度计划。"

这之后全球的各个总部就开启了一个复杂并相当艰苦的进程，努力把这个方针根据职能部门进行细分，这在丰田已变得很常规，有全球研发负责人，销售负责人，财务负责人，质量负责人，人力资源负责人，然后他们开始分解他们的计划，并把它落实到地区性的各自的功能组织中。北美地区将承担什么？欧洲要承担什么？然后再把它落实到该区域的每个部门如技术中心，销售部，和制造部。它会继续贯彻下去，通过上下级的双向讨论达成实现公司年度目标的一致意见，接下来，我们应该怎么做？我们的初步计划是什么？什么事情我们相信做了能使我们取得我们想要的成果？

所有这一切都是在计划阶段，我前面提到，它从一月份开始，自上而下，上下级双向讨论，此过程被称为"传接球（Catch Ball）"，而这一切的思考和规划要在三个月时间里完成，4月1日一年的财度年就开始了。比赛的枪声这时响起，现在我们开始执行方针管理计划，接着是不断的检查，不断的行动，总是 PDCA，但到了每年的年中，即六个月后，是全球丰田企业的大检查。这时候，每个人都必须检查和报告，这样公司知道他们到了哪里，这也是一个做调整的机会，例如，海啸和东日本大地震导致严重的零部件短缺，这发生在三月，那时方针管理计划基本敲定，没有考虑到地震和海啸的影响，但这个必须纳入计划，有些别的事情可以去掉。

在这个六个月的检查点，我们反思我们现在到哪步了，搞清楚下半年我们需要做哪些调整，同时，要开始明年的规划过程，像地震这样的大灾难可能意味着一些项目将被推迟到下一年。

因此，我们必须开始收集到目前为止的数据，思考明年的目标，迄今的改善，我们可能处在 PDCA 的行动阶段，所以我们需要稳定，以便改善得以持续。

所有丰田人都会同意，从1月开始的三个月，并不是很长的时间用于制定这样一个复杂的计划，他们还会告诉你，"我们从去年8月以来一直在想这个方针，我们已经知道我们会被要求做什么，我们一直在做准备。"

这就是一年一度的方针管理循环是如何运作的，这是在公司层面上你可以看到的一个大的"计划，执行，检查，行动。" 这里我们有年度计划，我们不断执行，不断检查已经取得的，明确还要做的。在一年一度的 PDCA 中，嵌入有更低级别的 PDCA 循环，从国家级到工厂级，从年度到季度，最终到工作小组中的每分钟级。如果你发现有缺陷或出了问题，你就会尝试通过 PDCA 来解决这些问题，公司从上到下有相互关联的 PDCA 学习循环。

方针管理和日常管理之间的重要关系

方针管理驱使所有的人使用他们通过多年的工作经验形成的计划和执行纪律，而日常管理（Daily Management）制度，丰田把它称为现场管理发展系统（FMDS），是指导从工作小组到管理层实施日常的 PDCA。要取得最佳收益，方针管理和现场管理发展系统需要一起应用，方针管理为你设置大目标，然后通过日常管理把它诠释成具体行动。

你需要问的第一个问题是，我们需要做什么？你需要为整个公司，每个部门，以及每个工作小组回答这个问题，回答你需要做什么的最终结果是将答案转换为一组可衡量的目标。第二个问题是，我们应该怎么做？我们用来一步一步不断接近目标的过程是什么？我们现在甚至没有击中镖靶，更不要说击中靶心，要做到这一点，我们需要日常活动训练我们越来越接近击中目标。最后，我们需要知道我们做的如何，结果怎么样，为此我们需要有主要关键绩效指标，分级关键绩效指标直至每个工序的日常审查程序，这就是从大局到微观细节解决当前某个特定问题的过程。

我们应该怎么做到？怎么管理和怎样做显然是相通的，当我们开日常会议，做持续改善，不断检查我们做的怎样，并确定下一步做什么，就是在不断地进行上述的步骤二和步骤三。

方针管理和现场管理发展系统发挥工作小组的能力

我们需要做什么？

（公司—部门—工作小组）

- 方针—目标和 KPI

我们应该怎么做？

（过程）

- 现场管理—日常活动

我们做的怎样？

（结果）

- 主要 KPI，部件 KPI，流程 KPI

我刚才讲到方针管理与日常管理是不同的，但它们密切相关。方针管理，我们指的是规划和检查过程，一个链接总经理到工人之间的每一个层级的大画面。而日常管理是你实际上每天在做的过程，比如，你与你的团队站在现场管理开发体系板的前面讨论，"我们在这里有一些弱点，今天我们需要加以关注，这里是我们在安装仪表板这个具体过程中做得怎样。" 这就是日常管理和我们每天从事的活动的非常详细的讨论。

你可以认为它们是两个不同的东西，有些企业是这样认为的。我们观察到一些公司在贯彻方针管理时，如果他们的日常管理系统薄弱，在把目标落实到行动时会经历上下波动的锯齿效应，比如当高层强调质量指标时，他们会做大的改善，但当高管们有成本压力时，那便又成为新的当务之急，而质量就退步了。另一方面，没有方针管理的日常管理是可以维持已取得的改进，但改进不会是显著的。但是，如果你把两者结合，你会得到非常好的效果，如图 7-5 所示的趋势图，这里展示的是先向前迈进了一大步，接着是较小或较平的调整期。例如，我们决定把缺陷减少 10%，我们做很多改变，我们改变工具，我们改变如何培养人，我们与供应商合作，改变他们的过程，我们甚至给产品开发部门一些反馈，使他们设计的下一款模型更容易装配。

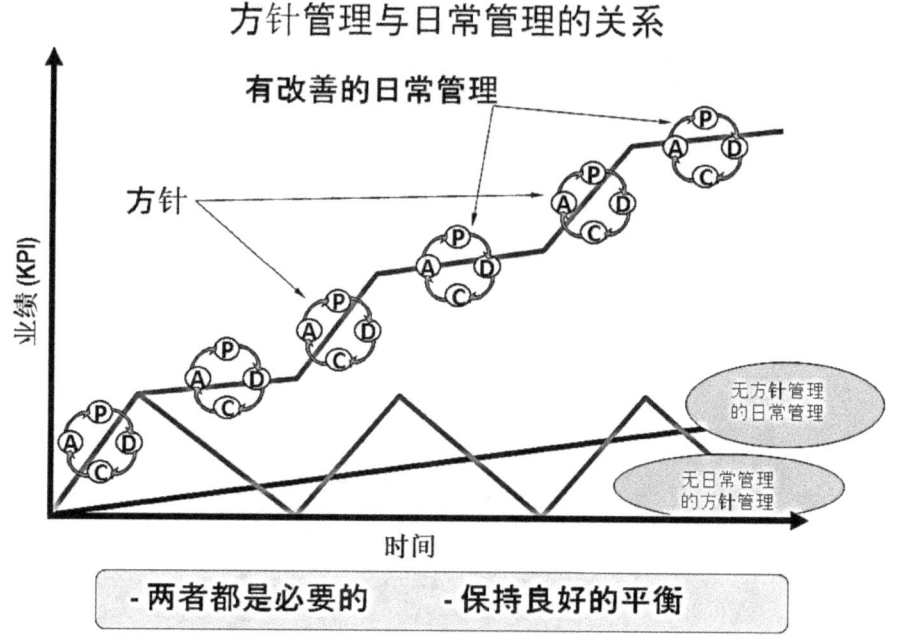

图 7-5 方针管理和日常管理结合实现突破并保持前行

很多事情在变化，很多人必须改变他们工作的方式，还有每天发生的跨部门的交流是一种全新的任务。在实现了所有这些变化后，我们需要稳定和维持这些变化，我们每天仍然还会发现并改善一些小事，但还不会开始另一个重大挑战的任务。

例如，2010 年日元非常强势，许多分析师表示，这几乎是丰田的一个致命问题。他们在日本造这么多车，当他们出口这些车时将很难赚到钱，因为日元如此之强，他们可能会赔钱。但丰田不认为这是毫无希望的，他们觉得需要想办法解决这个问题，办法是设定三年时间里降低成本 30％ 的目标——每年 10％。但是很多的固定成本难以改变，而可变成本又有限，因此不得不回到整车的基础重新设计以及怎样把它装配在一起，为此工厂里发生了许多变化，要在一个非常高效的公司里降低成本 30％，他们不得不重新思考一切...，最终他们做到了，而之后安倍首相制定了大大削弱日元的政策，使得丰田的利润非常的好。

这是一个很大的改变，你不会每年总能够那样做，会有一段时间你有一些小的目标以维持已经取得的成果，充充电，为攀登下一个高峰做准备。这就是说，方针能给你大的挑战，然而你需要用日常管理来做小的改进，以实现所面对的挑战并稳定此进程。

方针管理的理念

方针管理的基本理念

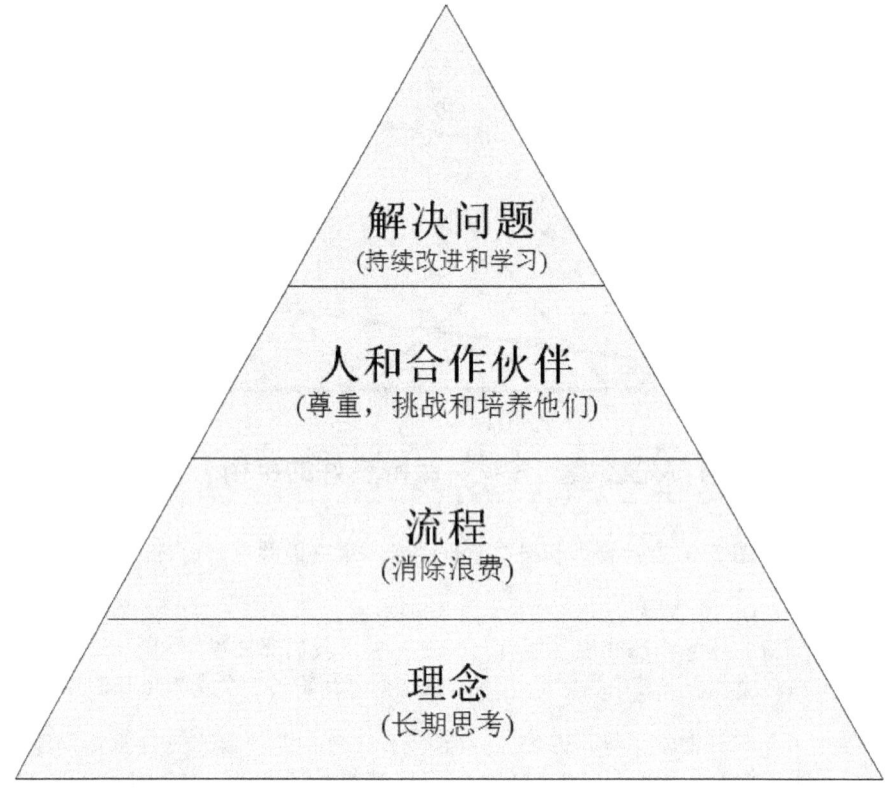

图 7-6 丰田模式模型

让我们重新回到理念，它在我的丰田模式模型中是基础（见图 7-6），理念的根基总是价值观，你相信什么？是什么驱动你？什么对业务很重要？什么对公司很重要？对服务客户你相信什么？对于人你相信什么？关于领导力你相信什么？对这些问题的答案形成了丰田五个价值观的基础——挑战，持续改善，不断去现场看，团队精神和互相尊重。在这之上，你需要有方向感，最佳的起步是创建一个广阔的愿景，丰田在其网站上公布他们 10 年的全球愿景，显然，10 年的愿景是非常笼统的，因为这个世界有太多的变化。

你需要得到所有员工的配合，如果因为你已经多年使用折磨他们的管理方式使得你与员工关系不好，你应该要开始进行修复。先不要用方针管理，开发一些小项目来建立信任，让员工尝试开展改善活动并相信即使失败也不会受到惩罚。此外，你需要通过领导力发展循环开始教导和改变，你重新回到自我发展，各级领导都回到自我发展，最好从上而下进行。

- o 核心价值观是基础
- o 从未来愿景开始（例如，10年愿景）
- o 与所有员工努力合作

之后你要有清晰的方针管理的目的，在丰田，就像任何其他公司一样，他们想要结果，做企业都需要结果，但他们不局限于此，他们认为没有实际改善和稳定过程的结果是不可持续的，他们想避免上下波动的锯齿效应。他们想要结果，同时希望有一个可重复的过程能产生持续的改善，他们知道只有人可以改善过程，因此需要对人进行培养，使他们能够检查结果，找出过程中什么需要改变，并实施这些变化。

目的：过程改善 x 结果 x 人员发展

真正的方针管理把人的发展和获得业绩看得同等重要，方针管理的基本理念不仅仅是获得年度业绩，这只是一部分，企业需要达到业务目标以满足客户需求和保持业务健康，但同时方针管理的理念还包括改善我们的流程和培养人员，这三件事应该同时发生，其中任何一个没实现，方针管理就是失败的，如果一个是零，总和为零，它们是相乘而不是相加。

这里的核心观点是一个好的过程会导致好的结果。但是，我们通常会先从结果开始，说，"我需要做什么能得到这些结果？" 这往往导致只关注像降低成本这样的简单化途径，工程师和黑带们会做些投资回报好的项目给我，当我得到这些结果，我就心满意足了。然而，丰田认为，只有当有责任心的员工不断地改善可重复的，明确的工艺流程，好的结果才能得以维持，而且每年都会变得更好。

总之，当你改善流程时，你做的一部分是从投资中得到直接回报，另一部分是培养人和日常维护，这些没有立即可衡量的收益，你这样做是因为你知道你需要设备高效地运行，你知道你需要有激情并努力通过做日常改善来帮助企业的拔尖人才，你知道你每天的会议需要在指标展示板前开，你需要你的主管和组长们知道如何执教培训。要想得到想要的结果，所有这些元素都必须到位，所以你在建立这些元素的过程中，不会期待在培训每个人或授权加班维护设备时对投资要有直接回报。

目标管理和方针管理的比较

目标管理已经成为指令和控制

每家公司都有某种形式的实现目标的方式，最常见的往往是"目标管理（Management By Objectives）"，它看上去是从高管层到组长级有关可衡量目标的讨论，听起来像方针管理，但其相似性仅此而已。目标管理所涉及的讨论几乎完全是关于我们试图要获得的结果，结果与奖惩挂钩，要么你取得所要求的结果而得到巨额的奖金，并获得晋升，要么你失败，承受失败的后果。

总之，这是恐惧，表彰和奖励，一切都是有形的，你取得的有形结果决定了你有形的职业生涯，举个例子，这导致了广为流行的通用电气的 ABC 系统。你的 A 员工们得到额外的加薪和奖金，你的 B 员工们，他们工作干得不错，获得了平均加薪，你的 C 员工们需要改进，他们会得到惩罚，如果他们连续两年是 C 员工，他们将会被解雇。

任何数量的员工小组，比如说 10 人，至少要有一名 C 员工，两名 A 员工，而其他人都是 B 员工，你强制要求每个管理者评出赢者和输者，这符合目标管理的理念，那就是恐惧，奖励和明确的目标，然后让它撕裂，这样员工做他们的事，就有了足够的动机去获取结果。

目标管理的特点是关注短期，高级管理层决定在短期内所需的结果，并检查你做的怎样，它不是把你的思想链接到公司的 10 年愿景上，那在你的头脑中是很遥远的东西，你现在想的是："我必须做出成绩，因为到了本季度末我会被评估。"

我应该指出彼得德鲁克是目标管理的拥护者之一，他是这个时代著名的管理思想家之一。当他描述目标管理(MBO)时，他加入了参与性管理，对话，和激励，这样更像方针管理而不是传统的目标管理，在实践中，原本的目标管理的内容就渐渐地消失了。

目标管理的特点

短期的，没有理念

我说，"没有理念，"我的意思是没有定义你如何领导员工的理念和你的价值观是什么的理念（见图 7-7），你可以总结出理念是"优胜劣汰，不惜一切代价在短期内取得通常是董事，外部股东，或者一些投资者要求的结果"。

以结果为导向对行为的评价

"我们只评估结果，我不在乎你怎么做，只要能完成它。很明显，你不违反道德原则，你不偷，不抢，不犯法，也没使得人身安全受到威胁，我们关注安全，也关心我们的道德体系，但除此之外，没有任何规则，只要把它完成。"

自上而下的指令式沟通

沟通是自上而下的，你可能很有礼貌，和蔼，而且倾听别人的担忧，但是目标就是目标。

主要面向权威

你的权威基础是你的正式权力，你处在实施奖惩的位置，你有胡萝卜加大棒，而这些就是你最有力的工具。

目标管理	方针管理
短期的，没有理念	长期的，强有力的指导原则
以结果为导向对行为的评价	关注结果和过程，重点在对于人的发展
自上而下的沟通	自上而下方向设定和自下而上信息反馈
指令式	参与式
主要面向权威	主要面向责任

图 7-7 目标管理和方针管理的对比

方针管理的特点

长期的，强有力的指导原则

有一套长远愿景的指导原则，它们是关于客户，人才，尊重等软性的东西，我们所关心的不仅是结果，还有过程以及注重人的发展。

关注结果和过程，重点在对于人的发展

方针管理专注于发展各阶层员工，营造一个基本的信任氛围，这样人们不只是关注一个季度的结束，而是持续不断地改善他们认为可以帮助他们最终达到所要的结果的那些事情，他们可能会犯错，随着学习的深入，可能不得不重新调整工作内容，而这本质上就是一个学习的过程。

自上而下设定方向

高层设定方向，业务需求将不会从民主进程中产生，它产生于对竞争对手，对新技术，对未来的机会的深入分析，以及你想要成为什么样的企业，以此决定你的商业模式。战略规划来自顶部，高级管理人员需要确定有什么业务需要才能成功，这是业务的需要，不是有没有都可以。

自下而上参与信息反馈

当你自上而下设定目标时，如果你得到的反应是"不，我们做不到，我们可以做一半，我们可以做四分之一"，那么企业是不会成功的。那些自上而下的方向一旦确立，你必须取得这些结果。像在日本的丰田，当他们设定三年内成本降低 30% 的目标后，在任何一年内都很难说服公司，他们可以妥协到在三年内成本只降 15%。

他们的绝大部分精力是花在讨论方法而不是辩论目标，"我们如何做到这个？"会有很多有关将要实施的方法的规划，"为了实现更高的生产力我们应该采用什么样的有意义的方法来衡量我们的运作？" 在涂料工序，它可能是设备的正常运

行时间，在组装车间，这可能是每部车装配所需的工时，如果你是做销售的，可能是卖掉一部车的时间。

这是一个一起参与的过程，每个人都积极参与，他们都在思考，分析，研究数据，做出计划，人们不会拒绝目标而说"不可能，30％太荒谬，我觉得我们应该把它改为17％。"这不是那种我们讲的参与，这里的参与多是整个组织目标的分配，而且更多是"我们如何去做到这一点？"

主要面向责任

这里谈的主要面向责任，指的是人们报名参与，把他们的名字写在目标上并领导该项活动，而不是应对来自他们老板的萝卜加棒子的奖惩。在丰田，他们没有很多附随的奖励，像"你这样做，你得到这个，你那样做，你得到那个。"在日本每年有两次的奖金（在一些国家每年只有一次），是与公司运营及工厂运营得如何挂钩的，它更是一种全球性的奖励，管理层的个人奖金有一部分是与方针管理挂钩的。他们很少解雇员工，这样你就不会被放在C名单上两年而被炒鱿鱼，他们不强迫分配ABC，如果每个人都优秀，那大家就都是优秀。他们主要感兴趣的是内在动力，"我是团队的一部分，公司给我的薪资不错，我做好我的工作，我的工作的一个重要组成部分是实现这些公司目标。"

激进的精益变革：达纳底盘零部件供应商

似乎有一种误解，认为方针管理就是你自上而下直接贯彻到车间层级，在那里完成一些小的改进。这是真的，但只是故事的一部分，因为你希望车间的工人参与持续改善，希望他们朝着既定目标帮助公司业务成长，所有这一切都是真的。但是从总裁到CEO一直到工人，中间有许多层级，各个管理层级都应该积极参与到持续改进当中，当你沿着层级往上升迁，你亲自带领项目的范围就会变得越来越大。

在丰田你会发现，大多数影响力大的变化是由经理或高级主管领导的，在这个高层级都是些较大的项目，涉及数百甚至数千人及许多设备，请注意，这时仍有很多处于较低层级的小的改进来支持高层级设定的大目标。此外，也有像做生产计划之类职能的工作人员，会领导大的改善活动，他们主要集中在均衡化排产及传递到供应商的全面物料信息流等涉及面较广的项目。他们的方针项目负责的范围更广，并涉及大量的资金，质量及安全问题的落实，当然他们会依赖于工作小组的协调和支持来完成这些大的变化。

也许我们把方针管理想像为只是把任务委派下去，像传递一个烫手的山芋，让我们摆脱困境。总裁先有了它，然后将其传递给副总裁，他又将其传递给总经理，再给他的经理，他再向下传递最终到工作小组。然后他们开始努力做改善，涌现出无数小的改善项目，而中间的所有那些层级都退卸责任，他们原本都应该在做范围更广的改善。

加里从丰田退休后，花了些时间参加了一些公司的董事会，其中之一是达纳（Dana），达纳当时陷入了困境，他们早些时候宣布破产保护，2007年初刚从破产保护中出来，又碰上大萧条开始，美国汽油价格涨了一倍。达纳给汽车和重型卡车行业提供底盘零部件，它的一部分客户制造大型商用卡车，其它汽车客户制造小型乘用卡车，当时在汽车行业，几乎每个星期都似乎有一大零部件供应商宣布破产，达纳制造过量，成为了受害者之一。

加里当时是达纳董事会成员，他们制定了一个积极的计划以摆脱所有这些危机，那是一个很好的计划，他们决定聘任一位CEO来带领扭转局面，但在最后一刻，这位CEO改变了主意，董事会于是与加里达成了一个协议由他代理执行CEO，接手一年，他接受了领导挽救这个被打垮了的公司的工作。

这确是一个真正的危机，达纳作为一个公司很可能最终会被关闭，他们受由债务人，银行和私募股权公司组成的董事会支配，因为他们帮助公司摆脱了破产的困境。当时一个关键的里程碑是，如果他们没有达到要求的目标，例如现金流，那么董事会有权卖掉公司的部分财产甚至解散公司。

达纳简介

- 成立于1904年
- 公司位于俄亥俄州的莫米（Maumee）
- 2009年销售52亿美金
- 22,000员工
- 在26国家有96个主要经营场所

这是一个很大的公司，52亿美金销售，22,000员工，在26国家中有96个主要的工厂，但在2008年初，他们不得不进行激进的变革。约翰·迪瓦恩，达纳董事会主席，他曾是福特和通用汽车公司的前首席财务官，聘请了加里。他很有魄力，他知道如何从财务角度来重组一个公司，这至关重要。重组意味着关闭一些工厂，卖掉一些资产，合并一些业务，给供应商压力以及合并供应商，限制养老金计划和削减员工。他知道扭转的黑暗面，但他富有远见地认识到在汽车这个行业，特别是乘用卡车，质量标准和技术创新的压力已经如此之高，你不能简单地以削减自己的方式走向成功，你仍然需要卓越运营。

卓越运营已经成为企业生存的一个基本要求，你需要准时地提供真正好的产品，你要为你的客户存货，质量超高，还要有研发能力能够给你的客户提供他们不能从其他供应商那里获得的新技术。达纳团队进行了分工，加里的工作集中在卓越运营和降低成本，董事会主席的工作是带领财务扭亏为盈，约翰·迪瓦恩请来了在福特的朋友，他们擅长重建工会合同，重组工厂，重新谈判工资和福利以及更多传统的结构调整。

而加里在此期间开始雇用他在丰田时认识的那些有卓越运营能力的人，作为丰田培养的领导，他很自然地走工厂现场，评估现有领导力的强项和弱项，并给出主要改善的建议。

这里是背景情况的汇总

2007年二月：走出破产保护

2007年夏天：因美国油价上涨一倍，达纳销售下降

2008年四月：加里被任命为首席执行官

2008年十月：雷曼兄弟公司危机

2008年秋季：由于大衰退，销售持续低迷，使得工厂产能利用不足

基于此你可能猜想接下来到"2009年，公司解散，歇业。"但事实是恰恰相反。

扭转一个公司不是什么新鲜事，从事扭转的专家和私募股权投资基金购买和扭转各地的公司已经是一个大产业。传统的技能是财务管理，财务核查数字来决定消除什么，你可以消除的依据是，"我们在该劳动类别中有这么多人，我们做了一个基准对比研究，发现我们比竞争对手多出30%的人，所以我们要削减30%的员工。"然后我们希望该部门的领导人找出如何让70%人做100%的工作的方法。神奇的是，人们会莫名其妙地接受，并能完成要求的一些重要事情，他们可能没有高品质，没有好的制造流程，他们可能只是疯狂地工作，在极端压力下不断地"救火"，但不知何故，他们能够完成任务，可能是他们想保住自己的这份工作。

一个分派到达纳的私募股权投资人解释说："你不会从旧的管理中得到新的结果，因为是他们把公司运营成这样。"你要做的第一件事就是动高管，解雇掉他们中的大多数，并带进一个新的可以做出成果的团队，然后你就开始重组，这是一个漂亮词汇，它实际指的是出售和关闭很多业务，裁掉很多雇员，去掉员工养老金，削减公司资产，这样使你获得所需的成本降低。现在你已经做到了这一点，公司元气大伤，很多具有知识产权的人们走了，很多有熟练技术的工人走了，接下来的挑战是如何稳定公司业务。

这时你还得要在一个不稳定的公司里做出卡车底盘部件，你的公司已被削弱，但至少幸存下来，你的盈亏平衡点降低了。现在你开始更新业务，从较低的盈亏平衡点开始获得利润，你会开始雇用新的人，雇用年轻人成本低，他们知道的少，但他们精力充沛，所以这是一个新的挑战。这是传统方式的扭转，但它违反了所有的创建优秀企业的丰田模式原则。

你怎样在危机时发展精益领导者？

丰田是如何创建一贯的高品质，同时又能达到具有挑战性的目标，像30%的成本降低？他们是通过领导力做到的，他们培养领导者的方式就是通过我们一直在学习的模型。领导者自我发展，教导和发展他人，在基层发展出一个每日改善的体系，通过愿景，通过目标，通过指标，通过计划来统一所有的行动。主管，经理

及总经理们都接受这样的训练,结果是造就了一个由具有扎实领导能力的强大团队组成的具有高度适应性的组织,在每一层级,人们都在发展和加强领导和教导的能力,并带领自己的改进项目。

这听上去非常好,那么需要多久才能达到这样,典型的答案是需要七到十年,即使你一直在这样做,你可能仍处于基础阶段,而此时,处于危机中的公司可能已经倒闭了。那么如果你处在危机中要怎么做?加里和约翰·迪瓦恩作为一个团队做的是两条路同时走,约翰·迪瓦恩领导传统的改制过程,加里领导卓越的运营过程。通过卓越运营,如果你的重点在节约,你可以得到节约。如果生死存亡的问题是成本结构过高,你可以细分这个问题就像前面提到过的减少保修费用的案例,通过细筛那些目标,你可以得出两件事情真正重要,一是降低成本,另一件事是减少库存,因为对于此特殊案例,库存就是金钱。这关乎现金流,你需要现金,因为你有令人难以置信的高息贷款必须还清,省下的每一美元可用来偿还高利贷式利率的贷款。

按这样的思路,达纳采取了两条路:丰田模式的领导力发展和结构调整相互补充。那些强硬的领导人使用表格对采购和合并厂房做出决定,例如,达纳研发部在一栋楼,公司总部设在另一栋,他们把研发搬到公司办公大楼,搬出了研发大楼就省了钱。

在另一方面,如果你有兴趣做长久的卓越运营,你就要发展领导者。发展领导者的第一步是选定未来的领导者,谁将能够在基于持续改善的未来达纳环境中发挥作用?你需要给这些领导者进行培训,教导他们并装备必要的工具。这里不会有蜜月期,选定未来领导者的过程指的是谁没有获得选拔就将会被送到一个不同的岗位,也许是降级,也许最终被迫离开公司,或者当他们被降级时自愿离开,结果是很多现任领导者最终离开了。那确实不是好看的一面,通常情况下,我们不会太注重对那些人百里挑一,定期清理,解聘那些出于某种原因不具备领导能力推动强劲改善的人,但在危机关头,这可能是必要的痛苦的部分。

接下来你要做的是通过日常改善达到卓越运营,同时不断培养领导者。现在,你不是处在面对那个元气大伤,破碎的组织,试图去修复它,而是有了一套全新的领导班子,准备重新发展业务,这里有些是重塑了的老领导,而有些是加入的新领导,这是一个能推动持续改进的更强有力的领导机构。

采取并行路径使公司存活下来不致死掉确实是非常理想的,这样你可以继续建设卓越运营的过程。重组和裁员,并设定极端目标的时期,就像海军陆战队新兵训练营,那时领导者以他们从来没有想过的可能的速度发展技能,最后转化为全新的领导和员工,同时将组织团结得更紧密而得以生存,并创建出前所未有的团队精神,呈现出来的结果变得更强而不是更弱。这一点艾伦·穆拉利(Alan Mulally)做的非常好,在大衰退期间他带领福特走出几乎濒临破产的绝境。

达纳第一年采取的行动：重点发展领导力

加里在丰田几十年的经验帮助他在达纳建立起了一个卓越运营的领导团队，他有一个负责卓越运营的全球副总裁，有一个完整的汇报结构，自工厂一级，然后区域一级一直向上报告给他。他们将集团总裁的数量从六人减少到两人，每个人运行一个业务部门—商用卡车和轻型卡车，他们的目标是一个达纳，即自下而上统一聚焦直到CEO级。达纳运营体系（DOS）完全仿照丰田生产体系（TPS）创建。

他们还需要标准，全球化的关键绩效指标。加里在丰田习惯了这些指标，习惯了标准化的报告，他可以在任何级别非常迅速地评估业务的状态：北美级，工厂级，甚至深入到部门级。在达纳他做不到这样，感觉就好像突然间他是半瞎了，他想，"我不能以这种方式来领导，"必须创建一个可视化的系统可以看到哪里有问题。

之后像任何丰田领导那样，他决定，公司持续改进的资源，必须是内部的，忠诚的，由达纳拥有的，而不是外部顾问。他从他广泛的人脉网络里找认识的人，并给予10个月的试用合同作为外部顾问，这样他们就可以在正式雇佣之前来证明自己是可以胜任的。这些人中的大多数成为了区域持续改进的总监，他们的工作是通过做项目，加强工厂领导的管理能力。他们会在一个是瓶颈的部门，做非常积极的多周持续改善，彻底扭转局面，工厂的领导们，包括工厂经理，都必须亲自带领这些活动。

他们也将其他的工厂经理叫来参加这些活动，其中一项规定是当他们举行大的激进的改善活动时，他们给从各个工厂来的工厂经理分配不同领域的改进，他们不能离开工厂，直到他们100%达到最初设定的目标。有些人在那里呆一个星期，有些人则会呆四个星期，他们希望灌输这样一个纪律：成功的唯一标准是100%达到目标。这是一个非常强烈的新兵训练营，有很有经验的人带领和指导他们。

他们把第一年由CEO和高层管理人员在所有达纳工厂实行的卓越运营进行了总结（见图7-8）。这些为达纳运营体系的进一步发展奠定了基础。

达纳背景
采取的行动：专注于发展领导力

▸ 在总裁级别上形成运营的卓越领导力，以100%全球工厂为重点向CEO汇报：

　　－ 根据丰田生产体系创建达纳运作体系（DOS）

　　－ 在六个类别中建立了12个全球KPIs标准

　　－ 成立了达纳内部核心精益顾问

　　－ 增强工厂领导力，管理能力，方法和工具

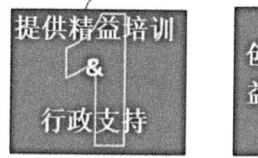

图7-8 达纳第一年的卓越运营行动

七步流程启动达纳运营体系

达纳运营体系就像是整个丰田生产体系，但需要把问题分解成易于管理的步骤（就像你应用丰田业务实操）。最初的重点是要获得整个工厂及工厂各部门运作的透明度，他们应用关键绩效指标，在每个工厂中设置了一个区域叫达纳钻石（Dana Diamond）区，这里有全厂的指标，是日常的工厂经理会议举行的地方。

他们开发出了全球通信系统，在计算机数据库中的关键绩效指标，往上可以到CEO级，往下可以分解到任何级别。在区域层面，他们有实况现场会讨论工作绩效，在全球范围内的大部分通信是虚拟的，包括电话会议。例如，由私募股权投资公司指定的负责扭转的主要负责人有在达纳赫（Danaher）的工作经历，达纳赫有一个达纳赫业务体系，它是一个非常强大的企业范围内的精益体系。他看到大家非常努力要想取得结果，所以他的工作是每周的星期四，有时到星期五，与90多位工厂经理进行一对一谈话，了解过去一周他们做了些什么，他们处理了什么问题，他们得到了什么结果，考问他们"究竟是什么问题使这台机器停了？我们只生产了半天，为什么会这样？"他们可能会给出的答案是："有台机械手坏了，那是台老机械手"。

"为什么那台老机械手坏了？"通过讯问这位前达纳赫教练教给他们解决问题的过程。光说一个机械手出了故障是不能接受的，机器人不是一定会坏的，它们可以被维护好，这很可能引出了预防性维护计划。他教导工厂经理成为精益领导者，他用每周一次的电话培训他们，带领他们走过发展过程。

工厂经理也可以去找区域持续改进的领导说，"我们的设备维护有问题，我们同意制定一项全面生产维护（TPM）计划，但我们不知道该怎么做，我们需要你的帮

助。"接下来的工作是按周一周一周地进行,而不是按季度进行。从解决问题,工艺改进,持续改善和基本精益工具的标准培训开始,这是他们所需要的真本事,以一种有纪律性的,有条理的方式解决问题,然后他们需要通过可视化管理和可视化拉式系统,来维持该计划。

启动达纳运营体系的第一阶段

1. 可视化透明度(KPI,钻石区)

2. 全球范围的沟通

3. 学习价值流和找机会改善

4. 稳定工序(流动,可视化管理,每小时跟踪)

5. 组长:消除浪费,从实践中学习

6. 解决问题培训,过程改进及改善

7. 维持改善(可视化管理,拉式系统)

可视化和管理会议标准

首要问题是从哪开始?在加里看来,很明显应该从发展领导者开始。那么先关注哪些领导?他先关注高层,那也是丰田做的。在专家的支持下,他们从最高层开始,之后这些高层领导们有责任成为教练,一级一级传下去。他的主要目标是行政执行及工厂经理级,当然那些工厂经理们会被要求培训和发展工厂的员工,在生产车间可以看到很多发展工人的举措。

例如,当他们通过提高生产力释放出人来,原来有 10 个人,他们做了激进的持续改善,到后来只要三个人,他们会保留一个额外的人对其进行训练作为未来的组长。他们的政策是,你不会因为达纳运营体系丢掉工作,那些多出来的人会被安排到新的岗位,有时会去到一个持续改善的团队。如果公司重组和财务方面说需要裁掉一定数量的人,那是现实,他们试图将业务生存的需要与他们做的持续改善的努力分开,那些通过持续改善而多出来的人不一定是被解雇的人。反而,如果他们是被放在一个组长或改善团队里的角色,他们会被高度重视,并很可能会生存下来。

你可以想象,不可能 100%让人信服裁员是与精益分开的,有人会说,"对,我们不会因为达纳运营体系失去我们的工作,但做精益使我们失去了工作",但其他很多人理解企业危机的现实,当改善活动在上周五淘汰了 7 个作业人员,他们感激所有 7 个人周一仍在上班。

再次强调第一步是设立基于关键绩效指标的可视化,从 CEO 到最终工作组级别的领导力沟通着重于目标的完成情况。加里并不想简单地强加他在丰田所使用的关键绩效指标,他希望达纳员工有针对自己业务的主人翁精神,他所做的就是把地区的高管集合在一起，挑战他们："我们需要对考核你们的重大关键绩效指标达成一致意见，我会检查这些指标，而你们每天都得盯着它们。"

他们列出了这些类别：安全，质量，效率，生产力，成本和库存，以及相应的评定方法，然后在每个区域挑选一个工厂做 KPI 的试点，从试点中学习，再进行调整（PDCA）。最后，他们决定并宣布，"这是世界上每个达纳工厂的衡量标准。"该试点和评估历时数月，所以如果有人看过电视节目"24 小时"，里面的整场演出为 24 小时，他们在 24 小时里分秒必争拯救了世界，这里有点像那样，是以加速度在进行。

早期举措
达纳标准 *KPIs*

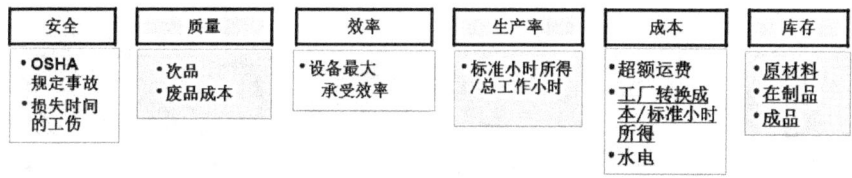

图 7-9 达纳全球关键性能指标

上图（见图 7-9）中显示下划线的指标突出了有助于挽救公司的关键指标。他们需要好的安全和质量，他们显著地改善了所有这些方面，例如，废品成本在许多工厂非常高，废品成本是一个关键的成本削减指标，尽管他们归在质量之下。设备效率，即保持设备处于正常运行状态，是提高生产力所必须的。很多指标之间有关联，但他们最感兴趣的主要还是成本，他们用工厂转换成本来衡量，它包含原材料和任何进入工厂的物资成本，并关注那些由工厂厂长控制和拥有的成本。所有的费用，包括能耗，清理人员，生产成本，缺陷的成本都是工厂转换成本的一部分，都可能需要进行改善。

接下来将总的工厂转化成本除以标准小时所得，成为一种由体量作为标准化的衡量方式，例如，一个两倍产品销量的工厂不应当与只有它一半大小的工厂不做一点调整地比成本。他们把你应该生产什么，生产多少标准化，根据标准你应该花费这么多钱生产这些数量的产品。转换成本是第一关注重点，而库存是第二重点，库存的每一美元可以用来偿还债务。从某种意义上说，这就像目标管理（MBO），成本和库存的目标设置于加里他们这一级，但当他们实现这些目标的时候，领导者们对理解精益和解决问题的过程也得到了很好的训练。

每个工厂跟踪每日的 KPI

结果公布在公共区域中：

-宣传挑战精神

-鼓励承诺和主人翁精神

图 7-10 达纳钻石区

从达纳钻石区的照片（见图 7-10）中，你可以看到，这里有记分牌，他们跟踪所有的关键绩效指标，非常直观，如果放大你可以很容易地看到每天的目标与实际之间的差距。在工厂层面，你可以知道每天做的如何，在每个大部门，你也可以知道每班的情况，如果你走去到小部门，你可以看到每个小时实际生产与计划生产的对比。

工作绩效变得透明，工厂里的每个人都可以看到它。你在照片中没有看到椅子，因为期望人们要站着并要沿墙壁走，不同的人负责不同的绩效指标，并负责报告，"这是今天发生的事情，这里是我们的问题，这是我们的对策，这是我们明天要做的事。"

这些数据被输入到一个网上系统，加里能用他的电脑查看到整个公司做的如何，并能往下查到工厂级，甚至到部门级。光有指标并不能保证任何事情，它所能保证的是你有漂亮的显示屏，给参观工厂的人看。真正重要的是分析数据后采取的行动，你需要有检查措施，找到关键的差距，决定优先等级，然后想出对策并将这些对策落实到位，再观察结果。

在高层执行层面，他们每个月审查所有工厂绩效情况（见图7-11），在地区层面是集团副总裁和运营总监，除了看数据外，每周定期访问工厂，在工厂层面，工厂经理每天走车间。我们谈到过工厂经理的标准化作业，到现场巡视，检查过程，去到有问题的地方进行深入调查。关键绩效指标的作用是提供一个检测信号指向最需要去检查的地点，今天发生了什么事，根本原因是什么？我们准备怎么办？有没有到位的好的思考流程来解决这些问题？谁需要进行更好的培训因为他们没有达到他们的目标？然后，每一班的区域经理召见他们的直接下属，最终到组长，对于达纳这是一个新引入的时薪工作岗位。

可视化及会议管理标准

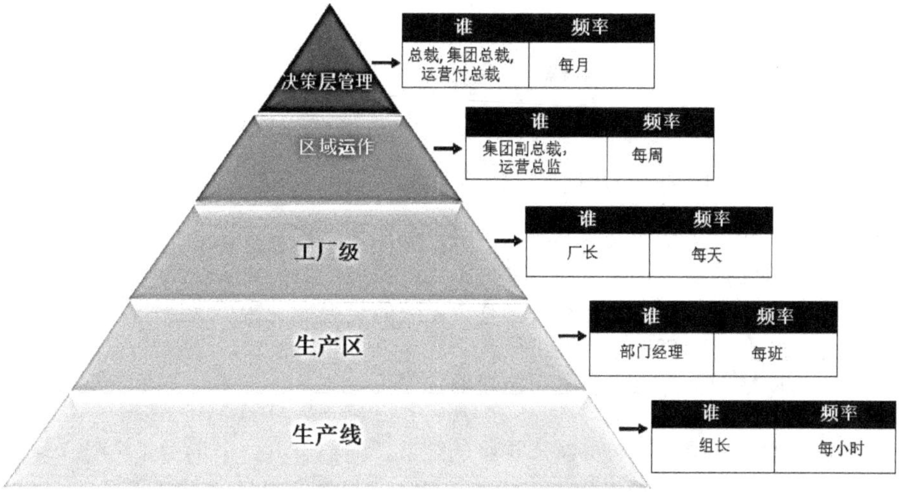

层级	谁	频率
决策层管理	总裁,集团总裁,运营付总裁	每月
区域运作	集团副总裁,运营总监	每周
工厂级	厂长	每天
生产区	部门经理	每班
生产线	组长	每小时

图7-11 标准会议的责任和频率

在每条生产线，这些组长用小时产量板跟踪进展，每一小时，他们展示出应该生产多少与实际生产的合格零件数量的对比。任何差距都是有力的评判，因为如果你能看到生产的合格零件与计划之间的差距，那么你就可以每小时解决这些问题——这些问题涉及到方方面面。质量问题会影响到这个数字，停机时间会影响到这个数字，有缺乏训练不符合标准的工人会影响到这个数字，它揭示了在质量，生产力和安全方面的问题。所有这些展示出你可以达到每小时生产预计的合格部件的能力，当你的每小时产出量越接近计划产量，你就越接近完美。

第 2-5 年：达纳运营体系路线图

第一年的行动主要是自上而下，没有很多管理层级之间的对话（传接球），而是由加里决定："这些是你要在所有这些领域达到的目标。"加里聘请专家提供帮助，而工厂经理们则亲自带领行动，并对结果负责。

在此同时，他们展望未来五年，制定了实施达纳运营体系的路线图。第一年主要是为了稳定过程，节省成本，从关键绩效指标开始，通过许多的解决问题实践来实现，这是一个非常短期的行为，但对未来发展领导力新兵训练营奠定了基础。随着五年计划的进展（见图 7-12），短期业绩挽救公司的压力变小，重点转移到了发展长期的真正的运营体系，但仍会期盼好的业务结果。他们开始训练员工掌握达纳运营体系的所有工具，开发培训教材，制定和部署标准，座右铭变成了"我们要建立一个基本的连续流，让零件按它们应该的方式无间断的流动，尽量不受到象浪费或库存等的干扰。"

如图 7-12 达纳运营体系实施路线图（第 2-5 年）

他们建立了一些小单元，然后专注于通过标准化作业稳定这些单元，使他们能够始终如一地按客户需求率（节拍）进行生产。然后，他们开始做准时化，拉式系统，更频繁地交付零部件，最终达到整个系统的拉式。当然，这是一个理论路线图，实际上总会有些变化，有些工厂在第二年就可以做拉式，个别情况下甚至在第一年，所以他们不一定沿着这条路线的顺序走。

在一个稳定的单元内，改善分解成更小的细节，他们有 11 个步骤（见图 7-13）。他们利用价值流图，开发出标准化作业，他们仔细观察零件是如何配送给工人的，也会看 5S，他们同时执行日常审核以维持该进程。除此之外，这里的每个步骤都有很多的细节。

第2-5年: 达纳运营系统（DOS）
实施路线图

流程步骤：KPI 解决问题 → DOS 培训，模块和标准 → 实施连续流 → 稳定单元生产 → 流程改进（准时化 & 自働化）→ 发展最佳实践 → 建立拉式系统

稳定和规范流程(11步):
1. 定义未来状态价值流
2-6. 实施流程和标准化作业
7. 部署材料配送方案
8. 实施5S使工作场所整齐有序
9. 改进换型并标准化
10. 建立和发展团队领导
11. 实施分层流程审核

2009年 DOS 工作总结 (KPI 平均提高率 %)

完成数	合格的 SME's	质量	在制品	现场空间	生产率	换型时间
75	40	62%	64%	36%	76%	68%

全球2009年的DOS努力取得了重大成果
- 超过减少换型成本1.7亿美元的目标
  (2010年目标比2009年实际减少5%)
- 超过减少库存成本和成品库存天数的目标

	2008	2009	变化	2010 计划
库存$	$915 M	$642 M	($273 M)	$542 M ($100M)
天数	63 天	38 天	(25天)	32 天

图 7-13 实施达纳运营体系的一些成果

计划看上去很好，那他们在早期阶段的结果怎样呢？答案是非常好。例如，在 2008 年，在这些精益行动之前，他们有库存 63 天，到了 2009 年，他们削减了 40% 左右的库存，也就是 25 天。这意味着库存减小了 2.73 亿美元，这 2.73 亿美元，你可以拿去银行偿还高利息的贷款。到了 2010 年，他们又节省了数亿美元。

我谈到的强化改善培训班是一种获得快赢的捷径，同时通过沉浸式的强化训练快速培训工厂管理团队，在专家教练的帮助和支持下，工厂管理层带领这些培训班。他们在 2009 年做了很多这样的培训班（改善活动），一年共有 75 个。每个工厂的工厂经理也被要求让一些人腾出时间成为 DOS 每一个模块下的专题专家，这样每个工厂有一个标准化作业专家，一个拉式系统专家，一个价值流图专家，他们必须从现有工作人员中发展。加里回忆起了当时很多工厂经理抱怨说他们的员工是如此之少，他们不可能做到这一点，然而，他们做到了，当生产过程变得更加稳定和可预测，救火行为减少，变成了更多的规划，他们便可以更自如地在工厂安排工作人员。

降低成本的同时也追求提高质量，一年内改善了 62%，他们还在他们的工厂里空出了三分之一的使用面积，生产率提高了 76%。机器切换工具的时间减少了，使他们可以小批量生产，这是减少库存的主要来源。这些数字反映了源自激进行动的改变，如果通过从下往上的建议方案，你不会获得这些数字，这需要自上而下积极进取的领导力来驱动。

2009年在全球范围内通过 DOS 努力取得的重要成果

——超过了转换成本降低 1.7 亿美元的目标（2010 年目标设定为比 2009 年的实际减少 5%）

——超过了降低库存成本及成品库存天数的目标

达纳用于计划和维持改善的工具

保持改善势头的关键工具是一个简单的 A3 报告（参见图 7-14），它被用在制造和研发部门的许多层级。我们在这里展示的 A3 报告最初是一个规划文件，用于建立一个改善团队，后来当他们把得到的结果填在报告里，成为了一个高层次的解决问题的 A3 报告。

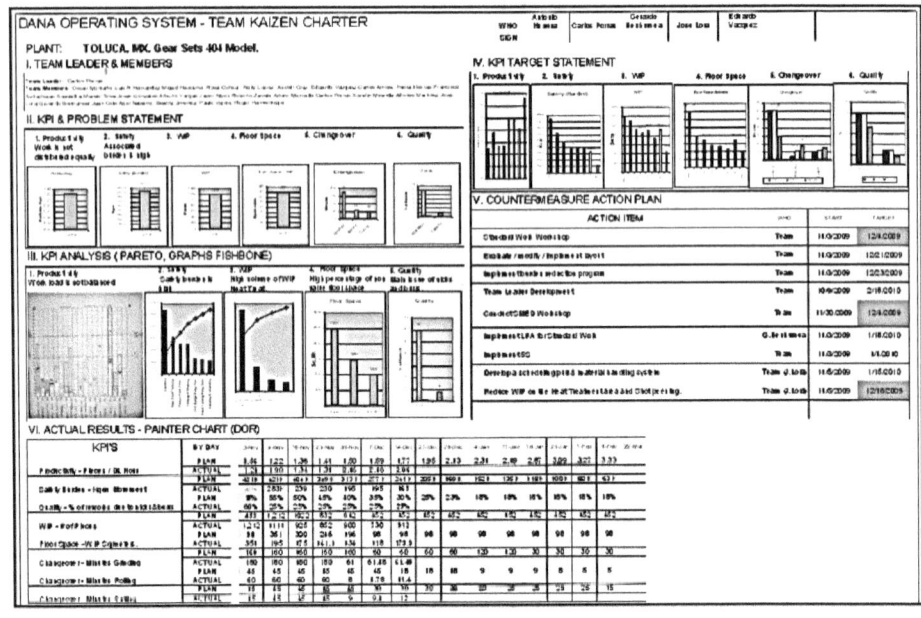

图 7-14 用于规划达纳运营体系活动和预期成果的 A3 提案

该提案 A3 也用在工厂一级成为方针管理初学者版本的一部分。例如，当加里与每个工厂的经理做评审时，他希望看到他们的 A3 计划，比如他会告诉他们，他期望工厂在此日期前转变成本降低 5%。他不会问他们的意见，他会告诉他们他的期望是什么，然后，要求他们拿出一个计划，他们必须做一个 A3。然后，他在计划上看到差距的地方画上红线，一起讨论。

他当时坐在俄亥俄州的总部，工厂经理可能在中国，他们就把 A3 通过电子邮件发给加里，他就通过电话与他们一起审核 A3。他列举他在计划上看到的问题，在大多数情况下，他知道那些他曾经去过的工厂，旁边做记录的助手会立刻回一封电子邮件，总结加里的意见和他同意的事情。然后，工厂经理的任务是修改 A3，完善计划，这一过程要直到加里认为达到了从卓越运营领导的角度来看是一个很好的计划才结束。这是用另一种方式来示范一个好计划的重要性，以及有一个好的计划实际上意味着什么—PDCA 中最关键的部分之一。

价值流图是一个强大的工具，特别是用于减少库存，通过图示物料流，使它可视化，浪费便变得很明显。未来状态图是另一种类型的计划文件，他们通过手工剪片做成，这样他们可以随意挪动它们，这种做法比很多人常希望在电脑上做更重要。如果用电脑，一堆人站在一台计算机周围看着一个人试图用鼠标或光标画个框，或移动一个框，寻思着怎么画，而其他人站着等着。如果是手画，每个人都可用便利贴写上内容把它贴在板上，之后，你可以把结果输入电脑生成图表，你可以分发出去并进行沟通，但绘图的过程应该是大家动手，积极参与的过程。

要保持这一势头，他们需要做大量的审核来保持成绩，他们需要训练那些没有交付满意结果的领导们，有时还需要更换某些卓越运营经理，这些人当时被选中是因为他们可能在已经实施 TPS 的丰田供应商工厂里做得不错，但他们在这里指导转变的工作中做的不够好，很多人员和流程需要调整以保持这个改善的势头一直向前。

达纳通过三年激进转变的结果

2009 年是他们杰出的一年。在乔恩·迪瓦恩董事长的降低成本策略的帮助下，尽管 35％的产量下降，他们仍努力在损益表上做到了持平。他们还从库存中释放出新资金$2.5 亿，这样等于减少了债务$2.5 亿，结束了债务契约。该契约是与那些拥有达纳公司的银行和私人股权基金的正式法律协议，契约说，"我们将让我们的债务与一年的总收入降到这个比例，如果我们做不到就可以关掉我们。"他们成功地实现了这些看似无法达到的目标，他们最终减少了超过 35 天的库存。

到了 2010 年，达纳的财务状况走向健康，他们增加了许多新产品，因此产品开发部门也进行了类似的努力。他们以创纪录的速度把产品投入生产，他们开发了新客户。加里因他的丰田血统做的一件事是与像丰田，日产和本田的日本企业去谈，他们开始得到之前没有的业务，因为这时候，比如说丰田的采购人员来到达纳工厂看后留下深刻的印象并表示："这里的进展真了不起！我对你们在这段时间所做的一切感到惊讶。" 他们现在还投资新的产品线和设备。在这么短的时间内的转变是惊人的，他们做到这样的同时还在发展精益领导者，而不是摧毁他们的人力资源。

杰出的 2009 年

- o 努力的行动弥补了每年产量 35％的下降。
- o 新增资金$2.5 亿。
- o 减少$2.5 亿债务。

- 结束债务契约。

- 降低库存35天。

一个最明显的成功的衡量，是股票价格1365%的增长！他们被认为是2009年全球零部件供应商中股东总回报最高的公司。我不是说这全是因为精益，绝大多数成本节约来自于更为传统的成本降低，整合，工厂关闭，以及大裁员。卓越运营的第一个贡献是显著的成本节约以及释放出现金，其次，当他们获得这些令人难以置信的成本降低的成果的同时，他们建立起来的各种能力是在提高而不是降低，这些能力包括产品研发能力和之前没有的战略规划能力。他们能更有效地营销给客户，他们可以在工厂用更少的人以更低成本制造更优质的产品，一切都变得更强，更好，他们既没有破坏无形的知识产权，也没有损失他们的有形资产。

到了2010年，达纳的财务状况健康，业务成长，有新产品，新客户及资金投入！

有了正确的理念一切水到渠成

总之，当你超越精益工具，真正发展了领导者，你就建立起了一个令人难以置信的，坚如磐石的基础。组织是动态的，不是一成不变的，你不可能在一个地方建立了一个拉式系统就指望它持续保持高位运行。该拉式系统会恶化，除非它不断被调整和维护，那么如何防止呢？现场领导者要推动它和驾驭它。

你需要一个基于长期战略的愿景并将其转换为一个商业计划。方针管理提供了年度的改进循环，在此之中所有领导者都有一致的，从上到下从左到右可衡量的目标。方针管理的成功来自于高度发展的领导者，他们学会如何带领改善，一个长期的策略是好的，但它只有贯彻执行下去才有用。所以你需要把它分解为由有责任心的合适的人可以采取的具体行动，各级人员要有积极性，但个人的积极性要由领导者来驱动。

这样就需要培养人，你要确定培养人的责任是那些被培养人的领导者，而不是人力资源或持续改进部门或质量部门。所有这些部门都可以起到一定的支持作用，但最终是我每天给我的上司汇报，他应该最清楚我的表现如何。如果我的上司用恐吓管理我，"给我拿出这些数字，否则..."那么我肯定会尽我所能做到那个数字，但除了跟他玩花样我还会学到什么吗？我会真的很努力的工作，但我也要学习如何玩数字，撒谎和欺骗我也会玩得很不错。而我们想要发展人的目的是培养他们亲自带领团队发现真正的问题，找到根本原因并彻底解决问题的能力，使得这些问题不再回来。

正确的做法是，当你分派给员工富有挑战性的任务时，比如工厂成本降低5%，如果这些人是在每天，每周，每月的基础上得到培训和支持，而不是一年一次的外地培训，他们就会接受这些富有挑战性的任务，对付所有的问题并解决他们，他们在这个过程中会获得成长。他们将对自己的能力越来越有信心，进而学习更全面的技能，使他们可以在方针管理的实施中为战略路线图的成功做出贡献。

实用指南

方针管理给出富有挑战性的任务。策略只有将其转换为在公司的各个层面以及横跨整个公司的正确的改进目标，正确的指标，以及正确的计划，才会给你富有挑战性的任务。有了这些，你就可以实现：

- 个人主动性
- 人才培养
- 员工通过富有挑战性的任务获得成长
- 为战略路线图的成功做出贡献

正如加里所说："管理层的主要作用是激励员工，使大批人朝着一个共同的目标一起努力，你要定义和解释目标是什么，要共享实现目标的路径，激励人们与你一起开启旅程，帮助他们消除障碍。" 这是精益领导力的一个很好的定义，而可以让你做到这一点并支持你这样做的体系结构就是方针管理，它是一个把问题细分并部署解决的过程。

在谈到如何推行精益，我比较直白地建议过两条路径。一个是具备我们一直谈论的理念：培养人才，培养领导者，发展技能。一个是没有理念，结果驱动，结果驱动，结果驱动，这是方针管理理念和目标管理理念之间的区别。通常情况下，在精益转型过程中，你会经历一系列的阶段，逐渐变得成熟，第一阶段往往是应用工具（见图7-15）。到目前为止，我所写的一切都在讲基于工具的方法推行精益的弱点，可这里我又说第一步是应用工具，这不是矛盾吗？

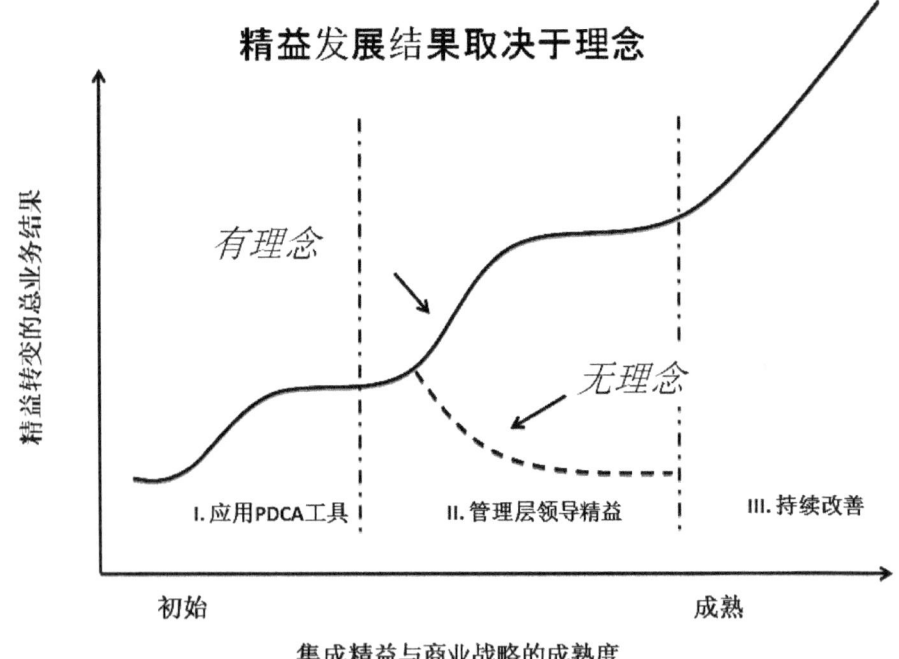

图 7-15 精益演变的结果取决于理念

答案是肯定的,如果你只停留在第一阶段,并且只专注于执行工具,这是一个矛盾,但如果你把应用工具看作第一阶段的教学和学习,这并不矛盾。假如你有一个具有挑战性的教别人的任务,第一阶段会是什么?比方说,你想教别人弹奏乐器或做复杂的饭菜,或是教他们变成为一个机械师或木匠或管道工,第一阶段是让学生从简单的日常练习开始,老师看着,并示范给他们正确的方式,然后让学生尝试,挣扎并提供反馈。学生从学习如何使用扳手的正确方法开始,学会如何握住它。此时,他是在学习使用工具,这是非常基本的,非常初级的,但是必须的。在一个有很多人的组织里,在谁都没见过精益之前,比如他们没有实践过日常解决问题,别指望只要把指标展示板挂在那里,他们就会奇迹般地学会所有这些工具,你要像教如何学习使用扳手那样教他们。

在第一阶段,他们在学习正确地使用精益工具的同时学习改进过程,这是在导师或"精益教练"的指导下,你怎么称呼他们都行。理想情况下,这是一些有资格胜任工作的人,但并不总是如此,你可能还要请外部顾问,可他们通常是老师而不是管理者。即使教练都是内部的,通常他们原先的角色是支持最高管理层的领导,像我们在达纳看到的,最高管理者担负责任,而专业知识来自那些过程改进专家,中间各层级的经理们只是在学着做着最基本的东西。

这时,如果我有持续改进的憧憬,我知道我下一步是要让经理们对精益负责,除了持续改进小部门的那些专家,我要让经理们作为精益教练遍布整个运营系统,遍布整个医院,遍布整个保险公司,或任何类型的其它组织。我的经理们是持续改进者，但他们还不是专家，他们还在学习，他们有一定的技能水平，能够开始发展其他人。你应有的理念是，让带领精益的经理们在他们的管区内有优良的流程，良好的工作方式吸引他们的员工一起向着既定目标努力，但此时还是非常依赖于管理者，特别是中层管理者。但如果你没有理念，或者如果你的理念是"聘请顾问，将目标下达至经理，测评他们，然后用胡萝卜加大棒进行奖惩"，通常出现的是你把顾问当作初始强心剂，接着专家推进精益，到最后就又倒退了回去。如果有了理念，你就进入到了另一个更高的层次，因为你有那么多人对改善负责。

涅槃是当你真正有了一个日常管理制度，人人处处有目标，每个人每天都在寻找可以提高的东西，他们已经适应变化，他们的活动都符合更广泛的业务目标，你的管理层能够在现场应用领导力朝着公司的经营目标推动真正的持续改进。言下之意是，你无法通过像方针管理这样的工具包实现人们的活动与公司的经营目标一致，你不能跳过第一和第二阶段而直接到第三阶段。在另一方面，如果你通过第一阶段，你不一定会获得超越基于工具的方法，除非你利用那段时间发展了领导者，使你上升到管理层领导精益的程度。

最终反馈：刻意练习不是娱乐

精益领导力模型的最终回顾

希望我已经给了你很多东西去思考，也许你觉得已经被这些信息所淹没，但这是一件好事。我们介绍的精益领导力模型是经过一系列的阶段，最后阶段是方针管理，这个最后阶段真正指的是"从上到下目标一致，"在各个层级人们能够通过创建可持续的，可重复的流程，而不是一次性的修补程序来实现激进的改善目标，之后我们使用方针管理作为一种工具来创建对话，从而产生出各级计划。

我们从愿景开始，这时对话是在最顶层，根据环境和竞争力分析，制定我们想达到的商业模式和战略，然后向下部署。往下的每个上下级之间都有讨论，建议和批评性反馈，根据反馈意见的调整，再制定目标和计划，然后就是把它反复细分下去。等到我们完成的时候，每个人都有一组与上级要求一致的目标，有一个如何实施的现实的，深思熟虑的计划，然后他们可以开始执行，并在执行过程中不断检验和调整。从你的角度出发，我想要求你认真考虑你的组织和你负责的工作。

如果你是在公司的中层，你领导一个部门，你显然不能制定整个公司的战略计划。你需要做你可以做的事情，在你所能控制的范围内，你的愿景是什么？你要朝哪个方向走？你的正北是什么？你下一年真正可以采取的关键步骤是什么？还有如何将这些分解成可管理的计划，并在学习过程中可以调整？这些问题可以帮助你与你的上司及一些高层领导讨论他们的看法以及了解你的直接客户的需求。

那么，高层领导会在那些改善活动中扮演什么角色？他们很可能是以目标管理（MBO）的方式给你下达目标。现在，你要把这些目标以正确的方式转化为可执行的计划，你会让你的上司惊讶，因为没有其他人能做到这一点，你就会脱颖而出。

在你做改进的过程中你会尽你所能争取高层领导参与，并教育他们，他们需要看到结果，但也需要理解，要维持改进，过程是必要的。

总复习

- 你公司的高级管理人员扮演什么角色？
- 你的愿景是什么？
- 朝着这一愿景在未来一年中最重要的步骤是什么？

我不想误导大家，这并不是要求你一步跳到整个公司有一致的指标，每个角落都有持续改进，这是有关你可以把控的合理的，在整年度里要尽力的事，把它总结给你的教练。像达纳那样，教练和所有的工厂经理每周相互致电"这里是我的计划，"接着是"这里是我本周做的，这里是我计划下周要做的。"我不知道你与你的教练交流的频次，但你应该有定期的交流。教练应该给你有用的反馈，不幸的是，有用的反馈通常是批评的反馈，那是你可以改进的地方。阿塔男孩（好听的话）让你感觉良好，但他们不会帮助你改善，批评表示有差距，你可以在工作中把它改进缩小。

当我们讨论到这里，你可能在想："当我们讨论自我发展时，莱克说可能需要实践数年时间，经历这四个步骤，每一个步骤都可能需要数年，所以这是一个10年的旅程，但我在 www.ToyotaWaytoLeanLeadership.com 学这个课程只用了几个月。" 我真正的建议是，在你的职责范围内，不管有多大，实施一个四步模型的微型版本。你所要做的就是尝试所有的四个步骤，你不必在一年内完成它们中的任何一个，但你要真正尝试全部四个步骤，以增加对它们的含义的理解，然后第二年你再这样做，并继续这样做下去。希望有其他人会对此产生兴趣并想向你学习，即使没有，你这样做了，会在本公司里获得提升，或者到另一个公司获得提升，这时你就有了更大的责任范围，使你可以把这四个步骤做到更广泛。

刻意练习

现在有很多有关如何发展技能的文献，反复使用一个关键词"刻意练习"。作为一个吉他的萌芽学生，这个我听的太多了，当我抱着吉他坐在那里，留出一两个小时，我可以弹奏我已经学会了的作品，很有乐趣，但我没有学到任何东西。

另外一种做法，我可以努力达到高的技能水平，这就是刻意练习。它意味着我知道我在做什么，当我犯了错，我找出错误所在，我在错的地方想出对策进行纠正。举个例子，大约在35年前我开始弹吉他，但现在我在课堂上用系统的方式学习古典吉他，上了近两年的课之后，我的老师发现我仍然有节奏及基本节拍的问题。在我应该弹十六分音符时我弹了八分音符，我没有把半音符弹足够长的时间。我的老师指示我拿一本关于节奏的初级书，从数四分音符开始，所有弦都松开，只弹四分音符。然后我开始弹逐渐复杂模式的节奏，而我的左手一点都没用上。我的儿子，一个音乐家，建议我用左手在吉他侧面按节奏打拍子，这就是刻意练习。你知道你在进行刻意练习时并没有乐趣，但你在逐渐变好。

下一年你应该刻意练习什么？

"一个人怎么通过刻意练习学习四个步骤？你能举个例子一个管理人员在一年里要做些什么吗？"

我们已经非常清楚如何教吉他，但那是一个人演奏一种乐器，在一个复杂的组织里，确定领导技能就有点模糊，学生要学习的东西要多得多，很容易会想到去教室里上大课，但我们知道那不是你如何学习真正技能的方法。

丰田确定的做法是，如果你想要公司持续改进，对于刻意练习最好的方式，是要反复地练习对实际问题应用解决问题的过程，并且要有一个个人教练。这就是为什么丰田推出八个步骤的丰田业务实操。自我发展应该真正关注在你亲自领导的项目，在做项目的过程中，你应该让你的团队每个人都积极参与，就像加里对他的团队那样，这个团队直接向你汇报，但也许还会有其他一些部门的参与。

你的第一步应该是领导一个团队解决一个问题，这不应是一个你可以在两天内解决的问题，而是一个也许需要两三个月才能解决的问题，而如果你是一名高管，应该选更长的时间，因为你必须收集所有的数据，找出问题根源，经过所有的步骤并能够维持改变，而且你还必须要带领所有这些活动。改进套路是这样做的一种方法，你可能是一名身居高位的领导，你认为自己应该委派这些事，但在精益领导力模型里你不能委派，你要自己亲自做，亲自领导。

当你通过亲自领导一个团队达到一个具有挑战性的目标时，你的能力提高了，这自然会波及到第二步发展他人，这是因为，要领导项目，你在学习技能的同时要培养跟你一起做项目的人。你可以是通过指导套路来实现，但你必须要走在他们之前一步，而且每次一步地教导。你自己也需要一个教练，如果你认真搜索，你可能会在本地找得到，或者你可以通过精益领导力研究院（www.LeanLeadership.guru）找到一个。我的一个朋友在一个公司的分支机构工作，最后从遥远的企业总部找到一个教练，她找见这个人后，就自己飞去见这个人并要求他教她，很多时候的教学是远程的，但她会定期去到她的教练哪里。找到一个教练，并利用这一优势来获得有用的反馈，这就是所谓的自我发展，因为你必须采取主动。

如果你有一整年，你可以考虑把一年分成四个季度。第一季度，集中在项目上，开展你自己的自我发展并准备开始发展他人。第二季度，专注于发展他人，这时你要给那些向你汇报的人分派任务，然后你跟他们一起确定一个他们可以解决的问题，然后他们在你的执教下带领改善过程和经历所有的步骤，他们将领导一个团队，现在你不再带领这个团队，你只是教导某个人。第三步，你要把这个过程向下推进到车间水平，取决于你有多少人，是怎样的组织结构，可以在一个或几个部门设立关键绩效指标和目标展示板。你应该设置日常管理制度，有每天的目标，通过站立会议每天检查进度，日常的工作分配和改善。

最后，也许是在最后一个季度，你可以设置目标，为明年做规划。你也许可做一个提案 A3 报告，可能不一定有时间完成它，但你可以开始考虑对策，你没准只能做到计划，分配任务，以及第二年的改进目标。那么这将是明年工作的开始，与你的经理们分享，即使他们还没有接受过理想的精益领导力的训练。你给他们看 A3，即使没有他们的常规业务指导，你仍带领整个规划过程，他们将会对你有非常深刻的印象，这可能会激起他们的兴趣，把这种方法应用到其他地方...甚至自己开始学习。

综上所述，在每个季度里，有很多技能要发展。例如，到现场观察亲眼看到问题，理出问题的优先级，进行根本原因分析，这三件事中的每一件都涉及到很多的技能。在一年中，当你与你教的下属不断地这样做，加上你做的日常管理，你会一遍又一遍看到 PDCA，PDCA，PDCA。你这是在教练的帮助下提炼你的技能，即使你同时也在培养他人。

如果你选择学习基于丰田套路的方法，你可以到迈克·罗瑟的网站（http://www-personal.umich.edu/~mrother/Homepage.html），它的信息丰富，并能将你链接到 you-tube 的视频，幻灯片，现场研讨会，教练，甚至他自己的改进套路手册。

就这样，我想祝你顺利。我从来没有梦想过，我会教你如何成为一名精益领导者。我希望我所做的是给你一个启发，作为你开启漫长精益之旅的跳板。这是我的看法，也希望你这样认为，当你开始做时，你知道自己的弱点在哪里，你就会变得有活力，不断激励自己永不停止学习。学无止境，总有新的东西值得期待，总有更高层次的技能需要掌握，一生的学习会出现一生的奇迹！

- 关注项目
- 专注于发展培养他人
- 推进至工作层面
- 设置来年目标

第八章

连接战略与卓越运营：赛昂案例

一切改进由挑战开始

当我们想到丰田，很多时候，我们会立即把丰田和工厂组装汽车联系起来，而不会想到丰田的整个组织。丰田有每个复杂的全球化公司都拥有的部门，从销售部门开始，销售部定义客户需要什么，与产品开发部门相互交流以便研发出客户需要的正确产品。销售部门不仅推销和出售汽车，他们还要与生产控制部门沟通制定生产计划表以同时满足制造和销售的需要。

在本书结束之前，我想说明一下产品战略和卓越运营之间的重要联系。案例是丰田2005年在美国推出赛昂(Scion)品牌时是怎样从销售的角度创建一个新的产品品牌的价值流，这个故事体现了丰田甚至在开发一个新品牌时是怎样按照卓越领导们制定的丰田业务实操来实施的。他们定义需求，制定战略，然后将其战略与精益制造体系和物流连接起来以达到在客户想要的时间生产和交付客户需要的产品。我并不是认为赛昂是丰田创造的最成功的品牌之一，而是想专注于策略，销售方式，和运营功能之间的*配合*。

图 8-1 赛昂品牌汽车 xD, tC 和 xB

我们在这里展示了赛昂品牌最初的三款车，从左至右它们是 xD, tC, 和 xB（见图 8-1）。自那以后，他们又开发了一些赛昂新车型，包括价格低廉的小跑车，新产品开发工作仍在继续进行中。从某些观点来看，赛昂是一个失败，因为现在的销量比最好的年份大幅下降，丰田内部没有人为此感到高兴，但赛昂仍具有重要的意义，那么赛昂的意义是什么？

每一项改进工作的努力应该从一个明确的问题陈述或挑战开始，而不应该是某个高层领导人说"销售部，我们需要一个新的品牌来吸引年轻人，赶紧去做吧。"高层领导可以说"我们遇到一个问题，我们需要找到一种方法来解决这个问题。"问题的背景是丰田的业务模式是基于拥有终身客户，这意味着你购买你的第一辆车，是一个丰田品牌，当你的生活发生变化，比如说你结婚或生孩子了，或你的孩子离开了家，或是你年长了，你会永远有一个新的丰田产品满足你的需求。丰田品牌的入门点应该是年轻消费者的第一辆车，但在美国很少是这样。丰田车主在北美的平均年龄太高，是同行业中最高的之一，许多年轻人认为丰田是"我父母开的车"，甚至更糟"是爷爷奶奶开的车"。

为了增加未来的市场份额，展望今后几十年，丰田需要把降低进入年龄体现在丰田客户价值流中，要让年轻人觉得他们可以买到的汽车应与他们父母的车有所不同。丰田汽车销售部在高级管理层的带领下，与公司的产品研发部门一起合作，商量对策，决定建立一个新的品牌。经过大量的研究，大量的讨论，大量的分析，他们得出结论，许多美国年轻人不会考虑丰田作为他们的汽车，丰田需要一个给年轻人开的新品牌车。

下一步是对客户需求有更深的了解，这意味着销售不得不做更深入的研究，以了解美国年轻人对他们汽车的要求，这就像门罗创新里的高科技人类学家所做的。丰田的理念是，你永远不可能仅仅从调查的数据里去完全地了解人们真正想要的，统计数据很难描述整个故事，你需要亲自去观察日常生活中的人。他们派人去了海滩，去了博物馆，艺术表演，摇滚音乐会，以及其他任何年轻人聚会的地方，一个清晰的画面开始出现了。

有一件事他们了解到，美国的年轻人喜欢他们父母汽车内的配置，认为他们的车也应该有这些。例如，雷克萨斯有后视摄像头显示屏，他们希望他们的车也有，他们并不满足于听到"你太年轻，你买不起"。他们想要他们的车具有那些高价值功能，而车又是他们能买得起的。美国的年轻人还想彰显个性，他们长大的过程中有很多为他们定制的产品，如手机，衣服，所以他们希望他们的车，在某种程度上也是独特的。

美国的年轻人既要彰显个性，他们也有属于一个群体的愿望。许多人感到孤立，部分原因是与我们今天的计算机技术，甚至与在线社交网络有关。赛昂将非常有助于满足人们在一起的需要，无论是具体某个地方或是在线上。最后，他们发现，年轻人绝对讨厌受到不公平对待，如果我的朋友买赛昂得到了优惠价，即使只是换机油的好处，"对相同的服务我不应该多付钱。" 年轻人拒绝讨价还价，在我长大的时候，它几乎像一个全民运动，你去到汽车经销商讲价，并吹嘘你得到的价格，而2005年的年轻人认为那是麻烦并且是不公平的。

需要

- 像雷克萨斯汽车的配置，价格像卡罗拉（或更低）
- 彰显个性（例如，习惯于定制一切）
- 属于某个群体
- 平等对待——相同的服务，相同的价格

不需要

- 讨价还价

赛昂的市场营销方式

根据这些要求，赛昂品牌及其主要特征确定了下来。丰田公司采取的方法与丰田模式一致——团队合作，节俭，去到客户那里，了解竞争对手在做什么。一个由一名副总裁领导的五人小组，开始开发此品牌。五个人在这么大型的汽车公司去开发一个崭新的品牌真不算多，一般的公司通常会设置一个办公室，配几十个人再加上一个秘书，而赛昂只是五个人。这五人不坐办公室，常去拜访客户，他们开发出客户需求，并开始构想这个商业模式。

关键见解之一来自负责赛昂的副总裁，吉姆·伦茨(Jim Lentz)的巴西之行。他已经听说了雪佛兰塞尔塔(Chevy Celta)，这是在巴西出售的廉价基本车，它有很多的可选功能，你可以上互联网定制。从制造汽车工厂的角度，只有一款塞尔塔配置，然后有很多配件，你可以在经销店事后添加，也可以在互联网上定，你选购的配件组合就使这部车成为你的独一无二的车。

这听起来真的不错，吉姆·伦茨想亲自去看看，他坐上飞机去了巴西，得出结论"这是一个非常好的主意"。之后就有了赛昂的生产物流模型，它直接连接到客户的需求与品牌销售的愿景，他们称之为"单规范（Mono spec）"。

据吉姆说，"我们决定从一个基本模型有几种配置开始，比如，有两个不同的变速箱或两个不同马力的发动机。从工厂的角度看，变动很小，因此装配起来会非常高效。然后把工厂装好的车运到加州，到达加州中心后被汇集在一起，当客户订购车时，在运去经销店之前，该辆基本车将会按照客户订单加上相应的配置，再快速交付给经销店，经销店可能会再添加一些额外的配件"。

这事实上是一个大规模定制的案例。他们从基本车开始，到尽可能最后一个环节配置顾客定制的功能，这需要一定的物流模式。他们从在日本已经存在的车型中挑选，这样就没有新产品的初始开发成本，这一点，加上少品种使工厂装配效率高，使得价格可以降低，同时保有许多标准功能。

小团队（5人）开发品牌

去拜访顾客，获得商业模式的思路

主要点：巴西的雪佛兰塞尔塔——网络采购的单一配置模型，所有额外配置都在经销店完成

赛昂生产物流模式：

- "单规范"——在日本工厂只有几个品种的基本车（颜色和变速箱）
- "汇集"在港口中心，根据客户订单配置

从客户的角度，他们在网上有许多选项可以选择。下表显示了一些原厂可供选择的附件，除此之外，还有更长的清单，并且有很多第三方的附加组件。比如，碳纤维发动机盖会带给你运动车的外观；有一个小顶尖你可以把它装到排气系统，看起来很酷；你可以选择有多种颜色的 LED 尾灯。这些都是在汽车由日本运输到加州港口汇集中心后可装配的附件。

丰田提供的附件

外部附件

碳纤维发动机盖	$325
排气尾管	$76
后保险杠贴花	$69
后导流板	$423
雾灯套件	$320
碳纤维窗装饰	$299
定制格栅	$215
LED 尾灯	$375

内装附件

后备箱衬垫	$119
后备箱网	$65
后备箱固定装置	$259
门槛照明	$265

C柱存储	$129
地板和货物垫	$155
跑车方向盘	$279
赛昂安保系统	$469
发动机启动遥控	$529
仪表板和杯托照明	$299

下面的使命宣言不是丰田起草的，它是一组赛昂车主写的，是赛昂商业模式的一部分，是回答"你如何让这些年轻人有社区意识？"的一部分。丰田所做的是引入新的营销合作伙伴，他们具有超越在杂志，互联网和电视上做广告之外的不同的技能，这群特殊的广告人专于创建协作组，并鼓励在全国各地组建这样的群体。这是一个车主群，由丰田资助，有人自告奋勇出来领导，他们组织群体集会，做任何他们决定要做的事。

这个特殊的群体申明：

使命宣言：

赛昂演变（Scion Evolution）的启动给赛昂车主提供聚会和分享他们对于赛昂的激情的场所，并期望赛昂演变谦虚地接近这样的理念，使赛昂车主对赛昂品牌的持续信念产生贡献。

→ 赛昂演变，带动发展—北卡罗莱纳州分部（一个赛昂车主俱乐部）

现在你的客户在帮你卖车，还有在全国不同地区举办的把赛昂车主召集在一起的大型活动。例如，丰田租了美国加州迪斯尼乐园一个晚上，只有赛昂车主才能进入，赛昂车主只要开着他们的赛昂车就能免费进入。然后，他们拍卖奖品，庆祝作为赛昂社区的一员。

早期的销售方式，赛昂内部称为纯价格，是与经销商设定汽车价格，不同经销商会设定不同的价格，也许是基于他们所处的位置。一旦他们设定了特定配置的车的销售价，包括售后服务像更换机油，都锁定在这个价格一年不变，任何人购买这些车将付相同的价格，得到相同的服务。

他们也做非捆绑式营销，通常传统的做法是去到一个广告公司，告诉他们，"做你们能做的一切"。但他们发现，要吸引年轻人，他们需要专业的公司以创新的方式去营销，有些公司善于社交，有些擅长电视广告，而有些善于创办全国性活动和俱乐部。车主俱乐部是由车主发起的，得到赛昂通过社交网络的支持，包括通过互联网以及面对面聚会的形式。有些小组侧重于音乐，可能在一些地方举办乡村音乐会，而在另一些城市搞摇滚乐。还有，他们举办各种赛昂活动，次数增加到超过每月 100 次，以强化赛昂的聚会社交网络。例如，临近万圣节，加州的纳氏（Knott's）浆果农场（一个主题公园）改扮成可怕的鬼屋农场，专门为赛昂车主举办特别活动。

纯价格

➔ 经销商设定汽车及售后服务的价格，每个人得到同样的价格。

非捆绑式营销

➔ 直接邮寄，电视，广播，大型活动和互联网。

赛昂车主俱乐部

➔ 由赛昂支持车主举办的社交网络。

赛昂大型活动（每月超过 100 次）

➔ 倡导社交网络和归属感
➔ 适合当地口味的大型车主活动（例如，艺术节）& 其它活动（例如，纳氏鬼屋农场）

为了用相对较低的价格提供给客户较高的价值，他们决定使用现有丰田汽车的部门和员工，不专门围绕赛昂建立一整个官僚机构。在 2007 年早期的日子里，他们从总部的 19 人及现场专门与用户组和经销商合作的 40 人开始，就那么多，这就是整个赛昂公司。

利用现有的丰田汽车部门工作人员

➔ 2007 总部：总部 19 人，外勤人员 40 人

使用日本现有的车型

➔ 例如，从 bB 到 xB

利用现有丰田经销商网络

他们开着个巨大的面包车，沿路说服经销商接受赛昂品牌，当然并没有强制要求经销商，而只是提供一种选择，但大多数在美国的经销商都为有机会让年青人进入他们的陈列室而感到兴奋，欣然接受了赛昂品牌。他们自己出钱在现有展示厅里增设了赛昂部分，他们得以不同的方式训练他们的销售人员，还有不同的价格策略，这对经销商来说是一笔投资。

连接目的与结果

看看他们取得了什么样的结果？这可以追溯到早期，他们在第一年里实现了所有的目标。他们希望吸引青年人进入丰田品牌，在当时，赛昂购买者平均年龄30岁，是同行业任何品牌中最小的，这些车主中的80%是丰田车族的新客户，那是他们的第一辆丰田车。对于那些已经拥有车辆，以旧换新的赛昂车主，80%的旧车是其它汽车公司的，他们得到了业界称谓的"征服客户"。

在最初几年，他们保守的目标是销售40,000辆汽车，他们做到了。他们没指望会赚钱，但他们却赚到了钱。赛昂的销售达到了每年超过180,000的高峰，但在2013年降至68,000辆，自2015年以来他们又引入了新车型，这时自然有理由问："赛昂的理念是个失败吗？"

如果你只看到短期而不理解他们的策略，这是一个自然的问题。从丰田的角度来看，他们没有以这样的方式评估它，第一，最初几年里赛昂很不错，他们做了一个根本原因分析，明显的销量下降是因为车型老了，他们需要为赛昂品牌开发新的车型。其次，赛昂新车的开发并不是首要任务，特别是在经济衰退和各种危机的那四年里，新产品引入的时间差是一个问题，但不会是扼杀这个品牌的长期问题。

2007年我采访赛昂副总裁，马克·坦普林（Mark Templin）时，他这样解释他们的最初目标：

> "我们认为重要的指标不是销量和利润—那不是赛昂要做的—它是给丰田打开大门，开辟新路。我们试图吸引年轻人，赛昂车主的平均年龄为30岁，这是业界最小的。事实证明，销售赛昂产品我们确实既赚钱又学会了做生意的新途径。"

他们确实学会了许多做生意的新途径。例如，他们掌握了营销的新方法，赛昂也激发了丰田汽车销售很多现有部门的热情。与年轻人互动很有趣，公司有了青春活力，它帮助整个公司恢复了那些成为大型跨国公司往往会失去的能量。显然赛昂希望卖更多的车以更好地完成其使命，但是在其它方面的成功已经展现出来。

赛昂早几年的成果

- ➔ 车主的平均年龄30岁，是业界最小的
- ➔ 80%车主是丰田车族的新车主
- ➔ 10个车主有8个是"征服客户"，以旧换新的车辆是非丰田车
- ➔ 至第四年实现投资回收并开始盈利
- ➔ 但销售额在2007年下降—仍然算成功吗？

赛昂的战略创新与卓越运营的关系

让我们回顾一下所有的部分是如何结合在一起的，以及与领导力的关系。首先从战略意图开始，这是一个高附加值的新车品牌，可以进行个性化又可以创建团体感，并让青年人进入丰田的市场。该战略意图然后变成为发明创新，单规范的想法，基本款车型通过配置实现个性化，是个创新。他们借用通用汽车的做法，并修改了它，但对丰田来说，却是个创新。纯价格的想法，非捆绑的营销方式，之后又把它应用到其他丰田品牌，营造车主社区理念都是发明创新，这些创新来自致力于实现美国年轻人真正想要什么的战略的努力。

这些创新本身必须转变成为卓越运营。用吉姆·伦茨的话说："我们需要把丰田作为汽车提供给年轻人，那是他们想要的东西，年轻人不是特别有耐心，美国人一般都特别没有耐心，他们马上就想要。我们需要有高品质，这不仅需要保证工厂要做到高质量，而且要反映在添加附件的地方，无论是在港口还是经销店。"

他们必须使用的精益概念之一是准时化物流体系，这样他们真正能够在港口配备好客户需要的车及特定的附件，并很快运到经销店。他们需要应用丰田生产体系使工厂能够高品质低成本地制造客户需要的车型，因此他们必须浪费消除，消除多余的成本。把从日本运来的车汇集到加州再在那里实行个性化，是他们的物流的一个创新。

他们需要规划未来的车型以不断适应客户的需求，在丰田，这是通过总工程师体系来完成的。总工程师领导产品研发，与销售密切合作，亲自到现场观察，这里的现场指的是客户实际使用轿车的地方，例如，当他们驾车去加州海滩或是去华盛顿特区博物馆时，他们对车的感觉如何。总工程师不得不到处去看美国年轻人怎样生活，并与销售一起，把它转换成一组新的客户需求。

然后丰田的整个企业必须协作，一个很小的小组必须促成销售，制造，经销商和研发之间的协作，他们要推销他们的概念并激励人们，这意味着，最初的团队通过这方面的实践经验发展了他们说服其它部门及进行横向领导的能力。丰田汽车的所有部门都必须遵循的公司文化：关注了什么对公司好而不是只对自己的部门好。装配这些特殊的车可能对生产部门是一个滋扰，但它有特定的目的——有助于公司的长期发展，这正是丰田模式文化之所在。图 8-2 展示了战略意图，创新和卓越运营之间的关系。

实用指南

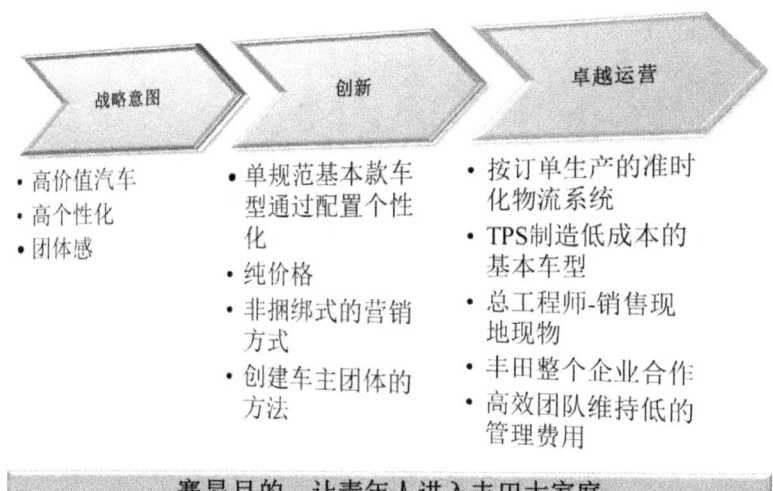

图 8-2 战略，创新和卓越运营之间的关系

丰田模式原则在行动

我们观察到的导致赛昂成功的丰田模式的关键原则是什么？这些原则从对人的尊重开始，这意味着我们对顾客足够尊重，所以真正花时间去了解他们的生活，他们对汽车的要求，以及什么才可以真正的满足他们。另一原则是需要一个解决问题的规程，打造赛昂品牌的全过程遵循了**丰田业务实操**，他们从明显的问题陈述开始：丰田想要的新客户的年龄与他们现有客户年龄的差距。他们必须了解**实际情况**，并通过现地现物，到现场观察理解美国年轻人。他们广泛地探索替代方案，去到任何可能有好主意的地方，像那个有趣的雪佛兰车型所在的巴西，之后据此创建了赛昂的商业模式。

他们需要放眼长远，这意味着要接受需要创造一个全新的品牌，但作为一个公司可能没有任何利润可赚的奇怪的想法，这个特殊品牌的目的是把新顾客带进丰田车族。然后，他们需要一个持续改进的流程，根据反馈对初期的系统进行修改，直到越来越接近客户的需要。比如，当 2007 年销售下降时，他们需要做根本原因分析和解决此问题，问题主要是：“我们需要新车型。”

要做到这一切，需要某些类型的领导者，他们遵循公司的价值观，有确定的思考方式，首先想到的是公司，而不是他们各自功能或部门的需要。这给了那些领导者增强他们的领导力的机会，他们提高了解决问题和创造性思维的能力，能够从最初的小团队做起成长壮大。他们学会了更多的平级之间的领导力，影响其他他们没有权力管辖的部门，如工程部，生产部及外部具有独立所有权的经销店。

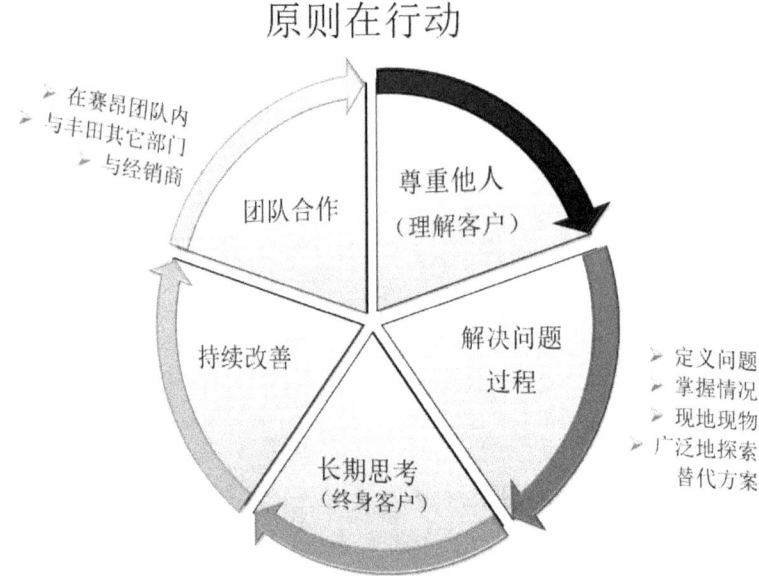

图 8-3 所有原则一起行动

赛昂只是众多应用所有这些原则的一个例子（见图 8-3）。它可以给你精益领导力的一个宏观大画面，从概念到产品，到在市场上按需配置的产品，再到售后继续与客户联系。无论是好的策略，还是卓越运营都不能单独解决这个问题，战略和卓越运营必须紧密相连。

故事到此结束了，但我希望这对你确立长期和令人兴奋的精益领导力旅程的愿景有所帮助。应该明确的是，发展一个精益企业是一个影响到各个方面的长期过程，它肯定不只是生产部门的事。如果精益的各个方面有一个共同点的话，那就是批评性和创造性思维，它总是从发展自己开始，然后随着你继续不断地学习的同时学会成为一名导师。这个旅程永无止境！

发展精益领导：进一步阅读

在本书中，我们参考了许多书，你也许想要更彻底地研究这些书籍，在这里建议一些值得进一步阅读的书籍：

弗雷迪·巴勒和迈克尔·巴勒，**金矿**：一部精益转变的小说，（剑桥，马萨诸塞州：精益企业研究所，2005 年）

迈克尔·巴勒和弗雷迪·巴勒，**尊重带领**：一部精益实践的小说，（剑桥，马萨诸塞州：精益企业研究所，2005 年）

吉姆·柯林斯，**优秀到卓越**：为什么有些公司会飞跃…而别的却不会（纽约：哈珀商务，2001 年）

帕斯卡尔·丹尼斯，**做正确的事情**：一个领导者规划和执行的指南（剑桥，马萨诸塞州：精益企业研究所，2006 年）

罗伯特·格林里夫，**仆人式领导力的威力**（旧金山：贝瑞特 – 科勒，1998 年）

H. 托马斯·约翰逊，**利润无法衡量**（纽约：自由出版社，2008 年）

杰弗里·莱克，**丰田模式**（纽约：麦格劳 – 希尔，2004 年）

杰弗里·莱克和戴维·迈尔，**丰田模式实用手册**（纽约：麦格劳-希尔，2006 年）

杰弗里·莱克和戴维·迈尔，**丰田人才**（纽约：麦格劳 – 希尔，2007 年）

杰弗里·莱克和戴维·迈尔，**丰田文化**（纽约：麦格劳 – 希尔，2008 年）

杰弗里·莱克和詹姆斯·弗朗茨，**丰田模式持续改进**（纽约：麦格劳 – 希尔，2011 年）

杰弗里·莱克和加里·康维斯，**丰田模式（领导力篇）**（纽约：麦格劳 – 希尔，2011 年）

迈克·罗瑟，**丰田套路**：为持续改进，提高适应能力和创造优异业绩的人员管理（纽约：麦格劳 – 希尔，2009 年）

彼得·圣吉，**第五项修炼**：学习型组织的艺术与实践（纽约：冠业，2006 年）

理查德·谢里丹，**喜悦公司**:我们如何建立一个人爱的工作场所（纽约：投资组合精装，2013 年）

约翰·舒克，**学习型管理**，（剑桥，马萨诸塞州：精益企业研究所，2009 年）

乔治·查奇里斯，**精益思想的 OEM 原则**，http://lean101.ca

大野耐一的**职场管理**：诞辰 100 周年专版（纽约：麦格劳 – 希尔专业出版社，2012 年）

www.ingramcontent.com/pod-product-compliance
Lightning Source LLC
Chambersburg PA
CBHW071836230426
43671CB00012B/1975